以教师之思，促学生之问

大夏书系·阅读教育

整本书阅读教学的理念、方法与案例

刘莘 / 著

华东师范大学出版社
全国百佳图书出版单位
·上海·

序言 "帮助他们成长为自由的人"

——读《以教师之思，促学生之问》

读刘莘教授的《以教师之思，促学生之问——整本书阅读教学的理念、方法与案例》（以下简称《以教师之思，促学生之问》），我时不时走神，倒不是说这本书没有吸引力，恰恰相反，本书可读性很强。之所以走神，是因为刘莘的文字老让我情不自禁想起自己教育生涯中的一个"传统保留节目"——从大学毕业带第一个班开始到退休前最后一个班，都坚持为学生读文学作品。

40年前（1982年）的春天，我被分配到学校后，给我所带的第一个班的学生们读长篇小说《青春万岁》，每天读一点，每次读半个小时左右，边读边和孩子们讨论，一学期就读完了。从此，我每学期都给学生们读一本长篇小说。几十年来，我先后读过的作品，除了《青春万岁》（王蒙），还有《爱的教育》（阿米琪斯）、《烈火金刚》（刘流）、《红岩》（罗广斌、杨益言）、《青春之歌》（杨沫）、《平凡的世界》（路遥）、《新星》（柯云路）、《沉重的翅膀》（张洁）、《钢铁是怎样炼成的》（奥斯特洛夫斯基）、《悲惨世界》（雨果），以及毕淑敏、池莉、刘震云、刘醒龙等人的中篇小说，刘宾雁、陈祖芬、理由等人的报告文学。

特别要说明的是，这种阅读，看起来是我一个人捧着小说绘声绘色地讲解，甚至手舞足蹈地模拟，但绝不只是我一个人沉醉于作品之中，而是全班学生的集体参与，我们不但一起或开怀大笑，或热泪盈眶，而且伴随着思考、讨论乃至争鸣。我们思维的翅膀，往往从书中特定的情节、场景和人物出发，飞翔到很远很远的思想天空……

我经常和已经长大成人的学生聚会，尽管每次聚会的学生都是不同年级的，但和我聊天时，他们都有一个共同的记忆："印象最深的，就是李老师中午到教室里来为我们读小说。"

我无意"炫耀"自己有多么"超前"，好像我在很多年前就在和学生一起"整本书阅读"了——事实上，我当时并没有"整本书阅读"的严谨概念和自觉意识，我给学生读的书也大多限于文学，而且就具体操作而言，我当时的做法与刘莘教授提出的"整本书阅读的思问教学法"也有着距离。

但是，我当年朴素的做法，与刘莘教授的思问教学法在理念上却完全相通：通过整本书阅读，开阔他们的胸襟，拓展他们的视野，激活他们的思维，锻造他们的品质，提升他们的人格，锤炼他们的精神，让他们最终成长为心地善良、为人正直、人格独立、灵魂自由、勇于批判、善于创造的大写的"人"。

说到思问教学法，可能有老师会望文生义地理解为这仅仅是一种教学模式，甚至操作方法，其实不是。虽然作者在书中有许多实操案例，这些案例对一线老师来说，完全可以"依葫芦画瓢"地"拿来就用"，但《以教师之思，促学生之问》所传递出的，首先是一种着眼于关于"人"的精神成长的教育思想（还不仅仅是"教学理念"）。

作者这样定义思问教学法——

整本书阅读的思问教学法隶属于一场永不停息的思想启蒙运动。师生关系并不是天然的启蒙者与被启蒙者的关系,有的时候,启蒙者恰好是纯真和有想象力的童心,是每一个孩子的理想现实,也是每一个成年人精神深处的遥远故乡。在这场永无止境的代代相传的思想启蒙运动中,思问教学法的实施者清楚地知道自己的使命。他们将立刻行动,不害怕知识储备的不足,他们将像孩子那样以新的眼光去打量这个世界,感受思想之光的穿行和渗透。他们不害怕失败,因为他们视每一堂课为一个独一无二的实验艺术品,他们是以普遍性的思与问以及特殊性的文本为原材料的、处于成长中的课堂艺术家。

读到这里,我忍不住拍案叫绝。

作者将阅读视为"精神发育最坚实的大地",但传统单篇的课文教学是难以单独完成"精神发育"的,所以教师应该也必须和学生一起"整本书阅读"。我完全同意作者的观点:"尽管课文阅读在目前的语文教学中仍然占有主体地位,但整本书阅读对于跨过识字关的孩子具有特别重要的意义。文字多少的差别只是整本书与文章的表面区别,更本质的差别是结构性的,整本书更有可能在较大的时空框架中承载丰富的思想,激发儿童对生活和世界的主题式追问。这种激发也会反过来推动教师阅读和教师成长,有助于课堂突破篇章阅读的传统模式。激发孩子对世界和自我的主题式追问是儿童精神成长和思维发展的关键。"

在这里,刘莘谈到了"精神成长"和"思维发展",这都是着眼于"人"的语文教育。

然而很长一段时间以来,"语文教育"窄化为"课文教学",而"课文教学"又窄化为"应试训练"。当我们津津乐道于每篇课文的"主题思想""写作特点"或按"考点"对学生进行各种阅读模拟训练时,阅读过程中应有的心灵体验、激情燃烧、思想碰撞、精神对话却消失了。一句话,作为阅读主体的"人"消失了!

作为站了几十年讲台的一线教师,我显然不具备刘莘教授高屋建瓴的理论眼光,但他植根于实践的论述时时撞击着我的心灵,我回顾自己过去的一些实践,觉得这些肤浅的探索一下子显出了价值,一些朦胧的想法顿然清晰起来。

优秀的著作,并不仅仅给读者以知识、信息、方法、技巧……而首先是给人以启迪,让人联想,即点燃读者的思想。本书就是这样一部点燃我的思想的著作。

读了刘莘教授的观点,我因强烈共鸣而产生如下感想——

真正的语文教育必须深入心灵。所谓"深入心灵"含义有二:一是让语文学习成为学生生活中不可分割的一部分,使语文养料渐渐与他们的思想、情感、道德相渗透与融合,最后达到能在实践中情不自禁、得心应手地运用语文知识与能力的理想境界;二是通过语文教学,潜移默化地对学生进行美的感染与熏陶,使学生拥有美的情趣、美的思想、美的志向、美的人生……

思维训练当然不仅仅是语文学科的任务,但语文教育在培养学生思维能力方面有独特的途径,即通过"语文"提升思维品质。语言是思维的直接现实,思维的外化靠语言来实现。无论是语言的理解,还是语言的表达,都是直接的思维活动。因此,不管是基础知识的传授还是读写听说能力的培养,都应以思维训练为统帅,只有这样,才抓住了语文教学的实质和核心。整本书阅读,更是综合的思维训练。

刚开始工作时,我上课时往往是先抛出一两个自己精心设计的问题——所谓"牵牛鼻子",然后组织研讨,在研讨中让学生理解课文内容。这样做的立足点在教师,而非学生。后来我越来越意识到这样做不妥,并越来越坚定了一个信念:阅读教学的起点在什么地方?应该在学生的心灵。能不能在教师没有"讲解"或"提示"的前提下,让学生有一个"干净的阅读"?能不能尊重学生对课文的"第一印象"?能不能让学生先提问?能不能从学生的疑问开始我们的教学?……实践证明,完全是可以的。

我不反对"深度阅读",但这里的"深度"不是教师所炫耀的"深度",而是学生能够抵达的"深度"——学生在教师的引导下所能获得的"理解深度"。教师备课时,当然应该尽可能深入地钻研教材,挖掘文本的精神内核,感悟其深刻厚重的文化内涵;但是在课堂上,则要尽可能尊重学生的认知水平和能力基础,将课文深刻的思想内容和学生的生活打通,让他们轻松地感悟课文内容。任何因脱离学生实际而让学生不知所云的"精彩讲解""深刻分析",都不过是教师"举重若重"的自言自语,或"深入深出"的自娱自乐。因此,我经常告诫自己,在课堂上一定要"憋得住",尽可能引导学生去"悟",而不要给学生"灌"。哪怕学生自己仅仅"悟"出了一分,这一分也比教师"灌"给他的十分更可贵。

我完全同意在阅读教学中"去中心化"——如果这个"中心"意味着教师的思想主宰的话。阅读过程中,无论学生之间还是师生之间,都是平等的对话者。这里所说的"对话",不仅仅是指教师和学生通过文本进行的讨论或争鸣,更主要是指师生之间平等的心灵沟通。这种"对话",要求师生的心灵彼此敞开,并随时接纳对方的心灵。因此这种双向的"对话"同时也是一种双向的"倾听",是双方共同在场、互相吸引、互相包容、共同参与以至共同分享的关系。如果把阅读比作就餐的话,那么我提倡面对美味食物,师生共同进餐,一道品尝;而且一边吃一边聊各自的感受,共同分享大快朵颐的乐趣。在共享的过程中,教师当然会以自己的行为感染带动学生,但更多的,是和学生平等地享用同时又平等地交流:他不强迫学生和自己保持同一的口味,允许学生对各种佳肴作出自己的评价。在愉快的共享中,师生都得到满足,都获得营养。

但这并非意味着教师放弃了自己作为教育者的责任与使命。是的,在阅读过程中,教师与学生是平等的,但教师是"平等中的首席"。所谓"首席",这个位置是教育本身赋予教师的。教育的方向和目的,教师对学生成长所承担的道义上的责任,都决定了在教学过程中,教师不可能是一个放任自流的旁观者或毫无价值倾向的中立者,而理应成为教学对话过程中的价值引导者。纯粹"客观"的教学,永远不可能存在。在课堂教学中,教师的价值引导主要体现在:一方面,他创设和谐情景,增进学生合作学习,鼓励学生积极参与并主动创新。让学生在尊重中学会尊重,在批判中学会批判,在民主中学会民主……这本身就是教育者应该追求的教育目的。另一方面,面对争议,特别是面对一些需要引导的话题,他不是以真理的垄断者或是非的仲裁者自居发表一锤定音的"最高指示",而是充分行使自己也同样拥有的发言权,以富有真理性的真诚发言,为学生提供一些更开阔的思路、更广阔的视野、更丰富的选择。教师的发言尽管只是"仅供参考",但教师发言所闪烁的智慧火花和思想光芒,必然会打动学生的心灵,在他们追求真理的道路上产生积极的影响。

当然,在"对话"过程中,有时候学生的见解比教师更具真理性。在这种情况下,教师首先要能够放下"师道尊严"的面子,具备向真理投降的勇气和向学生请教的气度,乐于以朋友的身份在课堂上和学生开展同志式的平等讨论或争论,并虚心地吸取学生观点中的合理因素。对学生来说,这本身也是一种民主精神的熏陶与感染。应该特别指出的是,师生之间的商榷并不只是是非之争,更多的时候是互相启发、互相补充和互相完善,只要言之成理,还可以求同存异甚至不求同只存异,而不必非要定于一尊不可。宽容歧见,尊重多元,这也是教师应该引导学生逐步具有的民主胸襟。

……

我经常给学生说,真正有效的阅读应该"读出自己",即由作者的观点而触发自己的联想与思考。上面便是我通过刘莘教授的大作而读到的"自己"。

在应试教育的大背景下,估计一些教师还是更关心整本书阅读的思问教学法能够给学生的语文中考和高考增加多少"分数"。这是可以理解的,毕竟在现有评价体系背景下,学生的考分直接关系着教师的利益。我想说的是,整本书阅读思问教学法着眼于儿童阅读能力的提高——这里的"阅读能力"就包括了思维品质、审美素养、价值取向、审辨精神等综合素质的提升,而不只是刷几道"阅读选择题"。但试想一下,如果儿童具备了这样的阅读能力,还怕中高考试卷上的阅读题吗?

作者刘莘是一位学养深厚的哲学教授,这本书也有深刻清晰而通俗平易的理论阐述,但纯理念的文字仅占全书十分之一,本书的主体是"实践篇 整本书阅读思问教学法举要",作者以《安徒生童话》《小王子》《爱的教育》《假如给我三天光明》及刘欣慈科幻短篇等书为例，谈了"整本书阅读思问教学法"的具体操作，这些精彩篇章无疑会对一线老师有借鉴意义，甚至让他们的语文教学经得起高考的考验。

然而，我要特别指出，整本书阅读思问教学法绝不仅仅是为考试而存在，它远远超越了高考的功利，其意义不只是拯救绑在应试教育战车上的"阅读"，更是为了解放因对"应试阅读"反感和恐惧而逃离阅读、甘当"大数据"和"人工智能"奴隶的儿童。

诚如作者坦言——

特别是在这个时代，儿童很容易成为被大数据捕捉和被人工智能奴役的对象，帮助他们成长为自由的人，就是要帮助他们成为无法被还原为数据和算法的有思想的人。语文课通过阅读教学而促进孩子的思维发展，就具有超过狭义语言学习的更高一层的意义。语言是思想的家，随着儿童思维发展，家的内涵和意义自然会变得丰满。

读到这里，我感慨万千——"帮助他们成长为自由的人"，这才是语文教育的神圣使命啊！

尽管目前的阅读教学还不太令人满意，语文教育改革尚任重道远，但《以教师之思，促学生之问》让我有理由相信，语文终将逐步摆脱工具主义、技术主义的束缚，成为解放人的心灵、开启人的思想、发展人的才智的重要学科。那时，在所有孩子的心目中，语文阅读既是最富个性、最具魅力的精神创造，也是最自由、最愉悦、最美好的心灵之旅。

20多年前，我在一篇介绍自己给学生读长篇小说的文章中，曾这样写道——

无论是对我还是对我的学生来说，语文课都是生命中最美好的一刻。我的学生未来回忆起中学时代的语文课时，会觉得那是他们精神的聚会；而在我的过去、现在和将来的人生旅途中，每一堂这样的语文课都是一次心灵的飞翔！

其实，当年我这样做的时候，周围也不乏争议。

今天，我读完《以教师之思，促学生之问》后，自豪地对自己说："当年我是对的。"

李镇西

2022 年 5 月 12 日

前　言

　　提倡整本书阅读是近年来中小学语文教学的一项重大举措。整本书的信息量和思想内涵远高于单篇文章，二者有质的区别，适用于单篇文章的教学理念和方法未必适用于整本书的阅读教学。何况，语文的传统教学方式也有优化的空间。传统教学秉承的理念是基础主义的，相信字词含义、句法结构、段落大意、中心思想有一个阶梯式的掌握程式，不打牢基础，就不可能向上提升。

　　基础主义似乎是不言而喻的，知识积累就像修建房子，只能从下到上，地基要牢固，顺序不能乱。基础主义教学观显然有其合理性，但陷于这种教学观而无法自拔，教师就可能患上"基础不牢恐惧症"。这种症状的表现是，课文讲解要尽可能详尽，每一处细节都不能放过，只有这样，学生才能为更高阶段的学习奠定基础。

　　整体主义的教学观则相反，认为知识更像一个动态的神经网络，而不是静态的空间建筑。基础固然重要，但真实的学习过程不是机械累进，而是像微观物理世界的量子那样存在着能级跃迁的可能性。在整体主义的视野中，较低层次的知识与较高层次的知识有时是互为基础的。举例来讲，字词和句子是文章的基础，但对一些关键字词或句子的理解恰好发生在整篇文章的理解之后。要是忽略这个事实，教学就可能在一些地方止步不前，教师就会反复纠缠于所谓的基础知识，甚至用大量重复练习使学生丧失学习的兴趣。事实上，整体主义教学观更吻合现代认识论的洞见和神经科学的证据，也为教育工作者真实理解学习过程和人的成长奠定了基础。

需要指出，基础主义的教学观本身并不是错误，对它的执迷才是错误。基础主义只是一种不充分的理论，固化于不充分的理论才是问题的根源。传统教材大都具有基础主义的特征，观念局限以及印刷媒介承载不了超级文本，这两件事情是互为因果的。由于分不清教材的基础主义属性与学习的整体主义属性之间的本质区别，很多学校和教师才会过于依赖教材并用对教材的详尽讲解去填满宝贵的学时。然而，越是以基础主义的方式推进语文教学和考试评价，就越有可能偏离语文学科想要达到的教学目的。

语文学科承载着语言建构、审美鉴赏、文化传承和思维发展的目的。这些目的相互依存，但思维发展居于枢纽地位，因为没有思维内涵的语言建构是空洞的，缺乏理性判断的审美鉴赏是支离的，没有批判反思的文化传承是不得要领的。显然不能以基础主义的方式去理解思维发展，仿佛语言建构、审美鉴赏和文化传承是三个逐渐提升的基础，而语文教学首先要在与思维发展无关的基础上下足功夫，从而为思维发展铺就一条平坦的大路。

真实的情况是，必须将思维发展的目标自始至终贯穿于语文教学的其他目标中，只有这样，思维发展和其他目标才能在彼此的渗透关系中赢得现实性。然而，传统语文教学往往注重感性而忽略理性，仿佛学科分工已经划出了判然有别的两个世界——语文和艺术是感性的，而数学和物理才是理性的。这种理解当然是对理性的极大误解，本身经不起理性的论证。本书有清楚的说明，为何在知情意的思维统一性中，语文才是最应该也最能够促进学生一般思维能力发展的学科。

本书提出的整本书阅读思问教学法不是标新立异的产物，而只是理性在洞见阅读本质时对一些显见常识的综合，或对另一些以"常识"之名固化的思维定式的突破。思问教学法背靠人本主义的教育理念，基于关于人的精神本质的哲学思想，同时吻合神经科学对于人的大脑发育的实验证据。思问教学法前面虽有"整本书阅读"的限定语，但却指出了语文教学变革的两大方向：应根据实际情况适当减少教材讲解而将更多课时分配给整本书阅读教学，而且要以"经典阅读，思维促进"的阅读理念为孩子的精神成长做有思想的减法。

本书分成三个部分。第一部分是"理念篇"，概述了整本书阅读思问教学法产生的时代背景、核心主张和理论依据。第二部分是"实践篇"，通过对几部经典著作的解读展示了思问教学法的核心主张和方法如何在阅读教学中具象化。"实践篇"的主题解读是写给教师的，附于解读之后的"思与问"则是为学生设计的，体现了思问教学法的特色。本书的这些解读不具有排他性，不同教师对于同一部经典的解读即使都遵循了思问教学法的原则也可以有不同的风貌。思想是变化的艺术，致力于思维促进的思问教学法特别反对机械呆板的标准答案，欢迎弹性和不确定性，当然，也需在思维展开的客观性中避免随意性。希望对思问教学法感到认同的教师在具体的阅读教学中创造出类型多样的生动课例。本书的第三部分是"拓展篇"，通过教师问答的形式就思问教学法的一些核心话题予以了详尽的探讨。这些问答大都提炼自与一线教师的对话，能深化对思问教学法的理解，也有较强的实践意义。

　　思问教学法的意义超越了狭义的教学法，就像阅读的意义总是大于阅读。本书的目标读者是中小学教师和校长，当然，凡是对阅读、思维和人的成长等话题感兴趣的读者，都可在阅读本书的过程中有程度不等的收获。除了教育工作者，有缘读到此书的家长，也可以换一个角度思考孩子的成长，有助于缓解应试教育氛围下所有利益相关方普遍具有的焦虑。阅读帮助我们发现更好的自己，思想则使我们看清世界的本来面目。任何真理都离不开思与问的来回振荡，教育和成长更不例外。

刘　莘
2022 年 3 月 8 日

目录
contents

理念篇
整本书阅读思问教学法纲领

时代背景 _ 003
核心主张 _ 009
理论依据 _ 019

实践篇
整本书阅读思问教学法举要

《安徒生童话》的思与问
安徒生的童话世界 _ 027
寻找最好的自己 _ 033
自欺的秘诀 _ 048

《小王子》的思与问
天空的视野 _ 065
似懂非懂的儿童世界 _ 070
眼睛看不见的智慧 _ 084

《爱的教育》的思与问

心心相印 _ 102

爱的本质 _ 108

美德为什么美? _ 124

《假如给我三天光明》的思与问

人类的奇迹 _ 144

语言的魔力 _ 150

意志的胜利 _ 164

刘慈欣科幻短篇的思与问

科幻的视域 _ 181

人的上升 _ 191

宇宙的真理 _ 204

拓展篇
关于思问教学法的教师问答

如何理解思维发展？ _ 223
如何理解语文课的思维促进职能？ _ 228
思问教学法的适用范围是什么？ _ 234
思问教学法有哪些基本原则？ _ 237
思问教学法的选书标准是什么？ _ 246
如何理解批判性思维？ _ 249
如何通过思问教学法促进校园文化建设？ _ 253

附录 一个教师写给孩子们的信 _ 259
后 记 _ 273

— 理 念 篇 —

整本书阅读
思问教学法纲领

时代背景

在我国中小学语文教学中，整本书阅读近年来得到了越来越多教师、家长和学生的重视。这个变化源于教材编写者对整本书阅读的强调，也源于社会各界人士对整本书阅读重要性的认知提升。一些人认为，高考改革对阅读的要求越来越高，阅读能力强的学生不仅可以在语文考试中占优势，而且也有利于提升别的学科的审题和答题速度。另一些人认为，广泛阅读对于拓展学生的知识视野大有裨益，对于理解人类的文明和文化是不可或缺的手段。这些说法都有道理，但本"纲领"却特别强调整本书阅读对于学生和教师思维发展的重要意义。

《普通高中语文课程标准（2017年版）》（下文简称"高中语文课标"）明确提出语文核心素养有四个方面的内容，分别是"语言建构与运用""思维发展与提升""审美鉴赏与创造""文化传承与理解"[1]。四方面内容表面上是并列的，实际上却有不一样的逻辑地位。相对于语言运用、审美鉴赏和文化传承，思维发展显然具有核心枢纽地位。思维发展好的学生，使用语言更精准也更有弹性空间。审美鉴赏虽然离不开感受和感性，但理性思维的发育情况会影响到审美判断力的水准。文化传承在思维面前也不是中性的。该传承什么，不该传承什么，如何理解一国文化的特殊性与人类文化的普遍性之间的关系，都离不开具

---

[1] 中华人民共和国教育部.普通高中语文课程标准（2017年版）[M].北京：人民教育出版社，2018.

有反思意识的批判性思维的发展。高中语文课标提出的四个方面的核心素养，也需要在小学和初中阶段打好基础。特别是思维发展，更是基础中的基础。在《义务教育语文课程标准（2022年版）》（下文简称"课标"）中，已明确将"思维能力"作为语文核心素养之一，而且强调了"思辨性阅读"的重要性。

将思维促进提升到人的全面发展的核心位置，在大数据和人工智能时代尤为重要。这个时代的一个显著标志是信息过载，未成年人被无所不在的信息噪音包围，在信息推送和视频"霸权"的主宰下，容易迷失成长的方向。一个重要的原因是，未成年人还未形成健全独立的思维能力就被各种信息绑架了。常言所说的"读书好，读好书，好读书"，道出了阅读对于人的成长的积极意义。尽管随着教育教学的改革，有越来越多的教师、学生和家长受益于整本书阅读的理念，但关于整本书阅读的误区仍然无处不在。阅读始于课内终于课外，大量儿童[1]在课外生活中更喜欢观看视频和玩电子游戏，这是困扰学校和家长的难题。要破解这个难题，首先需要破除两大误区——阅读的"局域误区"和阅读的"信息误区"。

在习惯以考试分数的构成来打量教学效果的人的眼中，阅读仅仅是语文课的内容之一，而语文学科又只是诸学科之一。如果只把阅读当作一个学科内部的得分点，阅读在语文学科之内就只有局域性意义，以全学科的视野来看，则只有"局域的局域"的意义。然而，站在人的发展的视野来看，阅读对于一个人的精神和思维发育却具有全域性的意义。一个人是否喜欢读书或喜欢读什么样的书，在很大程度上决定着一个人的精神高度和思想深度。因此，作为阅读推广主阵地的语文课堂看似是局域性的，但意义却是全域性的。

---

[1] 本书在广义上使用"儿童"一词，泛指未成年人。仅当"儿童"与"青少年"并列使用时，才特指进入青春期前的未成年人。本文有时也使用"孩子"和"学生"，这两个词有不同的语义，但与"儿童"指向的群体是一致的。

表面上的局域性与本质上的全域性之间的不一致，为应试教育的"刷题"战术打开了方便之门。为了得到语文考试中的阅读分，将阅读分按照在全学科总分中的比例而分配阅读学习时间，就具有功效上的合理性。"刷题"训练是为了得分，既然阅读分只占有限的比例，"刷题"训练就必须精确。反复训练不同的题型，反复将阅读对于精神和思维发展的全域性意义肢解和还原成为获取一定比例分数的局域性意义，就是在以阅读之名摧毁受训者对于阅读的兴趣。考虑到视频和电子游戏的天然吸引力，未成年人不喜欢阅读，在很大程度上就是教育的唯分数论的"合谋者"过于强调阅读的局域意义的结果。

阅读的"信息误区"与阅读的"局域误区"具有内在关联。不少教师和家长都有一个类似的困惑——在信息形式和获取信息途径多样化的今天，为什么还要倡导传统意义上的文字阅读？确实，在信息时代强调阅读与在农耕时代和工业时代强调阅读，有很不一样的理由。在农耕时代，阅读是贵族或士绅阶层的特权，孔子之所以被尊为万世师表，一个重要的原因就是首开私学，打破了贵族阶层对文字符号的巫术式垄断。尽管突破文字垄断具有革命性的意义，但只有随着近代启蒙运动的发端、民族国家的兴起和工业革命的深化，才逐渐形成了人人皆有的平等教育权的观念。随着大工业时代的到来，需要越来越多能够操控复杂机器的工人，而学会识字和阅读则是进入劳动力市场的前提。学会阅读可以使人获得提升劳动技能所需的知识，这个道理今天仍然成立。但在信息时代，知识获取方式和劳动技能的多样性都意味着，传统文字阅读在信息获取方面的权重呈现出不断下降的趋势。

随着移动互联时代的到来和成熟，越来越多的信息都以图像和视频方式发布。特别是视频，承载的信息量远大于需要同样时长阅读的文字信息。再加上精心编辑后的视频往往混合着声音，不仅大大降低了信息通达的门槛，而且实现了信息的宜人化，在表面上做到了信息面前人人平等。反观文字时代，由于自然语言的复杂性和文字符号的隐喻特征，只有少数人能够娴熟掌握文字并通过文字的丰富运用来架构自己的思想。在信息时代，一般性的信息和知识都不再匮乏，每个人都平等地承受着信息过载和信息轰炸的积极或消极后果。在这种情况下，文字信息及其意义就隐退在了图像、视频和多媒体的巨大噪音中。世界变得越来越喧嚣，本就安静的文字则变得越来越安静。在这个大的时代背景下，要深入理解隶属于文字阅读的整本书阅读的意义，就必须首先揭示这样一个虚假前提：获取信息是文字阅读的主要目的。

有"信息误区"的支持，阅读的"局域误区"更显合理。由于文字信息所占的比例和文字阅读表面上的重要性都在信息时代不断下降，不对阅读予以全域性理解反而显得正常。然而，正因为人们误将信息获取当作了信息时代的文字阅读的主要功能，并把农耕时代和工业时代文字阅读的显性功能赋予信息时代，才遮蔽了文字阅读更重要的本质功能，并因此犯下了时代倒置的错误。陷入阅读的"信息误区"，使教育工作者和家长都容易忽视阅读对于人的成长的全域意义。事实上，人的成长包括身体和精神的成长，身体成长离不开身体的运动，精神成长离不开情感、人格、价值观和思维之间相互关联的综合发展。在精神发展的征途中，儿童的世界并非一张白纸，任由成人世界的僵化意识甚至虚假意识去随意涂抹。精神只有在内外冲突和基于自我否定的同一性中才能赢得它的真实性，儿童也不例外，这个过程的当事人需要各种支撑，阅读则是精神发育最坚实的大地。

在信息爆炸的时代，阅读对儿童的本质意义不在于获取信息和一般性知识，而在于支撑精神和思维发育，使儿童的精神获得向纵深和高处发展的契机。我们希望儿童长大成人后不成为平庸的人，既有思想的高度、深度和厚度，又不丢失好奇心和创造力。为达此目标，仅仅依赖语文教材的课文阅读显然是不够的，当然也不能将儿童放逐于信息的汪洋大海中让其不知何去何从。一旦看清了阅读对于儿童成长的真实意义，教育工作者就应该想办法发挥这样一个关键作用：要将阅读经典好书内化为儿童的生活习惯，并在这个过程中不断启迪他们感知和思考世界的能力。经典好书是指经得起时间检验的、既能吸引儿童又具有丰富内涵的图书。在信息爆炸的时代，教育工作者需要为孩子做有思想的减法，按照分级与分类阅读的要求为孩子挑选可以深度阅读的经典好书。

分级阅读在信息时代有新的实现路径，文本的思维分级优先于语料库的算法分级。简单的语词可以组成难以理解的句子和文本，而一些看似复杂的语词出现在思维能级合适的文本中并不会对儿童造成整体上的不可逾越的理解困难。在传统语文教学中，语词学习是阶梯式的，而在强调阅读优先的语文教学中，语词学习可以是跳跃式的。特别是对于过了基础识字关的孩子，随着将整本书阅读引入语文课堂，将更好地实现语文课标的"思维发展与提升"的教学目标，也可为语文教学的改革打开更大的空间。

与之同时，运用信息技术可以为基于思维能力和阅读能力的图书弹性分级提供新的方法。即使学生阅读的是纸质书，也可以通过数字平台进行阅读测评。阅读测评题可以按照"字词掌握""信息提取""欣赏共情""归纳推理""反思评价""想象拓展"等维度进行设置并通过蛛网图予以展现和分析。[1]需要强调的是，阅读测评不是阅读考试，只需要忠实反映孩子的阅读水平和阅读偏好，并根据相应的数据分析为孩子推荐适合其成长的好书。与分级阅读理念配合的是分类阅读的理念。在传统语文课堂上，儿童文学是阅读的主要内容。但从思维促进的角度来看，儿童科学和儿童哲学的阅读特别应该纳入其中。此外，传统文化、社会历史、政治经济、法律道德、教育心理等方面的阅读内容，也应该根据儿童的学段和理解力水平，按照思维促进的原理而选择性地予以推荐。

---

[1] 国际阅读能力进展研究（PIRLS）将阅读评价分为"提取信息""推论信息""解释整合""比较评估"四个维度；国际学生评价项目（PISA）将阅读评价分为"获取信息""解释信息"和"反思评价"三个维度；本书提出的六个评价维度综合了国际上著名的阅读评价指标，但结合汉语阅读特征予以了优化，相关话题需另文探讨。

尽管课文阅读在目前的语文教学中仍然占有主体地位，但整本书阅读对于跨过识字关的孩子具有特别重要的意义。文字多少的差别只是整本书与文章的表面区别，更本质的差别是结构性的，整本书更有可能在较大的时空框架中承载丰富的思想，激发儿童对生活和世界的主题式追问。这种激发也会反过来推动教师阅读和教师成长，有助于课堂突破篇章阅读的传统模式。激发孩子对世界和自我的主题式追问是儿童精神成长和思维发展的关键。然而，长期以来，我国中小学语文阅读教学普遍是情感与审美导向的，而不是理性与思想导向的。事实上，即使是感性世界中的审美活动的提升，也离不开理性和批判精神的发展。特别是在这个时代，儿童很容易成为被大数据捕捉和被人工智能奴役的对象，帮助他们成长为自由的人，就是要帮助他们成为无法被还原为数据和算法的有思想的人。语文课通过阅读教学而促进孩子的思维发展，就具有超过狭义语言学习的更高一层的意义。语言是思想的家，随着儿童思维发展，家的内涵和意义自然会变得丰满。

秉持分级与分类阅读理念、坚持"为孩子做有思想的减法"而打造的校园阅读环境，可以很好地支持儿童自由阅读并使阅读能力获得"野蛮生长"的契机。但为了通过阅读促进儿童思维发展，最重要的途径则是整本书阅读的课堂教学。整本书阅读的思问教学法提倡以教师之思促学生之问，也反过来以学生之问促教师之思。思问教学法主张将批判性思维的理论和方法注入阅读教学。思与问是这种教学法的枢纽，但关键是如何思与如何问。若不能回答这个更根本的问题，关于整本书阅读的课堂教学就可能在徒有思问形式的表演性质的伪繁荣中走向反面，要么以问之浅白压制思之涌动，要么以思之机械遗忘问之本真。

核心主张

整本书阅读的思问教学法强调儿童思维的发展，相信随着思维的丰富和层次的提升，可以更好地激发儿童对于内心和世界的感受。思问教学法绝不单一地强调逻辑思维，从而把内含情感培育和美的滋养的语文课变成缺乏灵性的逻辑训练营。人的思维不是机器算法，不能简化成形式逻辑。但这并不意味着形式逻辑不重要。引入逻辑训练是发展思维锐度和有效性的重要手段，语文教学恰好应该适时加强这方面的内容。思问教学法只是强调，人的思维是知、情、意的统一体，包含感受、体悟、意愿、推理、判断、反思、批判、想象、创造等功能。思维的对象可以是真与假、善与恶、美与丑，可以是人生、社会、自我、知识以及思维本身。思问教学法不拘泥于任何思维对象，因此既适用于传统语文课的文学阅读，也适合科学和哲学类读物的阅读教学。按照这种理解，阅读课的涉及范围要比传统语文课更广阔，也对长于语言训练的语文教师提出了更高的职业要求。

思问教学法不反对传统语文教学的字词学习和诗词背诵，但却秉持整体主义的语言观，主张以更多和更深的阅读带动字词学习，也主张以有机理解去增效机械背诵。整体主义的语言观把字词、概念和语义看成一个融贯系统，对它们的理解取决于思维的生动有效展开。这就意味着，整本书阅读既强调阅读量，更看重阅读的质的提升。需要指出，课文阅读与整本书阅读并非精读与泛读的关系，能够纳入课堂教学的经典好书都具备精读的条件，但因其内容含量大，阅读方式非常不同于传统语文教学中的课文阅读。在整本书阅读中,特别不应该要求学生机械地进行字词练习、划分段落大意、提炼所谓的中心思想。思问教学法强调以经典好书为依托,进行有深度的思考,通过主题探讨的方式,在比课文大得多的文本系统中,将学生和教师的思维解放出来。被解放出来的师生思维通过作为中介的经典好书而重新相遇,教师的角色更像是阅读理解的激发者而不是颁布者。思问教学法不反对基于特定阅读内容的、以审美鉴赏为主的传统语文的感受教学法,主张随着孩子年龄的增长,要不断增加有利于思维和理性精神发展的阅读文本的比例。

适用于课堂教学环境的思问教学法的目的是帮助儿童超越课堂环境成为自主阅读的主人,使印在他们意识深处的思与问转化成无意识的不断涌动的成长能量。思问教学法旨在培养具有理性精神和反思能力的大写的人,相信唯有奠基于思维的普遍有效性,才能使一代代孩子传承和发扬作为人类历史和文明结晶的积极价值观。思问教学法适用于课堂,因此对课堂组织方式有相应的理解。微观的课堂结构映射着宏观的文明和社会结构,信息时代的逐渐去中心化的社会组织方式也要求反过来对课堂予以重构。以教师讲解和固定教材为单一中心的传统课堂组织,必须转变为以学生个体和思维展开为多中心的教学方式。课堂演变不能脱节于社会演变,课堂演变的价值关怀不能独立于社会批判的价值立场。合理去中心化的教学空间的重构,必然要求课堂的时间结构的重构。学习不是被动的接受,而是主动的建构。以整本书阅读为例,时空重构后的课堂拒绝教师的发布式讲解,哪怕教师对整本书的理解高于儿童且对儿童有吸引力。时空重构后的课堂要求教师回归孔子主张的"不愤不启,不悱不发",也要求教师成为苏格拉底意义上的精神助产士。

为达此目的,整本书阅读的思问教学法主张将课堂分为读前与读后两个部分,具体课时的分配因思维促进的具体教学目标而定。在读前教学中,教师以尽可能少的"剧透",将思维启发藏于设计好的诱导问题中,并配以恰当的背景信息。在这个过程中,从图书改编的电影或动画片中调取少量内容激发孩子的好奇心是可以的，但思问教学法坚决反对混淆文字阅读与视频观看的界线。打算让学生精读的书，它的难度一定要处于最近发展区较远的位置，文本除了语言优美，还要有足够丰富的思想内涵。按这个标准选择的图书，即使有些学生事先阅读过也不会影响后续的教学效果，因为这个标准的经典好书足以容得下学生在教师启发后带着问题意识的多次阅读。读前教学是高度灵活的，可以与其他书的读前教学共用一个课时，也可以是其他教学活动结束后的内容补充。如果教师在读前教学中能够与另一本书的内容发生直接或间接的主题关联，则两本书共用一个读前教学课时比较合理。读前教学更适合小学生和初中生，高中生的阅读能力接近成年人，可以直接阅读教师布置的书。读前教学的目的是激发兴趣和提供有助于阅读的关联知识，而不是内容交流。

在流行的整本书阅读策略中，特别是针对文学作品时，教师往往要求学生根据书的标题、封面信息和目录去猜测书的内容或故事走向。这种策略仿佛是在鼓励学生带着问题去阅读，但强调思维促进的思问教学法却更鼓励学生的沉浸式阅读，不用自己的猜测去影响与文本重要角色的深度共情。原因是，带着强烈的主观猜测阅读文本会使意识处于一种聚焦状态，阅读者会在无意识层面受到猜测行为的干扰，无论相关猜测将被验证还是落空。与之对比，沉浸式阅读则要求读者以意想不到的方式自由地遭遇文本内容，使原生态的震惊或惊喜成为阅读之后的意识聚焦和反思的催化剂。因此，在文学阅读中，思问教学法特别强调首次阅读的感受体验，尽量不让儿童受到预置提问或前置思考对沉浸式体验的干扰。只有放松的阅读才不会破坏儿童的阅读兴致，这种无需意识聚焦的沉浸式阅读是在之后的课堂中调动反思和批判性思维的体验基础。

阅读教学的常规形式是读后教学，学生事先阅读指定书籍类似于"翻转课堂"。由于课堂时空结构的重组，阅读课堂就应该是师生之间和学生之间带着阅读体验和问题意识的一场值得期许的思与问的遭遇。整本书阅读思问教学法坚决反对教师机械地制作和讲解PPT，强烈主张释放甚或制造阅读课堂的不确定性。不确定性是精神世界的本质特征，是生动和有创造性的课堂教学的大前提。只有在足够的不确定性的渗透中，课堂才可能成为一个演变中的有机体。课堂有机体类似于一个超级大脑，教师之问刺激学生之思，学生之问反过来又促进教师之思，思与问作为类似于神经元的经纬线架构着课堂并使师生共同受益于自己创造的超级大脑。整本书阅读思问教学法提倡师生带着思考向文本发问，但向文本发问要立足于支撑精神和思维发展的核心主题。寻问《水浒传》108将中有多少女将，追问《西游记》中的沙和尚和白龙马谁的戏份更少，也需要思考。然而思问教学法强调的思与问却不是单纯的情节或事件指向的，而是精神和思想指向的。

以精神和思想为指向的问题意识具有必然性，而一本经典好书的诞生以及相应的情节、事件和人物设置则具有偶然性。整本书阅读思问教学法要求用必然性统摄偶然性，将具有必然性的问题意识嵌入经典好书的内容之中，从而借助感性的情节激发儿童的理性思考能力。站在任何一本经典好书的内部来看，情节和角色都不是随意的。但情节合理性具有局域性，封闭在一本特定的书中。与之对比，精神和思想却有全域性，要借助对一本本具有特殊性的经典好书的深度阅读和自由探讨，走向突破局域性和特殊性的普遍性。从特殊性走向普遍性，是精神和思维发展的必由之路。整本书阅读思问教学法因此拒绝只有情节导向的问题设计，无论这样的设计看起来有多精巧，无论这些设计是否拥有问与思的形式。但思问教学法却强调情节和角色对于文学阅读的重要性，因为具有普遍意义的问与思必须通过感性、感人的文本内容才能在儿童心中生根，从而激发他们面向自我和生活世界的真实思考。

传统的语文阅读教学易于迷失在感性和偶然性之中，学生的阅读理解大都围绕情节、事件和人物而运转，而思问教学法的做法却相反。思问教学法强调，要以人类精神和思想指向的主题意识去统摄不离情节和事件的提问。情节和事件是经典好书的肉身，贯穿于其中且可以渗透进任何书中的思想才是活跃和永恒的魂。这就要求思问教学法的实践者要多少懂得人类精神的发展之路，也要求教学者自己就是广义的思想者。然而，由于不少师范院校的课程设置还没有摆脱专科教育的模式，很多现任中小学教师在他们的大学阶段并未经历过成体系的通识教育训练，实施思问教学法很可能会面临自身知识素养不足带来的困扰。特别是作为思问教学法的主要实施者的语文教师，因对科学和哲学这两大思想高地的风景较为陌生，有可能一听到"人类思想"和"思维促进"这样的术语就感到信心不足。然而思问教学法却强调，思想是一个动态展现自身的过程，任何一个儿童和成年人都可以立刻成为思想者，只要对人生和世界抱有真诚的好奇心，只要不愿意被流俗的语言表达和社会意识所污染。

整本书阅读的思问教学法坚持以发展的视野来看待师生思维的成长。师生不是职业思想家，但坚持将有思想主题的问题设计贯穿到文本情节中，师生的思维品质将随着阅读教学的不确定性的过程而得到提升。一旦启动思问教学法，就会倒逼教师广泛阅读和深度思考，走向以人类精神和思想为引领的终身学习和自我实现之路。立足于人类精神和思想的有洞察力的思与问，本应该成为引领各层次教育改革的理念和实践力量，而现实对理想的偏离恰好构成了教育改革的势能。思问教学法对整本书阅读的课堂教学有具体的指导意义，也与高扬人类理性精神的教育改革共享基础共识。从微观处看，思问教学法是狭义的整本书阅读教学的指导方法；从宏观处看，又是不外于理性精神的教育改革在微观层面的具体体现。因此，受整本书阅读思问教学法吸引的实践者具有解放思想力和创造力的教育改革的使命意识，就是很自然的事情。

整本书阅读的思问教学法要求以问题意识的必然性去统摄阅读文本的偶

然性，要求以精神和思维发展的普遍性去引领、规范和激发个体思维的特殊性。思问教学法的实践者在根据阅读文本设置思维促进的问题时，处处不离个人的主观精神和人类的客观精神的演化发展意识。以《爱的教育》为例，可编织进师生之思问的主题概念包括：爱、心灵、善良、成长、教育、家庭、友谊、正直、勇敢、美德、正义、责任、幸福、恶习，等等。《爱的教育》涉及丰富的人性话题，100个故事前后贯穿，真实而令人感动。"真实"不是经验事实层面的，不是说历史上就一定发生过那样的故事。"真实"是人性层面的，能直指人心，能直接呈现什么是真，什么是善，什么是美。上述主题概念构成了思与问的基础，譬如，什么是爱？怎样的学校教育是好的？如何成为一个正义和勇敢的人？

这些问题是普遍的，当嵌入《爱的教育》这个特殊文本时，就提供了不同于单纯的情节阅读和感性阅读的思想视野。《爱的教育》既适合小学高年级学生阅读，也适合初高中生阅读，这样的经典读物不仅语言优美、情节感人，而且含有较高的思维促进能量。假设初中阶段开设《爱的教育》的阅读课，实施思问教学法意味着，不会因为有些孩子在小学阶段读过此书而影响教学效果。原因在于，渗透进文本的问题意识是普遍的，这些问题对于不同年龄段的人会呈现出不同的丰富性和复杂性。举例来讲，正义或公正是《爱的教育》中的一个主题，这个主题既可以激发低龄孩子的思考，也可以成为一部思想巨著的标题，譬如罗尔斯的《正义论》。实施思问教学法的教师，需根据不同学段的学生的理解力而开展阅读教学，这个过程也会刺激教师不断阅读并学习更深入和更广阔的知识。

再以科幻小说《三体》为例，可编织进师生之思问的主题概念包括：宇宙、真理、人、科学、逻辑、悖论、未来、智能、生命、法则、文明、伦理、语言、思维、宗教、美、终极问题，等等。《三体》因其"黑暗森林法则"的灰暗基调、"硬"科学的特色以及较高的思维能级，适合中学生阅读，不适合知识储备较弱并且价值观还不稳固的小学生阅读。将这些具有普遍意义的主题概念与《三体》三部曲的具体情景相结合，可以设计出深刻而富有挑战性的问题，能够大大激发课堂教学的探讨氛围并催生基于不确定性的个体和集体的创造性。这些问题可以是科学导向的，譬如，低光速的"黑域"是否可能？这些问题也可以是逻辑导向的，譬如，"黑暗森林法则"有怎样的逻辑缺陷？这些问题还可以是哲学导向的，譬如，神级文明除了生存需要，还可以用怎样的眼光去审视宇宙的生灭和生命的意义？这些问题拒绝标准答案，特别能够激发师生的想象和思维。这些问题行走在科学、哲学以及两者的交叉处，完全没有办法以传统语文课堂的感性和审美阅读方式去处理。然而对这些问题的思考又不离《三体》丰富的文学想象，正是受到文学、科学和哲学相结合的思想意识的驱使，师生才能真正理解《三体》三部曲为何堪称伟大。

以《爱的教育》和《三体》来列举的具有普遍意义的主题概念正是思想的基因，这些概念的内涵可以无限深入，直抵人类精神与思想的深渊。这些主题概念虽然看似为数不菲，但数量却是有限的，会在不同的经典读物中反复出现，通过不同的情景和人物折射出不同维度的意义。此外，这些概念是有层次之分的，它们以不同的内涵和外延并通过它们的动态关联和矛盾构成人类思想的谱系。实践思问教学法的教师虽然不是职业思想家，但以这些主题概念为支撑的思与问，将同时帮助学生和教师的心灵获得一个不同于感受性阅读的契机，这个契机就是理性生长的契机，也是思维螺旋上升的契机。

要注意，整本书阅读的思问教学法本身也是动态发展的，假以时日，完全可以给出经典读物与思想基因的关系列表。这些看似宏大的主题概念，恰好可以借助适合未成年人的经典文学、科学和哲学读物，激起思维的冲突，师生在经过激烈的探讨和争论后，将会不断意识到精神世界的广漠和思想世界的深邃。好奇心与敬畏心的共同激发，可使儿童和青少年在成长过程中向自己的无意识不断输入能够抵御环境信息噪音的永恒的精神养料。不是所有人长大后都会成为思想家，但经过思想启迪式的经典阅读的长期浸润，一代人将会以不同的精神面貌成为各行各业的佼佼者。他们心中有梦，眼中有光，精神深处有天然的敬畏，思想不拘一格，绝不让创造性的天性和积极的价值关怀被世俗生活所遮蔽。

从这个意义上讲，整本书阅读的思问教学法隶属于一场永不停息的思想启蒙运动。师生关系并不是天然的启蒙者与被启蒙者的关系，有的时候，启蒙者恰好是纯真和有想象力的童心，是每一个孩子的理想现实，也是每一个成年人精神深处的遥远故乡。在这场永无止境的代代相传的思想启蒙运动中，思问教学法的实施者清楚地知道自己的使命。他们将立刻行动，不害怕知识储备的不足，他们将像孩子那样以新的眼光去打量这个世界，感受思想之光的穿行和渗透。他们不害怕失败，因为他们视每一堂课为一个独一无二的实验艺术品，他们是以普遍性的思与问以及特殊性的文本为原材料的、处于成长中的课堂艺术家。

整本书阅读的思问教学法会大大激发学生阅读、思考、表达和学习的欲望，将对作为思想输出的写作有所促进。被思问教学法选中的经典读物含有值得集体探讨的丰富主题，而且文字优美，寓意深刻，结构合理，会在无形中提升师生对于语言和含于其中的思想的鉴赏力。思问教学法鼓励以主题思考为引导的写作，主张以理性去提升和规范感性，以真和善去带动和丰富美。思问教学法特别主张在深度阅读经典好书的基础上，每个孩子带着有温度的思和有色彩的问，以主题形式撰写读后感。传统意义上的读后感被严重套路化了，如果没有严格要求，不少学生会将网络抄袭视为常态。思问教学法在展开自身的同时不断揭示，求真是思想的高贵品质，实施者致力于将诚的美德带入孩子人格塑造的无意识过程。唯真与诚，才有思想的显现和到场。

思问教学法主张以学生自创主题来引导深度阅读之后的读后感写作，教师要充分利用儿童在思维获得启迪和激发后的表达欲望。思问教学法主张学生为读后感创立想要表达的主题，有方向性地引领内心世界的活动。以《小王子》为例，思问教学法反对学生千篇一律将读后感命名为"《小王子》读后感"，主张学生创设自己喜欢的主标题——例如，"五亿颗星星和一朵花""大人世界的缺点""拒绝自欺的小王子""智慧的狐狸""洞悉生命秘密的蛇"，等等。一旦确定了主题，就要求读后感有与之匹配的内容结构。写作贵在言之有物，思问教学法的优势就在于，学生在经典阅读的思与问的碰撞下，会逐渐懂得没有任何经典是浮夸和滥情的产物，好的表达和写作也是这样。有主题规范的内容结构是否合理，需要充分调动学生的思考，读与写对思维的促进天然合为一体。由于真诚是思考、表达、写作乃至做人的关键前提，思问教学法在指导读后感的写作时，自然会把字里行间的真诚作为核心的评价指标。

好的写作当然离不开好的语言，不同学段学生的语言技能虽有层次上的差异，但在同样的层次上，优秀和独特的语言表达总是值得珍视的。思问教学法与传统语文教学对语言之美的看重是一致的，但特别强调的是，语言之美离不开思想的真实和活力。因此，思问教学法在衡量学生读后感的时候，会在"主题""结构""真诚""语言"四个维度之后，增加"思维"维度，那些确有所思和思维独特的读后感才可能赢得这个维度的高分。用"主题""结构""真诚""语言"和"思维"五个一级维度来衡量一篇读后感，可以引导教师作出信效度类似的判断。

然而，思问教学法却鼓励将读后感的部分评价权交给全班学生，以生生互评、严格打分的民主方式推选优秀读后感。这个过程将诞生一种求真讲理的评价文化，这种文化对于一个共同成长的集体弥足珍贵。即使教师有最终的决定权，也有义务面向全班学生以平等的方式说明自己的理由。在这样一种拒绝虚假的民主文化的浸润下，师生的思维能力和判断力都会在不知不觉中得到提升。因此，思问教学法理解的读后感的内涵远远超过了传统读后感的内涵，体裁可以是散文、故事、论说等各种形式，可以是情节拓展，可以是角色穿越，当然也可以是这些形式的某种有趣的结合。经典读物的读后感写作是更加自由的创造性写作的有效阶梯，因为经典读物本来就是人类创造性的杰出体现。借助经典读物来发展儿童的读、写、思的三位一体的能力，就是在保护和促进儿童的好奇心、想象力和创造力。整本书阅读的思问教学法应该会结出创造性的教育教学果实，这是自然而又值得期待的事情。

理论依据

阅读对人的大脑的塑造具有非同小可的意义。思与问在意识中点亮，也在无意识层面悄悄酝酿。过去30年，随着脑成像技术的发展，神经科学为阅读如何促进大脑发育提供了越来越多的实证证据。大脑是思维的物质基础，思维的有效性虽然不能还原成神经科学的真理，但整本书阅读的思问教学法仍然能够从神经科学中找到相应的支撑证据。英国科学家惠斯通在19世纪上半叶发现了双眼竞争现象。近距离给两只眼睛看两张不同的图片，映入大脑的图像会来回切换，两张不相容的图片好像在竞争意识知觉。意识无法控制双眼竞争，而意识之外的客观对象又是不变的，因此唯一的变量是意识之下的神经活动。从双眼竞争现象入手理解大脑神经活动，可以为思问教学法提供吻合科学证据的解释。

神经科学认为意识是神经活动的派生物，对意识阈下知觉的研究证实，大脑意识不到的图片、数字和文字，都可能对无意识思维产生影响。阈下启动技术证实，被掩蔽在意识阈下的图片或字词，会对有意识的决策发挥作用。即使一个词出现在阈下而无法获得意识知觉，也会影响当事人对意识中的语义关联词的反应速度。相关实验表明，无意识的信息处理可以达到语义层面。[1] 脑成像技术显示，负责阅读初级加工的大脑皮质可以被无意识知觉激

---

[1] 神经科学家迪昂的研究团队用实验证明了，处于意识阈下的文字和数字信息能够通达大脑皮质的深处。参见：[法]斯坦尼斯拉斯·迪昂. 脑与意识[M]. 章熠, 译. 杭州：浙江教育出版社，2018：68-70.

活。与环境的长期互动，可以形成对应特定字词和概念的神经回路。即使在麻醉或催眠状态，神经元也能对恰当的刺激组合予以反应，类似地，识别书面文字的能力大部分也要归功于大脑的无意识神经活动。当深度阅读发生时，意识集中在文本的前因后果上，字词含义不经意识加工就自动呈现和发生相关联结。越来越多的证据表明，存在一个关注语词特定含义的高级脑区，其中的神经元可以在无意识状态下被激活。[1]

神经科学还无法完全弄清阅读理解是如何发生的，一个合理的猜测是，大脑会对熟悉的字词和相应的概念进行无意识的编码，并随时等待被外在刺激和脑的内在自主活动所激活。[2]不同层次和类型的阅读会刺激大脑对同样的符号进行不同的编码，因此受过不同训练的大脑对字词符号的编码和意义建构方式是不一样的。当思想信息含量较大的文本被不同的人阅读时，越是有深度阅读基础的人就有更大比例的阅读理解发生在无意识层面，使得要占用确定能量的意识可以聚焦于更大的挑战。思问教学法强调的深度阅读会将作为思想基因的各类关键概念通过复杂编码深深地印在大脑中，印得越多和越深的大脑对于同样难度的文本的反应就越快，对文本的理解也越顺利和深入。遇有更大的阅读挑战时，可以调用的神经回路资源也更多，使大脑和思维的进一步塑造变得更加容易。

脑成像技术证实了涉及语义加工的脑区不需要意识就能激活。在治疗癫痫病人时，通常需要在患者的脑中植入电极，用于定位受损的脑组织。当癫

---

[1] 神经科学家迪昂发现，在大脑左半球有一个被称作"视觉词形区"的区域，能处理输入的文字信息，可以对字符串进行快速识别并向更高级区域传递词义信息。参见：[法] 斯坦尼斯拉斯·迪昂.脑与阅读[M].周加仙，译.杭州：浙江教育出版社，2018：72—77.

[2] 如神经科学家沃尔夫所说，"当解码几乎自动化，年轻的流畅阅读脑每一毫秒都在学习整合更多隐喻、推理、类比、情绪背景和经验知识"。参见：[美] 玛丽安娜·沃尔夫.普鲁斯特与乌贼：阅读如何改变我们的思维[M].王惟芬，杨仕音，译.北京：中国人民大学出版社，2012：137.

痫病人阈下闪现一些令人不安或感到恐怖的词时，电信号会出现在杏仁核中，说明这个脑区"看到了"患者自己看不见也意识不到的词语。[1]语词和概念确实"印"在了大脑回路中，再次激活时不需要意识的参与。从神经科学的视野来看，培养好的阅读习惯或好的思维习惯，就是要将意识层面的富有挑战性的理解通过某种编码分解方式而下沉到无意识层面。概念越深，下沉就越难。正因为如此，针对同一个主题的不断深化的思与问，就是意识思维在无意识思维的支撑和协助下变得游刃有余的前提。

就算有神经科学的证据支持基于普遍概念的思问教学法，也无法回答人的思维与精神发展的目标问题。这个问题至关重要，无法通过神经科学获得答案，因为这是一个意识之中的问题，而意识是人类精神和思维运行的背景前提。整本书阅读的思问教学法强调儿童思维发展，这个强调离不开对于人的精神和思维或思想的关系的理解。"思维"与"思想"在汉语语境中常常混用，"思维"更多带有"主观"和"私有"的内涵，而"思想"更多带有"客观"与"公共"的内涵。每个人都会思考都有思维，但不是所有人都有思想，这个命题道出了"思考""思维"与"思想"在内涵上的区别。严格地讲，思想是具有普遍有效性的思维借助自然语言或非自然语言的公共外化。在较为灵活的自然语言中，"思维"和"思想"可以在某些语境下互换，这份纲领对"思维"和"思想"的使用具有这个意义上的灵活性。

整本书阅读思问教学法强调要通过深度阅读去助推人的精神和思维的发展。但从内涵上看，"精神"与"思维"或"思想"也不能画等号。精神存在者具有灵性、目的性和超越性，衡量思维的指标有深度、广度、锐度、敏捷度、弹性、丰富性、多样性、创造性、有效性，等等，但有效性是衡量思维之真伪的根本标志。没有有效性的支撑，精神的灵性、目的性和超越性都可

---

[1] ［法］斯坦尼斯拉斯·迪昂.脑与意识［M］.章熠,译.杭州：浙江教育出版社,2018：85-87.

能是伪的。反过来讲，没有精神的这些特质贯穿于人的思维中，思维就会失去色彩、温度和高度，就会变成没有魂的"算法"。可以论证，站在作为整体的人类的层次上看，"精神"与"思维"或"思想"的外延是同一的。人的思维样态映射着相应的精神状态，人的特定的精神状态又将抑制或激发相应的思维。站在人类文明的高度来看，思想贯穿和体现着人的精神，思想的变化与精神的变化互为因果。

本纲领提出要将批判性思维的理念注入整本书阅读的教学设计之中。可以将整本书阅读的思问教学法视为批判性思维的一个应用特例，目的在于借助经典好书使未成年人的思维获得批判性展开的机会。"批判性思维"这个术语是"critical thinking"的中文翻译。在中文语境中，"批判"有专门针对负面事物的反思或否定之意，有学者认为未成年人的思维需要更多积极的内容去引导，因此建议用"审辨思维"来代替"批判性思维"以显得更具"正能量"。出于如下考虑，本纲领仍然采用"批判性思维"这个术语。"critical"这个外来词有"关键""有效"的含义，"批判性思维"既强调元思维层面的反思或否定，也强调思维的有效与深入，这就离不开思维的积极建构与自我创新。只要清楚"批判性思维"的真实内涵，就不会有负面联想。毕竟，批判首先就是指思维对于自身的批判。

确实，批判是一些伟大思想家特别强调的理性展现自身的过程和能力，比如康德有"三大批判"。马克思继承德国古典哲学的批判精神，也特别强调自由思想离不开思想批判。在这些大思想家的心中，理性的批判精神本来就包含着思想的想象、建构和创造。这些大思想家都坚持，凡是欠缺批判根基的事物，哪怕表面上是"正能量"的，也容易变成自欺的虚假意识。由于"批判性思维"的翻译是约定俗成的，而且在人类思想史上有坚实的根基，除非有决定性的理由，否则不宜仅仅因为一些不成立的顾忌而回避这个术语。当然了，"审辨思维"这个提法也没有任何问题，有《中庸》的"博学之，审问之，慎思之，明辨之，笃行之"为证。不过，撇开语词差异，完全可以站在人类精神的普遍性的高度论证，批判性思维与审辨思维其实是一回事，都蕴涵着思维对于自身的反思、批判和超越。不难看出，思维的发展过程，正对应着人的成长过程。至于如何深刻理解人的思维，批判性思维如何在不同问题域中展开自身，为何要促进批判性思维，这些问题超越了本纲领的阐述范围。不过，整本书阅读的思问教学法作为一个生命体正因这些问题而变得丰富，从而以此为契机去促进学生和教师的思维发展。

实 践 篇

整本书阅读
思问教学法举要

《安徒生童话》的思与问

安徒生的童话世界[1]

　　安徒生是丹麦人，生活于19世纪的欧洲，是闻名世界的童话大师。安徒生一生充满传奇，他的人生就像是一个童话故事。[2] 安徒生是一位高产作家，除了童话，他还创作了不少戏剧、游记、诗歌。但安徒生之所以蜚声全球，还是因为他的童话故事。安徒生一生共创造了168篇童话体裁的故事，加起来有厚厚的几本书。我国老一辈的文学家、翻译家叶君健先生，曾翻译过《安徒生童话全集》，但能够读完安徒生所有童话故事的人并不多。在走进安徒生的童话世界之前，我们先来问一个问题：安徒生为什么要写童话呢？

　　安徒生年过30才开始创作童话，他那时已经走出童年很久了。在童话创作的早期阶段，安徒生写了一篇名叫《豌豆公主》的故事。这篇童话故事非常短，只有几百个字。这篇故事说，从前有一位王子，想娶一位公主为妻，但必须是一位真正的公主。可这位王子走遍了全世界，发现所有的公主都有问题，不像是真正的公主。有一天晚上，雷雨交加，城堡外面居然传来了敲门声。一个女孩全身湿透了，她的样子看起来非常糟糕，却声称自己是一位真正的公主。王后想，她有办法测试这位"落汤鸡"公主是不是一位真正的公主。王后给公主安排了一个很舒服的地方，让公主洗漱了去睡觉。

1　这篇文章载于《归去来兮：安徒生的童话世界》。参见：刘莘. 归去来兮：安徒生的童话世界［M］. 桂林：广西师范大学出版社，2021.

2　关于少年安徒生的传奇经历，请参见中篇传记小说《"丑小鸭"安徒生成长记》，载于《归去来兮：安徒生的童话世界》。

第二天早上，王后问公主睡得怎么样，公主回答说她睡得一点都不好，不知道床里有什么东西，硌得她难受极了。王后大吃一惊。头天晚上，王后为公主的床上放了20层床垫，又在床垫上放了20层鸭绒被，公主居然没有睡好？原来，王后还在床垫下放了一颗豌豆。那位公主是如此的娇气，以至于隔着20层床垫和20层鸭绒被，还能感觉到那颗豌豆！王后想，这必定是一位真正的公主，因为只有真正的公主，才会如此娇贵。王子很高兴终于找到了真正的公主，并赶紧与公主结了婚。

从《豌豆公主》这个短小的故事中，我们读到了什么？首先，安徒生是一个很好玩的人。这篇小故事幽默感十足，讽刺故事中的王子、公主很有一套办法。故事里对王子、公主的描述虽然夸张，但现实生活中却真有类似的人。有些人特别娇气，对一点点不如意的事情都会有强烈的感受，他们很像那位"豌豆"公主。这本来是很不好的，可王子一家人居然认为这就是真正的公主应该具备的品质，这是不是太过糊涂了呢？

现实生活中确实有很糊涂的人，他们会把丑的当成美的，假的当成真的，坏的当成好的。糊涂之人不知道自己的糊涂，所以这个世界上丑的、假的和坏的东西总是能够生存。糊涂是丑的、假的和坏的东西的温床，糊涂之人也难免变丑、变假、变坏。如果问任何一个人，他想成为一个糊涂的人吗，我们可以打赌，一定不会有任何人说自己愿意。既然每个人都不想变糊涂，糊涂之人又是从哪里来的呢？仔细品味一下，这个问题很有意思，也是安徒生喜欢思考的问题。

安徒生的一些著名童话，以幽默生动的方式描绘人的糊涂，除了《豌豆公主》，更著名的故事还有《皇帝的新装》和《夜莺》。我们问，安徒生为什么要用童话故事来描写人的各种缺点和人的糊涂呢？特别是，安徒生有一支生花妙笔，人的各种缺点，人不自知缺点的糊涂样子，往往会被描写得特别有趣，很容易引得读者发笑。《豌豆公主》夸张得令人忍俊不禁，倒有点像一个专门把人的面部放大扭曲的哈哈镜，在引人发笑的同时，也会让照镜子的人想一想，自己是不是真有那么丑呢。

哈哈镜的趣味在于，现实中的人看到自己被镜子夸大或扭曲的样子，他们在哈哈大笑的同时，立刻会意识到，镜子中的影像是假的，是绝不可能在现实中存在的。所以照哈哈镜的人可以放心大胆地笑自己和他人，笑完之后离开哈哈镜，自己和世界还是原来的样子。我们可以把安徒生的童话理解成一面镜子，但童话这面镜子，要比哈哈镜的功能强大多了，也有趣多了。

童话的有趣在于，其中有会说话的动物，有善恶分明的神怪精灵，有会自己走动的玩具，有会撒娇的花儿，有会思考的树木，更有不可思议的人物和他们经历的各种奇妙的事情。相对于我们的真实生活而言，童话故事以及其中的角色和事件，往往是作家的虚构。然而，生活在真实世界里的人们，无论儿童或是大人，都喜欢看虚构的童话故事，这又是为什么呢？安徒生在《豌豆公主》的结尾处煞有其事地说："瞧，这可是一个真实的故事呢！"这句话并不改变故事的虚构特征，但在增加故事的夸张和戏谑效果的同时，也隐含了另一个意义上的真实。

除了幽默好笑，安徒生童话确实以虚构的方式捕捉住了生活中一些真实的东西。人的缺点，人的不自知的糊涂，当安徒生将这些内容编织进童话，往往令人回味无穷。这是因为人有一种天性，喜欢观看他人的缺点或糊涂带来的滑稽幽默的效果，而不喜欢正视自己的缺点或糊涂。既然这样，安徒生干脆将人的缺点或糊涂通过童话放大到不可思议的程度，以戏剧性的效果使观看者感到惊奇。

安徒生对人的天性有很深刻的认识，他知道，虽然大人经常对孩子讲生活中的各种道理，但真正面对自己的问题时，大人和孩子都不喜欢听干瘪乏味的道理。安徒生是智慧的，他善于将道理隐藏在引人入胜的故事背后。除了被故事情节所吸引，聪明人往往能从故事中读到对自己的成长有益的东西。

童话就像是一面镜子，能鉴别一个人是否聪明。但这面镜子更神奇的地方在于，它能够帮助人们变得聪明。

我们前面问，安徒生为什么要写童话呢？对这个问题可以有不同的回答。写童话故事是一件很好玩的事情，这个理由对于安徒生是肯定成立的。但安徒生也想通过童话帮助我们变得聪明，增长我们的智慧，使我们的生活变得精彩有趣。《豌豆公主》就有这样的作用，这个故事不仅会增加我们的乐趣，也会帮助我们思考。我们问自己，会不会自己也有类似于那位公主的娇贵的缺点，譬如，会不会过于讲究吃得好穿得好，或对一些恼人的小事过于敏感。对生活中的小事过于敏感的人，看起来很聪明，其实是很糊涂的。这样的人过于关注琐碎的事情，往往会遗忘生活中更广阔、更美好的风景。那位娇贵的公主敏感于20层床垫和20层鸭绒被下的那颗豌豆，而忽略了床的温暖软和，错失了甜甜的睡眠和美梦，她真是太可怜了。

一篇短短的《豌豆公主》，让我们多少理解了安徒生童话的特征。这篇故事令人发笑，而又寓意深刻。如果仅仅是逗人一笑，安徒生可以专门去写笑话集。事实上，在安徒生的童话中，能够逗人发笑的故事，只占一小部分。在逗人发笑的故事中，也只有少数几篇以逗人发笑为目的。安徒生的童话故事五彩缤纷，有逗人发笑的，有情节离奇的，有"无厘头"好玩的，有令人感动的，有给人以美的享受的，有使人感到悲伤的，有给人以道德或宗教教诲的，也有歌颂新时代的伟大与活力。安徒生童话的类型和涵盖的主题非常丰富。我们可以大致将安徒生的童话分为如下八类——

第一类童话以人的成长为主题，《丑小鸭》是这类童话的代表作，《铜猪》《鹳鸟》《小意达的花儿》这些杰出作品多少都涉及成长的话题，并从不同角度给人以启发。

第二类童话以人的品格为主题，颂扬诚实、忠诚、勇敢、谦虚、自律的品行，鞭挞骄傲、虚荣、放纵、自夸的恶习，这类童话的代表作很多，包括

《坚定的锡兵》《荞麦》《老路灯》《猪扑满》《小克劳斯与大克劳斯》《红鞋子》《蜗牛与玫瑰树》。

第三类童话以揭示现实社会的阴暗为主题，代表作包括《卖火柴的小女孩》《她是一个废物》《园丁与主人》。

第四类童话歌颂爱、勇气与善良，代表作包括《海的女儿》《野天鹅》《拇指姑娘》《冰雪皇后》《冰姑娘》，这些作品每一部都气势恢宏，情节曲折，精彩纷呈。

第五类童话揭示人的自欺与糊涂，代表作包括《皇帝的新装》《夜莺》《影子》《豌豆公主》《猪倌》。

第六类是颇具哲理的童话，涉及了人生、时间、公平、命运等主题，代表作包括《接骨木妈妈》《赛跑者》《完全是真的》《亚麻》《牧羊女和扫烟囱的人》《小鬼和小商人》《瓶颈》《老栎树的梦——一个圣诞节的童话》。

第七类童话有些"无厘头"，幽默搞笑，不一定有什么深刻的寓意，但就是有趣好看，这类童话的代表作包括《笨汉汉斯》《飞箱》《香肠栓熬的汤》。

第八类童话姑且称作"杂类"，包括对时代的歌颂、一些带有科普性质的童话，以及有较强的宗教色彩或民间传奇的童话，包括《小小的绿东西》《树精》《海蟒》《踩着面包走的女孩》等。

以上分类不是绝对的。几乎安徒生的每一篇童话故事都有丰富的内涵，有的时候，同一篇故事可以放在不同的分类里。以上列举了篇名的作品，都是安徒生童话中的精品。

尽管安徒生享誉全球，但安徒生是极易以"阅读过"的名义被错过的伟大作家。提起安徒生，几乎人人都感觉是熟悉的。但"熟悉"有时是一个陷阱，可能在不经意间变成自我设限的认知障碍。熟悉一个人，熟悉一类事，有时仅仅是熟悉。因为熟悉，我们反而可能错过对这个人或这类事的真正理解。古人所谓的"百姓日用而不知"，就旨在强调熟悉不等于知道。

一个孩子可能恰好因为在小学低年级读过由《丑小鸭》改编的课文，从而在成长的过程中不再阅读安徒生。姑且不论传统的语文教学方式是否有扼杀孩子阅读兴趣的嫌疑，从儿童发展心理学的视角来看，确实很少有孩子喜欢重新阅读自认为熟悉和幼稚的东西。当孩子到了小学高年级或中学阶段，他有了一定的人生经验和感悟，这时再来阅读《丑小鸭》的原著，本来是更好的选择。然而，孩子自己是不会有动力再去阅读原著的，因为他并不知道原著与课文的区别。更重要的是，孩子总是想与自己的过去拉开距离，而这正是成长的心理特征。

因为那种熟悉的感觉，也因为否定自认为的幼稚正是渴望成长而又未长大的样子，因此孩子们极易以"熟悉"和"太幼稚"的名义错过对安徒生童话的真正阅读和理解。这非常可惜，因为安徒生童话富含大量的精神养料，这正是未成年人迫切需要而又不自知的。特别是在这个信息噪音极大的时代，孩子们最需要习得的是鉴别真善美的能力，正是这种鉴别能力使人的心灵区别于机器智能，也使人最终成其为人。

阅读安徒生童话的意义就在于，可以借助虚构的引人入胜的故事，将真善美的鉴别能力作为有待开花结果的种子悄悄埋入孩子们的心田。对于童心而言，虚构的童话故事是真实而美好的事物的最佳载体。因此，向未成年人推荐安徒生童话，帮助未成年人借助安徒生童话而健康成长，就是教师和家长的责任。

事实上，成年人也可通过阅读安徒生而受益。安徒生的童话世界是色彩斑斓的，阅读安徒生童话并不是儿童的专利。在人生的某个阶段真正遇上因各种原因而被错过的安徒生，可帮助成年人在繁杂的世俗生活中拥有一块属于自己的精神净土。每个人都需要属于自己的童话，不朽的安徒生童话属于每一个童心尚存的人。

寻找最好的自己[1]

　　《丑小鸭》是安徒生最著名的童话故事之一。创作这篇故事的时候，安徒生已经享誉欧洲，仿佛一只人见人爱的白天鹅。然而，不为人们所知的是，这位如日中天的著名作家，在他的儿童和青少年时期，却历经苦难，饱尝人生的艰辛。假如安徒生没有经历过类似于丑小鸭那样令人唏嘘的生命蜕变过程，是绝不可能以如此细腻的情感和有色彩的笔墨去创作《丑小鸭》的。《丑小鸭》也许是人类有史以来最著名的一篇童话，感动了不同时代的数以亿计的孩子和大人。教师与学生可以共同追问一个问题：为什么几乎人人都喜欢《丑小鸭》，这篇童话究竟想要告诉我们什么？

话题一　安徒生与《丑小鸭》

　　将《丑小鸭》的原著与改编成小学语文的课文对比，会发现很大的区别。首先是篇幅上的，《丑小鸭》原著译成中文有 6000 多个汉字，远远大于小学低年级课文的容量。照理说，《丑小鸭》这个故事并不复杂，进行压缩改编是

---

[1] 这篇文章是专门写给教师的。在《归去来兮：安徒生的童话世界》中，也有一篇解读《丑小鸭》的名为"寻找最好的自己"的同名文章，是专门写给学生的。两篇同名文章的内容有差异，难度也不同，有兴趣的教师可对比阅读。

可能的。然而，只要认真读过《丑小鸭》的原著，就不难发现，对原著的任何改编和压缩都会丢失重要信息。《丑小鸭》作为文字艺术大师安徒生的上乘之作，就像绘画大师的传世名作，本质上是抗拒裁剪或涂抹的。究其原因，是因为伟大的文学艺术作品都承载着特殊的意义场和凝固于特定时空结构中的思想，作品一旦被裁剪，承载的意义和思想也就随之淡化或变形。

经典是值得反复阅读的。何况小学低年级的孩子仅仅阅读过改编的课文。改编过的课文相对简单，而孩子们的心智也相当稚嫩。要真正对《丑小鸭》这篇名著的内容有所理解，除了阅读能力的提升，生活经历也要更加丰富才行。如果要列举一些因为"熟悉"或"阅读过"的名义而被错过的经典作品，《丑小鸭》一定是其中的一篇。无论小学低年级的孩子是否读过改编的课文，非常建议教师在小学高年级阶段将《丑小鸭》的原著带入阅读课堂，与孩子们共同阅读和探讨。为了帮助有更多成长经历的孩子们通过深度阅读《丑小鸭》而受益，教师需要知道安徒生少年时代的一些经历。

安徒生从小家境贫寒，其貌不扬，但他有较高的天赋，特别是，有一颗想要突破困境并实现自我的敏感的心。安徒生成名后写有自传，但自传的内容不太适合一般人阅读，更不适合孩子们阅读。在自传中，安徒生写到了自己童年的艰辛，但更多的篇幅却涉及成年之后的社会交往。安徒生自传中论及的很多事件和人物，在时过境迁的今天来看，有很多已经意义不大。我的著作《归去来兮：安徒生的童话世界》中基于安徒生的自传、童话全集和他的相关作品而创作的中篇传记小说《"丑小鸭"安徒生成长记》，非常适合未成年人阅读，教师有了相关背景知识再来阅读和讲解《丑小鸭》，一定会有新的收获和发现。

下面的话题将紧紧围绕对"丑小鸭—白天鹅"心理模式的说明和阐释而展开。整本书阅读的思问教学法强调超越传统的感性审美的阅读层次，而进入到理性反思的阅读层次。在审美上享受安徒生这篇文学杰作的同时，教师可以带着孩子们直面关于人心的根本问题：每个人在某些时候都可能会自卑，人为什么会自卑？如何面对自卑的困惑？

> 《丑小鸭》摘选[1]
>
> 正当夏季，乡村的风景美不胜收，金黄色的小麦与绿色的燕麦相映成趣。牧场青青，干草成堆。鹳鸟迈着又长又红的腿四处走动，他口中吐着埃及语，据说这是从他妈妈那里学来的。田野和牧场被广阔的森林包围着，森林中镶嵌着一些深深的湖泊。真的，乡村的风景真是美极了。

思与问

1. 描述一下你自己读完了《丑小鸭》原著的感受，与以前读课文的感受有什么不同？有没有什么新的发现？
2. 采访自己的爸爸妈妈，或大家庭中你认为某个厉害或有成就的人，就自卑这个话题向被采访对象发问，看看这个人在儿童或青少年时期最令他自卑的一件事是什么，他又是如何渡过这个难关的。
3. 根据自己的生活体验，说一说自卑这种负面情绪在哪些方面会给人困扰。同时思考一下，自卑这种负面情绪可能会有怎样的积极意义？

---

[1] 刘莘.归去来兮：安徒生的童话世界[M].桂林：广西师范大学出版社，2021.（下文《丑小鸭》的摘选均出自本书）

话题二　什么是"丑小鸭—白天鹅"心理模式？

作为成年人，教师对《丑小鸭》的理解应当比孩子们深入。我们必须问一个问题：为何几乎每个人读《丑小鸭》都会有程度不等的共鸣？读懂了《丑小鸭》的人都会意识到，每个人都可能是一只被他人嘲笑的丑小鸭，能否最终变成自己和他人喜欢的样子，则取决于很多因素。作为一篇童话故事，《丑小鸭》不负责讲述如何在现实生活中超越自卑。教师则可调动自己的生活体验和已有的心理学知识，作为与孩子们互动的背景资源。教师并不需要将涉及自卑话题的心理学著作与孩子们直接交流，譬如阿德勒的《自卑与超越》、荣格的《未发现的自我》。显然，多一些背景知识有助于课堂在不确定性中变得有趣，也能给学生更多启发。

"丑小鸭—白天鹅"心理模式实际上是"自卑—超越"的心理模式的形象表达。我们当然要清楚，在安徒生生活的时代，心理学还不发达，但这种心理模式却是普遍的，会在一切时代的所有个体那里不断出现。不同的人，在人生的不同阶段或际遇中，"丑小鸭—白天鹅"心理模式都会或隐或显地起作用。甚至可以说，只有不丢失这个心理模式的人，精神才有进一步成长的可能性。《丑小鸭》以拟人的动物故事，以隐喻的形式传递了"丑小鸭—白天鹅"心理模式的内涵。我们不能简单地说，因为安徒生从理论上归纳出了这个心理模式，他才用童话故事将它讲述出来。更真实的情况是，"丑小鸭—白天鹅"心理模式在安徒生的人生旅途中表现得如此强烈，以至于他必须通过文学创作去释放因"丑小鸭"和"白天鹅"的对立转换而形成的紧张和心理能量。

教师明白"丑小鸭—白天鹅"心理模式的含义之后，就可以充分运用思问教学法，从这个具有普遍意义的视野带着学生去深度阅读《丑小鸭》文本。以这种方式，可以更好地打开与孩子们交流的话题。教师当然可以继续在传统语文课的方向上就文句、修辞、段落大意等进行讲解与交流。但思问教学法的本质特征是有思想主题的阅读教学，特别需要把有普遍意义的问题意识贯穿于特殊的故事情节中。有了这个基础，教师就可以向学生提出特别有助于思想启迪的问题：为什么动物不会自卑，人才会自卑？为什么"丑小鸭—白天鹅"心理模式是专属于人的？

《丑小鸭》摘选

但那只可怜的小鸭，就是最后从蛋里孵出来长得很丑的那一只，被所有的鸭子和鸡嘲笑。他们对他又推又咬，他们都说："他长得太丑了！"有一只雄火鸡，他一生下来就长有鸡冠，所以相信自己是王者。这只雄火鸡鼓起自己的身子，就像一艘撑满帆的船，他咯咯地叫着，脸涨得通红，径直向着丑小鸭逼过来。可怜的丑小鸭不知道该往哪里躲。丑小鸭真是太不幸了，因为他是如此丑陋，成了整个养鸭场的笑料。

思与问

1. 通读《丑小鸭》原著，你认为哪一个场景最能揭示丑小鸭的自卑和自怜？看一看你挑选的段落与其他同学挑选的段落有什么不同。

2. 你看过一些伟大人物的传记吗？你能发现体现在他们身上的

"丑小鸭—白天鹅"心理模式吗？讲一讲你的发现。

3　理想与现实之间的紧张能促进人的自我意识的发展，动物没有这个能力，所以动物没有自我意识和精神发展的可能性。但动物也像人一样，有灵性，有情感，还有一定的学习能力。请用一张表格表示人与动物的根本区别，列举得越详尽越好。

话题三　每个人心中都有一只丑小鸭

《丑小鸭》里有一个故事情节很有意思。丑小鸭逃脱了猎狗的追捕之后，来到了一个老妇人的破房子里，里面还有一只猫和一只鸡。逃到这里之前，丑小鸭经历了家乡养鸭场的其他鸭子和动物的欺负，还差点在沼泽地里丢了命。丑小鸭很可能被猎枪打死，也差点被一只凶恶的猎狗咬死。正当丑小鸭命悬一线的时候，那只猎狗却跑开了，丑小鸭居然自言自语，说是因为自己太丑了，连狗都不愿意咬他！那时，丑小鸭的自卑达到了极点。逃到老妇人家之后，丑小鸭暂时摆脱了生命危险，那只猫和鸡也没有像家乡的动物那样欺负他。然而，自卑并没有使丑小鸭失去追求美好生活的动力。

自卑实际上是一种混合情感，既对自己的某些特征或状态自惭形秽从而感到低人一等，也包含着超越当下状态的强烈愿望。丑小鸭在鸭群中才可能因得不到认同而感到自卑，他不喜欢受排挤和受欺负，而不是不喜欢吻合他天性的水中生活。在老妇人的家中，生命的威胁消除了，受排挤和受欺负的情况没有了，丑小鸭天性中对生活的渴望复活了。丑小鸭忍不住对鸡说，他想要生活在水中，喜欢浮在水上或潜入水中的感觉。然而，鸡却对他说，你真奇怪。鸡反问丑小鸭，老妇人是它见过的最智慧的人，猫也很聪明，但都没有生活在水中的愿望，可见你的愿望是奇怪的。

那只鸡与丑小鸭形成了强烈的对比。丑小鸭自卑而不安于现状，但却渴望一种理想的状态。那只鸡呢，却不明白什么是理想，因为它觉得世界就是老妇人的破房子这么大，现实就是一切。丑小鸭深深地感受到了现实与理想之间的紧张，他的自卑和对自我的不断追寻皆因于此。那只鸡绝不可能理解丑小鸭内心的这种紧张冲突，因此代表着完全认同现实的平庸者。丑小鸭则听从天性的呼唤，他绝不因为曾受到排挤和欺负就丢失自己的天性。不，不仅不能丢失，唯有走上顺应天性和发展天性的道路才可能最终赢得对自卑的超越。丑小鸭的故事揭示了这个平凡而伟大的人生真理。

正常情况下，每个人心中都有一只丑小鸭。只要还没有彻底平庸化，每个人都有顺应和发展天性的冲动，都渴望倾听而且听得见内心的声音。尽管不再忍饥挨饿，但丑小鸭认识到，那个可以避风的世界并不属于自己。丑小鸭逃离养鸭场是因为受到了排挤而自卑，这一次，丑小鸭逃离老妇人的家则是因为他无法忍受压制天性的生活。丑小鸭还要历经磨难，直到他变成白天鹅的时候，他的理想自我与现实自我之间的巨大冲突和紧张，才能得到彻底的缓解。

唯有心中的理想才是远方的故乡，"丑小鸭—白天鹅"心理模式反映了现实自我与理想自我的冲突，安徒生笔下的丑小鸭以自己的实际行动诠释了这个道理。正常情况下，每个人都不应该是那只浅薄的鸡和那只自以为是的猫，丑小鸭属于每一个成长着的人，无论是儿童还是成人。基于这样的理解，教师才可以借助《丑小鸭》帮助学生挖掘自己的内心世界，并向他们提出这样的问题：在什么情况下，一个人心中的丑小鸭会消失？如何才能避免这种情况的发生？

> ### 《丑小鸭》摘选
>
> 丑小鸭只好情绪低落地坐在角落里。可他禁不住想到了外面的新鲜空气和阳光。他感觉自己有一种想要浮在水上的奇怪愿望。后来,他实在忍不住了,就告诉了鸡。……鸡说:"你肯定是疯了。你问猫吧,他可是我所知道的最智慧的动物,看看他是否喜欢浮水或潜水?问问我们的女主人吧,那位老太婆,整个世界都没有比她更智慧的。你认为她也想浮在水上和头朝下潜到水中吗?"

思与问

1. 一个人的心中有没有可能只有白天鹅而没有丑小鸭?请给出自己认可的答案,并说出自己的理由。
2. 请设计一个简单的调查问卷,通过数据回收来判断,在现实生活中,有多大比例的人心中还住着一只丑小鸭?猜一猜,青少年和成年人这两个群体,哪个群体心中拥有丑小鸭的比例更高?为什么?
3. 请分享一个自己的故事,并通过这个故事来佐证"丑小鸭—白天鹅"心理模式是普遍存在的。

话题四　孤独的意义

"丑小鸭—白天鹅"心理模式有几重含义。首先是自卑与超越之间的紧张，其次是理想自我与现实自我之间的冲突。"丑小鸭—白天鹅"心理模式还有第三层含义，那就是个体与群体之间的归属关系。丑小鸭在离开老妇人的家后，回到了可以自由浮水和潜水的沼泽地。这个时候的丑小鸭，尽管没有谁再去排挤和嘲笑他，却遭遇了另一个问题，那就是孤独，一种难以名状的孤独。丑小鸭因为自己的丑陋外表，所有的动物都回避他。丑小鸭的自我实现之路是艰苦而漫长的，他想做自己但又不知道自己是谁，他想要有一个不同于鸭群的归宿，但却不知道哪个群体才是自己的归宿。丑小鸭因此倍感孤独，彷徨无助。

　　孤独是人的成长中不得不面对的一个核心话题。每个人都会孤独，只是程度不等，层次不一。浅表的孤独是无人陪伴，较深的孤独是得不到他人的认同，更深的孤独是在迷失中寻找自我而又不知何去何从。成长中的儿童和青少年，总会在某些时候感觉自己就是那只丑小鸭，他们能够体会到不同层次的孤独，但未必知道如何理解和直面孤独。语文教师的作用就在于借助经典文本，通过具体的情节和语境，带出心灵成长的普遍问题，激发孩子们探讨、想象和成长的勇气。只有以这种方式，经典文本的意义才会不囿于以字词句学习和感受性阅读为载体的传统语文教学。一个人的阅读史就是一个人的精神发育史，这句话之所以成立，是因为借助经典文本进行深度思考，正是与陌生的世界及另一个自己打交道的独特方式。这个过程因为拒绝喧嚣和人云亦云的常规，往往是孤独的。

　　以这种方式来理解，孤独的积极意义才能得到凸显。仔细观察自己班上的孩子，每个孩子都有孤独的一面，即使是那些看起来无忧无虑的孩子。就像我们成年人，每个人既想突破孤独，又不得不以守护孤独的方式去突破。安徒生笔下的丑小鸭也是这样，他不得不默默忍受孤独，但却向往一个看起来根本与自己毫无关系的群体。他在不经意间目睹了一群天鹅，他感到兴奋极了，然而天鹅飞走了，冬天和孤独的寒意几乎把他冻僵了。丑小鸭根本不敢奢望加入天鹅群体，但若永远没有可以归属的群体，丑小鸭就不可能摆脱自己的困境，也不可能长大。类似地，班上的孩子们必将在成长和成熟的过程中，归属于不同的群体，只是希望他们都能够归属到类似于白天鹅的优秀群体里，这正是教育的理想和目标。根据《丑小鸭》的情节和孤独这个话题，教师可以向学生提出如下问题：为什么孤独是令人难受的，但又有积极的一面？

> **《丑小鸭》摘选**
>
> 秋天到了，森林里的树叶变成了金黄色和深褐色。秋风萧瑟，落叶飞舞。天很冷，厚厚的云层中裹着冰雹和雪。一只渡鸦站在篱笆上，因为寒冷而发出聒耳的尖叫声。仅仅想一想那个场景就会使人打抖。丑小鸭的处境就是那样糟糕，真的是太可怜了！

思与问

1. 从《丑小鸭》原著中找一段最能体现丑小鸭孤独的原文，比较一下你的选择与其他同学的选择有何不同，谈谈你的理由。

2. 有人说，内向的人才孤独，外向的人不孤独。你赞同这个说法吗？为什么？

3. 有人说，喧嚣是群体的孤独，阅读是心灵的欢歌。你如何理解这句话？你赞同这个说法吗？为什么？

话题五　为什么丑小鸭不能死？

孤独是一个永恒的话题。未成年人，特别是青春期前后的青少年，最有可能产生孤独感。他们有时会觉得，这个世界上没有谁能真正理解自己，包括父母、老师和同学。人成长到一定年龄的时候多少都会具有孤独感，因为每个人都是独一无二的。随着人的成长，人会越来越意识到，与他人相比，自己的追求和理想不一样，现实处境不一样，甚至同样事物刺激下的喜怒哀乐也不一样。

孤独虽有积极的意义，能够让人真正认识自己，但却几乎没有人喜欢一直孤独。人总想要找到能够接纳和认同自己的理想群体，从而获得归宿感。我们可以借此向学生提出问题，问他们希望长大后在哪个群体获得归宿感，是成为科学家、企业家、艺术家、政治家、思想家，还是别的什么。这样的追问看似有些虚幻，远远比不上关注当下的考试成绩来得实在。但正是有这样的追问，"丑小鸭—白天鹅"心理模式的内涵才可以得到提升，孩子们在成长过程中才更有可能避免成为安徒生笔下那只平庸的鸡以及那只浅薄但却自以为是的猫。

那个深秋，当天鹅们飞走了之后，丑小鸭面临着事关生死的严峻考验。冬天来了，那是真实的冬天，也是隐喻的冬天。冬天来了，春天还会远吗？话虽如此，但安徒生却"残酷"地将丑小鸭置于死亡的边沿。丑小鸭为了不让自己的身子被冻僵，他不停地游啊游，以免那个冰洞越变越小。但挣扎是无济于事的，丑小鸭最终还是被冻在了冰洞里。理想与现实，孤独与群体，冬天与春天，生与死，绝望与希望，安徒生在不长的篇幅里构造了一系列对立。学生在初次阅读原著时，并不需要带着这些问题去读，他们只需要获得原始的感动和震撼就够了。阅读教学是建立在这种原始体验的基础之上的，这种体验越生动，越是难以用语言描述，越是能够为后来的思考和启发奠定基础。

尽管丑小鸭历经磨难，但安徒生是绝不会让他死掉的。我们心中的丑小鸭一旦死掉，白天鹅也将消失，没有对立，就没有建立在对立之上的"丑小鸭—白天鹅"心理模式。所以，尽管丑小鸭是孤独的，而且还必须在孤独中受到死亡的威胁，但丑小鸭毕竟是不能死的。丑小鸭的孤独、磨难以及在死亡的阴影中变得僵硬，都不过是为了衬托丑小鸭的新生。丑小鸭是不能死的，因为"丑小鸭—白天鹅"的心理模式不能死。如果"丑小鸭—白天鹅"这个心理模式的一端死去了，生命将不再有色彩，因为生命的色彩唯有基于各种对立才能变幻出来。教师对丑小鸭的整个隐喻有了自己的理解后，才能够更好地面对学生的心灵世界，也才可能成为他们精神的启迪者并向他们发出这样的问题：为什么说丑小鸭与白天鹅是共生的？为什么我们每个人都必须守护自己的丑小鸭而不能让他死去？

《丑小鸭》摘选

丑小鸭必须在水中游个不停才能避免被冻僵。但是，每个晚上，丑小鸭游泳的那个洞就会变小，冰的表面会发出吱嘎吱嘎的声音，他不得不拼命伸腿阻止洞被冰合上。最后他还是精疲力竭了，他一停下来，就被冻僵在了冰中。

思与问

1　回想一下，当最初阅读《丑小鸭》原著时，最让你感动或震撼的是哪段文字？现在能用自己的话说一说，为什么这段文字最让你感动或震撼吗？

2　你是如何理解隐喻的？明喻与隐喻有什么不同？你认为人工智能未来能够理解隐喻吗？为什么？

3　你认为《丑小鸭》这篇传世名作可以通过增补内容或改动而得到优化吗？如果觉得可以的话，动手试一试。如果觉得不可以的话，讲讲自己的理解。

话题六　什么是最好的自己？

安徒生在创作《丑小鸭》时，已人近中年，经过长期的生活磨难和创作实验，正在成为享誉欧洲的童话作家。《丑小鸭》的发表和成功，使安徒生向世界级作家迈出了坚实的一步，曾经相貌平平的小小少年终于变成了自己心中的白天鹅。然而，世界上只有一个安徒生，也只有极少的人能够成为世界级的名人。幸好白天鹅只是属于每一个人内心的隐喻，代表的仅仅是每一个人心中的"最好的自己"。隐喻不同于明喻，"我的心像一只欢快的小鸟""他的愤怒像滚滚黄河水"，这是明喻。隐喻则不同，说每个人的心中都住着一只白天鹅，即使是当事人，也未必知道这只白天鹅代表什么。隐喻需要不断挖掘和阐释，这正是隐喻之所以有力量的原因。教师需帮助学生在成长的过程中，从文本的狭义阅读者转变为精神生命的追寻者和阐释者，唯有这种转换才能衬托《丑小鸭》这种经典的巨大价值。

《丑小鸭》临近结束时，安徒生有这么一句感慨："诞生在鸭子的窝里其实没什么大不了，关键要看是不是从天鹅蛋里孵出来的！"这句话有点宿命论的感觉，好像一个人生来是什么就是什么，而不是选择和奋斗的结果。如果以为安徒生是在宣扬宿命论，这就大错特错了。一枚奇怪的"鸭蛋"孵出了天鹅，这当然不是丑小鸭自己选择的结果。《丑小鸭》仅仅是一篇童话故事，安徒生无非想要表达"丑小鸭—白天鹅"心理模式下内心体验的转换，而无意承载更深的关于选择与命定的话题。不过，教师正好可以借助上面那句引文，与学生交流命定与选择的话题。无论探讨引向什么方向，有一点是肯定的，那就是，人类之所以要办学校，要搞教育，就是相信不是一切都是命定的。否则，就不可能有人类文明的延续和发展，也不可能有个体生命的一个又一个奇迹。

白天鹅隐喻指向的是"最好的自己"。就算在教师的引导下，每个学生都深入思考了什么是最好的自己，并不等于那个最好的自己就会自动等在未来的门槛上。夸大阅读一本书或上几次阅读课的作用，与思问教学法的宗旨是南辕北辙的。思维的发展，价值观和人格的形成，是一个长期的过程，特别需要当事人在自己的人生旅程中认真学习和体会。然而，以阅读《丑小鸭》这样无可替代的经典名著为契机，并通过思问教学法的启迪，却可以或多或少地将美好的东西注入未成年人的潜意识。一旦"寻找最好的自己"成为了潜意识中不可磨灭的信念甚至习惯以后，就创造了迎接最好的自己的必要条件。

丑小鸭向往的白天鹅代表着美与高贵，不仅是仪态的，更是心灵的。"丑小鸭—白天鹅"心理模式的两极虽然是相互依存的，但前者显然要不断被后者所否定，丑小鸭与白天鹅的双重隐喻才有真实不虚的意义。唯有在美与高贵的理念的引领下，通过不断否定现实中的自我，在人生的每一个阶段，才可能发现最好的自己。在真实的人生中，由丑小鸭转变为白天鹅的往复过程注定是漫长而充满艰辛的。有理由认为，安徒生希望通过这个神奇的童话故事，将这种转变的可能性植入每一个孩子的心灵深处。从此，"丑小鸭—白天鹅"心理模式就有了更加明确的内涵，能够成为一道坚韧的心灵防火墙，在充满不确定性的成长的路上，帮助孩子们去抵御随时可能不期而至的平庸和丑恶的袭击。基于上述理解，教师就可以向孩子们问出如下没有明确答案的大问题：你心中的白天鹅是什么样子的，有哪些维度和层次的含义？

《丑小鸭》摘选

一天黄昏，夕阳西下，景色壮丽。一大群美丽硕大的鸟儿从灌木中走了出来。丑小鸭从没有见过如此美丽的东西。这些鸟儿的白色羽毛闪闪发光，他们的脖子弯曲而优雅。这是一群天鹅，他们发出奇怪的叫声。天鹅展开他们宽广美丽的翅膀，将从寒冷的地方飞往温暖的国度和开阔的水域。他们越飞越高，丑小鸭内心有一种异样的感觉。丑小鸭在水里不断打转，他把自己的脖子伸得高高的，目送天鹅飞远。丑小鸭发出一阵奇特而尖锐的叫声，甚至把自己都吓到了。哦，他简直痴迷于那些可爱幸福的鸟儿。当再也看不到他们的时候，他一个猛子潜到水底。浮出水面后，他若有所失。

思与问

1. 丑小鸭是从天鹅蛋里孵出来的，有人认为，安徒生是在强调出身是最重要的，其他都不重要。仔细阅读《丑小鸭》后，你认同这个观点吗？为什么？

2. 穿越到 20 年后，想象你经历了丑小鸭式的生命蜕变，你想对现在的你说些什么呢？以未来的你的名义，给现在的你写封信吧。

3. 白天鹅代表了美与高贵，你是如何理解"美"与"高贵"这两个理念的？画一张思维导图，来表达你心中的所思所想吧。

自欺的秘诀[1]

在安徒生的全部童话作品中,《皇帝的新装》绝对算是一朵奇葩。如果把安徒生童话视为一个整体,缺少了《皇帝的新装》就总觉得缺少了什么。《皇帝的新装》在安徒生全部童话中占有特殊的地位,不仅因为这部作品本身极为精彩,而且因为它还为作为整体的安徒生童话延展了一个不可替代的意义维度。《皇帝的新装》是一道独特的风景,它以幽默搞笑的方式鞭挞现实人性,极好地证明了安徒生有一双洞悉人生百态的慧眼。《皇帝的新装》之妙就在于,仿佛人人都能读懂这篇童话故事,可读懂了这篇故事的每个人,都可能在某些时候成为故事中的皇帝、大臣和参与共谋的群众。因此之故,对这篇故事的阅读教学,需要突破传统的讲解思路,譬如,皇帝代表了腐朽的统治者,骗子代表了无孔不入的坏人,小男孩代表了纯真。《皇帝的新装》揭示了自欺的秘密,教师则需要首先弄清楚自欺的发生机理,才能避免课堂的呆板僵化。

---

[1] 这篇文章是专门写给教师的。在《归去来兮:安徒生的童话世界》中,也有一篇名为"自欺的秘诀"的同名文章,是专门写给学生的。两篇同名文章的内容有差异,难度也不同,有兴趣的教师可对比阅读。

话题一　皇帝的缺点

读完《皇帝的新装》，给人的第一印象往往是，这个皇帝好愚蠢啊！但这个第一印象会阻挠我们理解这篇童话的深刻内涵。我们先来回顾一下这个皇帝有哪些特点。皇帝喜欢漂亮的新衣服，他把所有的钱都用于设计和制作新衣服，说明他是一个虚荣的人。虚荣是人之常情，我们每个人在某些时候都会有虚荣心。虚荣之"虚"的意思是，当事人的荣誉或尊严不是靠着自己的人格、努力和成就而获得的，而是必须依靠一些外在的东西，如权势、金钱、穿戴和他人的吹捧。教师在一次高水平的教学大赛中获得了荣誉并因此而自豪，这不是虚荣。但太把这份荣誉当回事，并以此来炫耀自己就是虚荣。虚荣不是一个孤立的缺点，经常会在不知不觉间与其他缺点结成同盟。

这位虚荣的皇帝还有一个缺点，那就是懒政，他甚至不关心自己的军队。有些人虽然虚荣，但却勤奋，不会耽误自己分内的事情。这位皇帝倒好，他既虚荣又懒惰，这两个毛病加在一起的危险完全超出了一加一等于二的范畴。皇帝的这两个毛病加在一起是会起"化学反应"的，而我们看到，两个骗子很好地利用了这一点。两个骗子稍加分析就发现，既懒惰又虚荣的人往往有另一个缺点，那就是贪婪。妄想不劳而获，妄想他人随时赞美自己的穿着，这样的皇帝注定是贪婪的。读者对皇帝的第一印象是愚蠢，殊不知，愚蠢只是虚荣、懒惰和贪婪的必然结果。两个骗子要开拓自己的行骗事业，必须透过现象看到本质。

皇帝的这三个缺点在安徒生的笔下极尽夸张渲染，甚至到了有点可爱的程度。安徒生将自己作为漫画大师的本领发挥到了极致，有意将皇帝愚蠢得有些可爱的第一印象带给了读者。当读者带着笑意读完整篇故事之后，再去追问这场"悲剧"的罪魁祸首究竟是谁，才可能在别样的感触中获得领悟。这场"悲剧"的肇事者究竟是愚蠢得有些可爱的皇帝，是骗人钱财的道德败坏的骗子，还是老实而被骗子欺负的老大臣？只要读者作此追问，对皇帝愚蠢的第一印象就会让位给更深的洞见。安徒生为读者建立了第一印象，但为了获得更深的领悟，读者又必须主动打破自己的第一印象。在这一立一破之间，真相方能显现。教师不必将上面的这种分析原封不动地讲给学生，但教师必须知道，《皇帝的新装》其实是一部蕴涵着伟大思想的童话著作。只有这样，才可能借助这篇绝世的童话故事，与学生交流关于人心和人性的普遍问题，并借助这种交流而帮助他们更好地成长。

《皇帝的新装》摘选[1]

从前有一位皇帝，他特别迷恋漂亮的新衣服。为了穿得漂亮，这位皇帝不惜把所有钱都花到新衣服上。皇帝不关心军队，也不喜欢看戏，也不愿意乘马车兜风，除非是为了炫耀自己的新衣服。皇帝每隔一小时就要换一身礼服。臣民本来应该说"皇帝总是忙于公务"，可他们却总是说："皇帝忙于换衣服！"

思与问

1. 想一想，为什么读完《皇帝的新装》之后，人们普遍会对这位皇帝形成既愚蠢又有些可爱的印象？

---

[1] 刘莘.归去来兮:安徒生的童话世界[M].桂林:广西师范大学出版社,2021.（下文《皇帝的新装》的摘选均出自本书）

2. 谈谈你对虚荣的看法，虚荣在一个人的身上会有哪些方面的表现？请举例说明。
3. 对于皇帝的三大缺点——虚荣、懒惰与贪婪，你认为在故事中，哪个缺点对于皇帝的危害最大？对于在现实生活中成长的未成年人，哪个缺点的危害最大？

话题二　骗子的优点

夸张与颠倒，是文字漫画大师安徒生的两大武器。当夸张与颠倒远远超出现实感之后，就会带出超现实的意义。皇帝给读者的第一印象是愚蠢，只有当读者自己突破了这个第一印象后，才会看到更深更真的东西。愚蠢的皇帝显得可怜兮兮的，仿佛人畜无害，读者必须亲自撕开这层表象，才能意识到造就了皇帝可怜表象的那些缺点意味着什么。类似地，骗子给人的第一印象是坏人，但读者必须克制自己对于骗子的常规印象，才能看得清骗子的优点。所谓优点，是指一些行为特征，无论好人或坏人，想要实现自己的目标，都需要这些特征或品质。教师在与学生交流互动时，特别需要约束自己的常规道德意识，教师需要知道，过强的人云亦云的常规道德意识，在某些时候，本身不过是皇帝的新装。教师需要意识到，若按照传统道德说教的方式来解读《皇帝的新装》，这部传世经典将立刻显得索然无味。

两个骗子是非常敬业的，他们必须对皇帝的缺点进行深入细腻的分析，才敢将自己的性命作为赌注压到这场惊天大骗局上。骗子的敬业与皇帝的懒政形成了鲜明的对比，敬业者必勤奋，而懒政又恋权的皇帝必然是贪婪的。两个骗子当然也贪婪，他们对皇帝的财富垂涎欲滴，但他们却没有不劳而获的恶习。两个骗子有清晰的目标，有敬业的精神，还有为了实现目标而必须拥有的专注与勤奋。仅凭这个对比，骗子与皇帝高下立判。行骗是个技术活儿，因此两个骗子在如何利用人性的弱点上，下足了功夫。两个骗子以漂亮衣服为诱饵，通过皇帝的虚荣和懒惰行骗，最终使皇帝上钩的却是他的贪婪。骗子许诺的那块神奇的布不仅漂亮，还能帮助懒政的皇帝鉴别臣子们哪些尽职哪些不尽职。这当然是很矛盾的一件事情，皇帝是失职的典型代表，他却妄想用一种懒惰的办法去鉴别他人是否尽职。不劳而获，是为贪。

两个骗子成功进入皇宫之后，一点不敢懈怠。他们必须在空空如也的织布机上，不分白天黑夜地假装工作。假装工作比真正工作的难度不知要大多少倍。日复一日的假装工作，需要两个骗子具有一些别的优秀品质。首先是勇气，他们必须勇敢地承担行骗的后果，勇敢地将假装工作这个行为进行到底。想象与现实往往是有差别的，想象的行骗与实际的行骗绝对是两回事。两个骗子要忠实地实施自己的行骗谋划，必须具有异于常人的心理素质。在有利于两个骗子的舆论形成之前，他们在空空的织布机上假装织布，那种自信和勇气一点不亚于诸葛亮的空城计。除了勇气，两个骗子还必须有极好的耐心，他们就像钓鱼高手，必须长久保持同一个姿势才可能使大鱼上钩。

除了上述优点，与皇帝、大臣和群众相比，两个骗子拥有的最优秀的品质却是——诚实。是的，骗子行骗对他人是绝不讲诚实的，但杰出的骗子必须对自己是诚实的。无论骗局取得了多么激动人心的成果，骗子的内心必须始终保持冷静，不能自己陷入骗局而不能自拔。简言之，欺骗他人的骗子绝不能实施自我欺骗。然而，如此冷静的骗子却深知，唯有激活这场骗局里所有参与者的自欺的心理机制，他们才可能获得圆满的成功。《皇帝的新装》是如此深刻和有趣的作品，唯有当读者突破非善即恶的二元对立后再来看两个骗子，才看得见骗子身上闪闪发光的优点。只有在这个基础上，教师才可能与学生展开关于人性的生动交流和探讨。千万不要以为童话里只有可爱的王子和漂亮的公主，千万不要以为处于童年中的人纯洁如白纸。事实上，自欺是人类的天性，教师必须敢于突破一些流俗道德观强加给思想的禁忌，敢于用一双慧眼去洞穿涂有道德色彩的皇帝的新装，才可能与学生坦诚而智慧地交流关于品德、恶习和自欺的话题。

> 《皇帝的新装》摘选
>
> 有一天，来了两个骗子。这两个骗子假装自己是织布师，他们声称有办法织出人们难以想象的神奇的布。两个骗子声称，他们织的布不仅有极为美丽的花色和图案，而且由这种布做成的衣服还有一个奇异的特点，那就是凡是不称职或很愚蠢的人，都看不见这布做成的衣服。

思与问

1. "知己知彼，百战不殆"，试着站在两个骗子的角度，模拟一下他们在行骗旅程启动之前，是如何思考筹划整个骗局的？教师可请有表演才能的同学演给大家看。
2. 说一说骗子的哪个优点给你留下了最深的印象，为什么？
3. 有人说，"骗子是坏人，坏人怎么可能有优点呢"，你会如何回应这个说法？

话题三　老大臣的共谋

两个骗子深知舆论的重要性。当皇帝因自己的虚荣、懒惰和贪婪而上钩之后，两个骗子根本没有保守任何秘密的愿望。他们就是要让所有人知道，一件神奇的事情正在发生。两个骗子要让舆论有足够的发酵时间，而他们特别有信心的是，舆论一定会有利于自己的行骗事业。道理在于，这个王国有一个至高无上的皇帝，人们从来没有质疑皇帝的习惯。人们以皇帝认可的是为是，以皇帝不认可的非为非。《皇帝的新装》没有交代那个王国的人民是如何养成这种习惯的。故事中的皇帝虽然看起来愚蠢得有些可爱，但他毕竟是一言九鼎的皇帝，他有绝对的权力任性，我们也可以想象，他也有绝对的权力掌握臣民的生杀大权。皇帝之所以可以如此任性，是因为他掌管着军队，拥有不受制约的强权。权力导致腐败，绝对的权力导致绝对的腐败。人们不得妄议皇帝的任何决定，也许已经是这个王国根深蒂固的文化传统了。《皇帝的新装》有意将这些背景信息略去，是为了突出人物的漫画效果。

两个骗子的心机在于，他们利用皇帝去为舆论背书，又反过来用舆论绑架了皇帝。骗子知道，舆论传播得越广，人们的期待越甚，他们就越有可能获得成功。老大臣就是在这样的舆论环境下来到两个骗子的织布室的。故事中有交代，皇帝本来是要亲自来的，可有个想法使他感到不自在，因为两个骗子说过，凡是不称职或愚蠢的人都看不见那神奇的布。他是拥有九五之尊的皇帝，无论多任性，都是被"伟大""光荣""正确"等光环包围着的。正因为如此，皇帝在派那位老大臣考察两个骗子的织布室时，就不能把自己"不自在"的感觉透露出来。皇帝已经上钩，因此对骗子的任何怀疑都是对自己的怀疑。皇帝派老大臣去看骗子织的布究竟如何神奇，而不是派他去怀疑自己。所以老大臣没有得到任何怀疑的暗示，他带着对皇帝的绝对信仰迈进了两个骗子的织布室，他被自己的亲眼所见惊呆了。

老大臣什么也没有看见，他感到一阵头晕目眩。最先浮上老大臣心头的情绪是惊恐，而不是疑惑。老大臣的思维惯性是，皇帝是不会错的，因此什么也看不见肯定是自己的错。他错在哪里呢？对了，他唯一可能的错就是不称职于大臣这个职位或过于愚蠢。老大臣的逻辑无可挑剔，因为这是自欺的逻辑，而自欺的一个重要特征就是自圆其说。两个骗子立刻趁老大臣处于惊恐时向他施压，问他是否喜欢这块布，想要对这块布予以怎样的评价。在骗子探询的目光之下，老大臣立刻投降了，他连连点头，赞扬起了这块布。两个骗子知道，老大臣在惊恐和压力之下，几乎出于本能地调动了他内心的自我防御机制。两位骗子堪称心理学大师，他们知道，越是在权威面前唯唯诺诺的人，越是不敢怀疑权威。老大臣就是这样的人，他在面对问题时，宁愿找一个自我安慰的理论去抵消自己的亲眼所见。

就这样，老大臣很快变成了两个骗子的同伙，开始为骗子摇旗呐喊。然而老大臣却没有骗人的动机，他只有自我防御的需要。但老大臣不会承认是自己的这个需要占了上风，他会反过来想，不能因为自己不职称或太愚蠢就否定这块美丽的布的真实性。老大臣甚至会自我安慰说，自己的名誉受损事小，而皇帝委托的事没有办好则事大。皇帝是那样英明，他指派的事肯定是不会错的。既办好了皇帝交的差，又不暴露自己的愚蠢，岂不两全其美？正因为老大臣没有欺骗之心，他才能当好骗子的同伙，因为他会真心相信自己的推理和自己将要对皇帝说的话。只有两个骗子知道，没有骗人之心的骗子才是最可怕的骗子。

《皇帝的新装》摘选

两个骗子请老大臣走近点，然后问他，这布的图案是不是很美、花色是不是很好看？说话的同时，两个骗子还对着空空的织布机指指点点。可怜的老大臣尽可能把两只眼睛睁得大大的，然而他什么也看不见，因为织布机上什么也没有。

思与问

1. 你如何理解社会舆论与事情真相的关系？想一想，一边倒的社会舆论在什么情况下不利于真相的发现？观察自己的日常生活，举自己熟悉的例子。
2. 你如何理解老大臣内心的自我防御机制？回想一下，在生活中，你有没有类似于老大臣的自我防御的行为？
3. 你如何理解"没有骗人之心的骗子才是最可怕的骗子"这句话？

话题四　自欺是如何可能的？

　　先后来到织布室的两位大臣都成了两个骗子行骗事业上的共犯。当然，骗子是主犯，大臣是从犯，但从犯在关键时候会起到主犯无法替代的作用。本来只有一点点"不自在"的皇帝，听取了两个大臣的汇报后，既欢喜又释然。此时的皇帝，一会儿想象着新布料的美艳，一会儿惊叹于新布料的神奇。他就任由自己的想象放飞于美艳与神奇之间，还来回玩味两个大臣从骗子那里习得的高深词汇——譬如，"色泽流芳""线条迷离""构图散敛"等。在皇帝来到两个骗子的织布室之前，他的期待可比派出去的两个大臣实在多了。两位织布大师分数次要了那么多昂贵的金线和金钱，他们每要一次，皇帝的内心就踏实一分。再加上两位大臣绘声绘色的描述，皇帝简直迫不及待想要目睹因他才得以实现的奇迹了。

　　但当皇帝在众人的陪伴下看见空空如也的织布机时，他的震惊和惶恐甚至超过了两位大臣。但在大臣、骗子和众多随从的欢呼声中，皇帝也像两位大臣那样启动了他内心的应急防御机制。位高权重的皇帝在巨大的期望反差和压力之下，与普通臣民并没有本质区别，因为他也是人，具有人性的一切弱点。我们不难想象，皇帝的内心经历了几个阶段的起伏，最后才变得坦然。皇帝首先觉得这一切都很不真实，很像深陷在了一场噩梦之中。也许皇帝在震惊之余曾有那么一点点冲动，想要否认空空的织布机上有美丽的布。但皇帝立刻意识到，冲动是魔鬼，否认那块仅仅他本人无法看见的布的真实存在，必将导致更大的噩梦。皇帝冷汗直冒，绝不能让臣民知道自己是不称职的或愚蠢的。冷静下来的皇帝心想，是的，自己确实有些过于迷恋漂亮的新衣服了，确实是有些不称职。皇帝的自我批评是最好的自我安慰，因为这恰好可以解释，自己为何看不见众人眼中的布了。

解释，特别是自圆其说的解释有神奇的功效。皇帝心想，自己之所以看不见那块神奇的布，是因为自己确实有些不职称。皇帝又想，正因为有人看不见那块神奇的布，那块布才是神奇的呀！不幸的是，自己恰好是那个看不见布的人。但这并不重要，真正重要的是，那块神奇的布毕竟真实存在。所有人都为它的美丽而欢呼，难道这不是它真实存在的最好证据吗？看来一切都是符合逻辑的，皇帝想，事情本来很简单，就算他暂时看不见这神奇的布，也不影响事情的实质。皇帝的内心经历了这一番合情合理的解释之后，他变得坦然了。皇帝不再纠结于自己的看不见，他的坦然，是对自己自圆其说的解释的坦然，也是对持续自欺的坦然。

我们跳出皇帝的心理活动而追问，皇帝的自欺是如何可能的？心理学家有时用"叙事自我"和"体验自我"来区别人心的两种不同的功能。"体验自我"是由感知和记忆组成的，相关的常用句式是"我看见……""我听见……""我记得……""我体验到……"，等等。而"叙事自我"是对自我所体验到的内容的解释，常用句式是"我认为……""我相信……""我解释……"，等等。通常情况下，叙事自我与体验自我是一致的，我们会用恰当的语词去描绘我们的体验。但在有巨大的诱惑或压力的情况下，叙事自我就会与体验自我发生偏离。特别是，如果当事人还具有皇帝的虚荣、懒惰和贪婪的缺点，他的叙事自我就更易于通过自圆其说的解释去抗拒或扭曲发生在自己身上的真实体验。

  这并不是说，叙事自我总是代表伪的一方，而体验自我总是代表真的一方。在生活的复杂语境中，叙事自我与体验自我的关系也是复杂的，有的时候，事情的确不是眼见为实的，体验并非揭示真相的唯一标准。如果我们认为自己所有的体验都为真，就很难在这个世界上正常地生存下去。举例来说，我们有时会体验到他人的忽视或轻视，但一个理智正常的人会想办法解释自己的这种感受，很多时候，理智的分析告诉我们，自己体验到的东西并没有真实的依据。很少有什么体验是不需要解释的，甚至如太阳东升西落这个所谓的事实，也是以地球为中心的解释结果。正是因为叙事自我与体验自我往往处于复杂的相互渗透的关系中，两个自我才可能彼此欺骗。有的时候，是体验自我强于叙事自我，使后者按前者的方式去描述世界。有的时候，是叙事自我强于体验自我，在这种情况下，前者将裁剪、扭曲甚或否定后者。

  教师需要充分理解人类自欺的心理机制，才不会将《皇帝的新装》解读成一个仅仅存在于童话中的他人的故事。教师大概都想通过这个故事告诉学生，人只有诚实才能避免自欺和上当受骗。然而，若认识不到包括自己在内的每一个大人以及每一个看起来天真烂漫的孩子都可能在叙事自我与体验自我的冲突中走向自欺，自欺就会以不自知的方式随时降临。

> **《皇帝的新装》摘选**
>
> "啊,怎么回事?"皇帝心想,"我怎么什么都没有看见!为什么会这样,这太可怕了!难道是我太愚蠢了?难道是我不配当皇帝?这是发生在我身上的最可怕的事!"于是皇帝说:"这布真漂亮,我高度认可!"然后他向着空空的织布机,满意地点着头。皇帝才不想说他什么也看不见呢。皇帝带来的一大群随从也是看了又看,谁也不比谁多看见什么。但他们都紧随皇帝而欢呼:"真是漂亮极了!"

思与问

1. 请画一张思维导图,看一看皇帝是如何一步步走向自欺的深渊的。(将各种因素的相互作用表现得越详尽越好。)
2. 所有人都可能自欺,想一想具有哪种人格特质的人更有可能在诱惑或压力下走向自欺?请联系你读过的各类故事和对现实生活的观察,说一说你的理解。
3. 明白了"叙事自我"与"体验自我"的区别之后,回忆一下自己的生活,看能不能发现一件自欺的事。

话题五　人性的弱点

《皇帝的新装》拒绝格式化解读。说皇帝代表了封建主义或资产阶级的腐朽统治者,那个小男孩代表了群众的雪亮的眼睛,这样的解读不如不解读。安徒生的伟大在于,他知道群众是由一个个渺小的个体组成的,流言蜚语,众口铄金,幸灾乐祸,这些都是群众的特点。群众有时被称作"人民",从而被赋予很多积极的特征,譬如,"人民代表着正义""人民的利益就是进步的方向""人民是历史的创造者",不一而足。在《皇帝的新装》中,群众没有按照某种政治化的宏观的"叙事自我"的要求而被贴上"人民"的标签,并以此掩盖人性的普遍弱点。恰好相反,那位可怜的皇帝的悲惨故事正因为有了群众——人民或乌合之众——的参与,才变得更加有趣,也更加发人深省。

两个骗子是精通人性心理的大师,他们利用自己编造的精致谎言,激发了所有人心中隐藏的恶念。每个人都想借这块神奇的布让他人出丑,每个人都想以此获得自己的优越感。所以我们看到,不仅两位大臣和皇帝的仆从是两个骗子的共谋,群众也是,而且是数量最大的共谋。每个人心中都不怀好意,每个人都珍藏着自己的小秘密,对他人笑而不语。当然了,每个人都首先相信皇帝是不会错的,就像所有的英明领袖都是不会错的。对皇帝的绝对信仰,对神奇的布的绝对好奇,对嫉妒对象或仇恨之人的绝对的不怀好意,以及对自己是个聪明人兼正人君子的绝对信心,共同构成了持续发酵而又吻合群众利益的神秘氛围。可怜的皇帝就是在人人皆知而又无人说破的兴奋期待中,赤裸着身子,进入了一道道焦灼的视线中。

每个人都像触了电一样,无法相信眼中所见。是啊,崇高伟大的皇帝怎么可能赤身裸体走在大街上呢?这绝不可能是真的!每个人都小心揉着自己的眼睛,但每个人都不敢说为什么要揉。皇帝仍然赤裸着身子,但皇帝是那样悠然自得、容貌端庄、步态稳健,这真是一幅滑稽的画面。然而,大街上竟无一人敢于承认这幅画面是滑稽的,敢于接纳自己从未遭遇过的直接的体验。于是,叙事自我就在每个人的内心悄然启动了。每个人都想,自己是不应该看到这幅画面的,之所以看到,一定是因为自己太愚蠢了。因此,每个人都推理到，真正滑稽的一定是自己，而不是赤身裸体的皇帝。每个人都不知道，他的叙事自我早已被自己的不良意图所绑架，现在人人自危，每个人都感觉会成为被他人耻笑的对象。集体缄默的背后，是一个个躁动着的、渺小猥琐的心。

那个孩子是自我防御的集体长城的摧毁者。孩子之所以可爱，就在于他们有直面事情本身的童心。合上《皇帝的新装》而回归现实生活，我们问，有多少孩子正在成长的过程中失去最珍贵的童心？大人世界的不良文化的熏染无处不在，而孩子永远是弱势群体。《皇帝的新装》毕竟只是一篇童话故事，寓意如此丰富，总体基调是幽默而欢快的。一个孩子可以戳穿所有人都信以为真的社会谎言，就像一个少年英雄可以在某个奇迹中拯救全人类。人类太需要这种故事了，恰好因为这种故事从不会发生。真实的情况是，在大人世界的诱惑或压力之下，童心可以迅速死去，就像功利平庸的小大人可以被批量生产出来。

《皇帝的新装》深刻地揭示了人性的弱点，这些弱点存在于所有人身上，包括教师和正在接受教育的孩子身上。关于人类的自欺现象，不同的理论有不同的解读。有的理论较为悲观，认为人不可能彻底摆脱自欺，因为自欺是一种自我防御，是内含于人的生物属性中的本能。确实，对于生物而言，保存、繁衍和壮大生命是根本需求，其他都是手段。人是社会生物，尽管发明了文字，拥有了科学、艺术和思想，但仍然无法摆脱生物属性。

谁要是侃侃而谈各种宏大的道德理想而忘记了自己是一个高级动物，也具有"吃喝拉撒睡"的生物属性，谁就可能成为一个伪善者。伪善是童心的天敌，是自欺的高级形态。伪善者的叙事自我会被一些"高大上"的道德概念所架构，既迷惑他人，也迷惑自己，容易使当事人漠视掩盖于"皇帝的道德新衣"之下的其他动机。教师需要多阅读一些这方面的著作，才会对人性有更深切的理解，譬如弗洛伊德关于本我、自我与超我的紧张冲突或相互渗透的理论。

教师当然不必把成人世界的这些深刻思想讲给孩子们听,未成年人需要保护,需要适当远离理性思考的"冷酷"。但保护的目的恰好是,使孩子们在成长的过程中,既不丢失童心又能发展理性思考的能力。而理性思考的能力,正是天生不完美的人可以获得超越生物属性的精神力量的源泉,是精神力量可以不断向上发展的坚实而持续的根据。

有些较乐观的理论认识到了这一点,认为人可以通过正确的修炼而不断突破自欺的陷阱,从而达到"澄明"的境界。《中庸》里有这样一段话,代表了乐观派的思想:"诚者,天之道也。诚之者,人之道也……自诚明,谓之性;自明诚,谓之教。"这种乐观的思想认为,真诚的人自然能明白事理,这是人的天性或本性。如果在成长过程中被什么东西蒙蔽而偏离了诚,则需要通过明事理去返归诚,这就是教化或教育。

安徒生大概没有读过《中庸》,但他的童心一直没有受到蒙蔽,也许是"自诚明"的典范。但绝大多数人都会在成长过程中掉入大大小小的自欺的陷阱,因此需要"自明诚"的教育。以这种方式来阅读,才有助于我们认识到,《皇帝的新装》实际上为所有人——包括所有教师和学生——提供了一个极佳的自我反思的契机。

《皇帝的新装》摘选

皇帝的华盖出现了,皇帝也出现在了游行队伍中。街道旁的人和窗户里的人都说:"天啊,皇帝的新装好漂亮!简直堪称完美!看哪,还有长长的后裾呢!"没有人愿意承认什么也看不见,如果看不见,就证明自己要么是个不称职的人,要么是个愚蠢的人。皇帝的时装秀从来没有像今天这样成功过。

思与问

1. 你怎么理解《皇帝的新装》中的群众？用自己的话描述一下群众在这场闹剧中所起的作用。

2. 皇帝、大臣、群众在面临意想不到的遭遇时，都启动了叙事自我进行自我防御；画一张图，分析一下，他们的自圆其说的自欺有哪些内容上的不同，又有什么本质上的相似。

3. 假如十年以后有两个新骗子想要重新欺骗同一个皇帝，而这个皇帝并没有改掉身上的虚荣、懒惰和贪婪等缺点；请展开你的想象编一个搞笑的故事，让皇帝再上一次当，你的故事会是怎样的呢？

《小王子》的思与问

天空的视野[1]

　　《小王子》这本书的书名是否会让你联想到一部童话？譬如，一位勇敢的小王子从魔鬼那里救出一位美丽的公主，他们突破各种艰难险阻最后幸福地生活在了一起的故事。或者，一位衣食无忧但却感到精神空虚的小王子，为了寻找生活的意义而四处漂泊，并在智者的启发下突然开悟的故事。有些童话的故事情节很清晰，跌宕起伏，引人入胜。这类童话往往对人物和背景有很细致的描述，读者追随故事的主线，容易与主人公的遭遇或心境发生共鸣。《小王子》这本书听起来像是一部童话故事，但却没有一般的童话故事的那类情节。《小王子》一书中确实有一位小王子，但书中的主人公"我"，却不清楚他是从哪里来的，要到哪儿去。书中的主人公是一位飞行员，他在执行一次飞行任务时，因为机械故障而迫降在了无边无涯的沙漠中。

　　在没有人烟，也看不到任何动物或植物的沙漠中，这位飞行员必须考虑怎样尽快修好飞机而脱离险境。就在这时，一个年龄很小的男孩无声无息地出现在主人公面前，他就是"小王子"。这位小王子不来自地球上的任何一个国家，他来自太空中一颗很小很小的行星。小王子为什么要来地球，他是怎么来的，他来到地球想干什么，书中都没有明确的交代。小王子就像偶尔吹过沙漠的风，在主人公"我"那里稍作逗留，就消失得无影无踪了。《小王子》这本书，讲述的就是这样一个看起来无头无尾且不像故事的故事。

---

[1] 这篇文章载于《爱与思：儿童文学经典解读》，标题有改动。参见：刘莘.爱与思：儿童文学经典解读[M].桂林：广西师范大学出版社，2021.

《小王子》在全世界范围内极为有名，深受各个年龄段的孩子的喜欢，也深受成年人的喜欢。正因为这本书的故事情节不同于常规，不同的人读《小王子》就会有不同的体会和收获。不过，要真正理解《小王子》，需要对这本书的背景和它的作者有一些了解。《小王子》的作者是法国人圣埃克苏佩里，他本人是一位具有传奇色彩的飞行员。圣埃克苏佩里生于1900年，正是上一个世纪，也就是100多年前的世纪之交。你能够想象100多年前的世界是什么样子吗？那个时候，没有电视、电影，更没有手机和互联网，绝大多数人生活的地方还没有电。与人类文明诞生以来持续了数千年的古老生活相比，大多数人的生活几乎没有什么两样。人们日出而作，日落而息，过着典型的面朝土背朝天的农耕生活。这样的生活需要人的勤奋和吃苦耐劳，更要依赖大地的恩赐。春华秋实的前提是风调雨顺，不能有洪水、干旱、瘟疫去肆虐人类赖以生存和繁衍的大地。光景好时，大地母亲肥沃丰裕，生活在其上的人们丰衣足食。光景不好时，大地母亲贫瘠歉收，生活在其上的人们忍饥挨饿。好光景与坏光景间断出现，就像春夏秋冬不断交替，大地就这样波澜不惊地承载人类渡过了一个千年又一个千年。

　　可是，换一个视野去看，1900年的人类世界已经非常不同于此前任何一个世纪。迈入20世纪的时候，人类已经聚集了两三个世纪的科技力量，丈量了大地母亲的尺寸，明白了四季变迁的原理，破译了天体运行的秘密。特别重要的是，人类已经驯服了火力和电力，并因此而发明了各种机械和工具。1900年的世界，相对发达的国家的很多城市已经有了电灯，蒸汽火车冒着浓烟奔跑在原野上，将一个城市与另一个城市联结在一起。人类也正在想办法把机械送上天空，实现千百年来的飞行梦。遗憾的是，那个时候的大多数人并不知道这些伟大的发明或变化，或不清楚它们对于人类的影响。幸运的是，《小王子》的作者圣埃克苏佩里不仅亲历了人类征服天空的旅程，而且深刻地理解到了科技发展为人类带来的进步，以及挥之不去的问题。

写作《小王子》这本书之前，圣埃克苏佩里的飞行传奇已经结出了丰硕的精神果实，创作了好几部以飞行和飞行员为题材的脍炙人口的文学作品，包括《南线邮航》《夜航》和《人的大地》。在圣埃克苏佩里的儿童时代，飞机刚刚发明不久，很少人看见过飞机，极少的人乘坐过飞机，驾驶飞机的人更是凤毛麟角。圣埃克苏佩里第一次接触飞机的时候，他只有12岁。他目瞪口呆地看着那样沉重的机械带着巨大的轰鸣声飞入蓝天，这个场景使他的心灵深受震撼。这个12岁的男孩向飞行员提出各种问题，尽可能以他的理解力去了解飞行原理。童年时期的圣埃克苏佩里已经表现出相当好的文学潜质，他为飞机写下了这样的诗句——"机翼的颤动扰乱黑夜的呼吸""引擎的歌声摇晃沉睡的灵魂"。

　　20岁出头的时候，圣埃克苏佩里的童年飞行梦终于变成了现实，他经过艰苦学习和训练并最终通过考试，成为了法国空军初创时期的一名飞行员。在人类翱翔天空的早期岁月里，航空科技远远没有今天发达。飞机的性能既不先进也不稳定，很多航线还没有开辟，对天气的预测非常不准确。早期飞行员经常冒着生命危险穿行于雷电、风暴和乱流之中，飞行是令人憧憬的，也是危险重重的。圣埃克苏佩里加入空军不久，就经历了人生第一次飞行失事，摔成重伤，幸好勉强保住了性命。尽管危险，人类的英雄们却义无反顾地一次次飞上天空，用自己的生命去探索新的航线，探索飞行对于大地、人类和文明的意义。

　　《人的大地》是圣埃克苏佩里在创作《小王子》之前最著名的作品，获得过法国崇高的法兰西学院文学奖，它的英译本《风沙星辰》则获得了美国国家图书奖。《人的大地》记录了圣埃克苏佩里与他的飞行员伙伴经历的种种奇闻险事，这部作品是引人入胜的故事集，是优美的散文，也是深刻的思想随笔。圣埃克苏佩里是人类历史上第一个以飞行员的视野，并结合亲身的飞行体验去审视人类生活的作家。想象一下，一部庞大的机器腾空而起，它掠过江河交错的大地，穿越云雾缭绕的高山峡谷，驾驶它的人能够俯视壮丽的日出，并能在夜空无限贴近布满繁星的宇宙。从天空的视野来思考人类生活和栖息其上的大地，一定会有非常不一般的心得。人类自以为意义重大的差异、冲突或战争会变得渺小，科技发展导致的人与人、人与大地的亲密关系的疏离会得到反省。

圣埃克苏佩里在《人的大地》的序言里，饱含深情地描述了什么是天空的视野——"在茫茫夜海上，每颗火光都显示了一个心灵的奇迹。在这户人家，有人在阅读，有人在思索，有人在娓娓谈心。在另一户人家，可能有人在探索宇宙，有人殚精竭虑在计算仙女座的星云。那里，有人在恋爱。原野上绵延不断地闪烁着这些暗淡欲灭的火光。还有最隐秘的，那是诗人的火光，教师的火光，木工师傅的火光。但是，介于这些有生命的火光之间，又有多少扇关闭的窗户，多少颗熄灭的灯火，多少个沉睡的人……"天空的视野，就是心灵的视野。人的生命、思想和灵性，只有在仰望天空的过程中才能茁壮成长。诗意的大地是故乡，梦想的天空是远方。

《小王子》是一部关于诗与远方的传世名作。就像大地是梦想的基础，《人的大地》则可以看作《小王子》这部梦幻作品的创作地平线。《小王子》这本小书仅有两万五千字，但却有丰富的意蕴。在《小王子》的序言里，圣埃克苏佩里请读者原谅，他把这本童话书献给作者在人世间最好的朋友——里翁·沃斯，一个大人。作者对读者解释道，如果还需要一个理由，那就是，他的朋友生活在法国，现在又冷又饿。《小王子》创作的时候，正值第二次世界大战，德军队占领了法国。圣埃克苏佩里那时正在美国一边参与抵抗纳粹德国的活动，一边撰写《小王子》。有意思的是，圣埃克苏佩里似乎觉得前两个理由都不充分，于是补充道，"如果这些理由还不够，那我就把这本书献给这个大人从前当过的那个孩子"。他强调，所有大人最初都是孩子，却很少有人记得。这时的圣埃克苏佩里是一个大人，所以他要承担一个大人的责任，他写完《小王子》后专程前往非洲北部，驾机执行空中的战斗勘察任务。

　　能写出《小王子》的圣埃克苏佩里一定不会忘记自己曾经是一个孩子，以及天空与大地在孩子心中的形象和含义。战争是大人不得不面对的事情，在与天地融为一体的孩子的心中，却没有战争的地位。圣埃克苏佩里在第九次执行他的空中勘察任务时，神秘地消失了。人们禁不住猜测，《小王子》的作者消失到哪里去了。也许，圣埃克苏佩里是去寻找他的童年了。也许，圣埃克苏佩里追随他笔下那位神秘可爱的小王子离开了地球，住到了小王子曾经到访过的六颗星球中的一颗。说不定，他正在哪颗星球上，好奇地打听地球上的大人和孩子是怎样理解《小王子》这本书的。童年是精神的母体，回归童年，就是回归故里。

似懂非懂的儿童世界[1]

《小王子》的魅力在于，几乎任何人初读这本书，都有似懂非懂的感觉，无论是儿童还是大人。这种感觉属于阅读的原始体验，保护这种体验并据此激发对一些重要话题的思考，是思问教学法的基本原则之一。似懂非懂的感觉意味着什么，如何围绕这种弥足珍贵的感觉设计与文本紧密结合但又有普遍意义的话题？以下六个话题是对上述问题的具体回答。用《小王子》进行阅读教学的教师，当然可以有不同的话题设计，下面的内容和思考可以借鉴但不必照搬。像《小王子》这样的著作，是可以从不同角度去阅读的，而思问教学法也鼓励思维的多维度展开。

话题一　似懂非懂的感觉

《小王子》是一本充满隐喻的书。隐喻不同于数学，后者对错分明，前者意义模糊。隐喻的本质，就是让人似懂非懂，并在这种感受中给人以启发。

---

[1] 这篇解读是专门写给教师的。在《爱与思：儿童文学经典解读》中，也有一篇名为"似懂非懂的儿童世界"的同名文章，是专门写给学生的。两篇同名文章的内容有差异，难度也不同，有兴趣的教师可对比阅读。

这正是《小王子》的魅力：几乎每个人都喜欢这本书，几乎无人只读一遍而能完整捕捉住它的丰富意蕴。

敢于承认阅读后的似懂非懂，就是在诚实地面对自己和自己的阅读。对于像《小王子》这样拥有伟大隐喻的文本，似懂非懂的感觉源于整合上的困难。理解一个隐喻，意味着要将隐喻的多重含义与读者的生命经验和思想整合在一起。

成功的整合不总是能够发生，或者是因为阅读者的生命经验还不太丰富，或者是因为阅读者的思维内容太简单。此外，隐喻的丰富内涵之间也需要整合，这就对阅读者的理解力提出了要求。这也意味着，《小王子》不太适合一、二年级的孩子阅读，因为他们的生活太简单，还无法理解小王子的忧郁。似懂非懂也是需要条件的，而思维启发则以似懂非懂为条件。

《小王子》在简单的对话中隐含着深刻的隐喻或象征，处于不同年龄段的具有不同经历的人，会有各自不同的体会。阅读《小王子》产生的似懂非懂的感觉就像飞机面临的空气阻力，既是阻碍飞机也是托升飞机的关键。《小王子》这本书的最大特点，就是它对所有的读者都敞开胸怀，几乎任何人在这本书中都能找寻到温暖并得到启发。教师首先可就"似懂非懂"的感觉，向学生提出如下问题——

在什么情况下，"似懂非懂"的感觉是消极的？又在什么情况下，这种感觉是积极的？

读完《小王子》，你有似懂非懂的感觉吗？

你愿意用哪几个词描述一下你读完《小王子》的感受？

> **《小王子》摘选**[1]
>
> 每当我遇到在我看来头脑还算清楚的人,我就会用随身携带的第一号作品来试探他。我想知道是否有人能真正地理解这幅画。但答案总是:"这是帽子呀。"如果对方这么回答,那我不会再提起大蟒蛇、原始森林和星星。我会迁就他的水平。我会跟他谈论桥牌、高尔夫、政治或者领带。这些大人会很高兴,觉得他们结识的这个人真是通情达理啊。

思与问

1. 请你分别采访几位读过《小王子》的同学、朋友或亲人,问问他们第一次读《小王子》的感受,并与你的感受进行对比描述。
2. 成长中的你对自己是完全懂得,似懂非懂,还是完全不懂?说说你的理由。
3. 请用抽象的线条画一幅画,表达你心中的某样东西,然后问几个大人,看他们能否明白你画的是什么。如果大人看不明白,你的解释是什么?

话题二　有争议的事物

不是所有的事物都能引起争议,也不是所有能引起争议的事物都有价值。

---

[1] [法]安托万·德·圣埃克苏佩里. 小王子[M]. 李继宏,译. 天津:天津人民出版社,2013.(下文《小王子》的摘选均出自本书)

《小王子》这本书,以及其中的角色和情节,会在不同的读者中产生不同的理解。有些事物引起争议是因为混乱,有些事物引起争议是因为丰富。《小王子》显然是一本丰富而有趣的书,每个读者都能以自己的方式去理解。一个读者对《小王子》产生怎样的理解,取决于他与文本之间有怎样的关联或缘分。

学生思维要赢得发展的契机,需要经历一些值得争议的事物。在彼此的争议中,学会倾听、想象与换位思考。在争议面前,一些观点会被改变,另一些观点则会得到强化。观点与观点之间会发生融汇、分离、冲突、补充、否定等情况。教师需善于利用能够引起争议的事物,在学生的争议甚至师生的争议中,推动学生理解力和思维的发展。阅读《小王子》就是这样一个契机,其中有很多可以探讨、争议但却没有标准答案的内容。帮助学生理解"有争议"这件事,本身就具有重要意义,阅读《小王子》算是一个例证。教师可以在"有争议"这件事上进行启发并向学生提问——

哪些事情容易有争议?围绕哪些事情的争议特别有价值?

你认为《小王子》是一本可能引起争议的书吗?为什么?

《小王子》摘选

我的第一号作品。它是这样的:

我把我的杰作拿给大人看，问他们怕不怕。但他们回答说："帽子有什么好怕的？"我画的又不是帽子。我画的是正在消化大象的蟒蛇。然后我把蟒蛇的内部画出来，这样大人就可以看懂。他们总是需要解释。我的第二号作品在这里：

大人建议我最好别再画大蟒蛇，不管是肚皮敞开的还是肚皮闭上的，我应该专心学习地理、历史、数学和语文。就这样，在六岁那年，我放弃了成为大画家的志向。第一号和第二号作品的失败让我很灰心。大人自己什么都不懂，总是要小孩来给他们解释，这让我觉得很累。

思与问

1 《小王子》中的"我"说，"大人自己什么都不懂，总是要小孩来给他们解释，这让我觉得很累"，你对这句话有同感吗？在什么情况下有同感？

2 你认为《小王子》中的哪些情节是最容易引起争议的？列举出来。

3 团队小游戏，步骤如下：（1）把班级分成若干小组，对于"X是＿＿＿"的句式，请每个组选一个具体的词代替"X"，譬如，"爱是＿＿＿"，"天使是＿＿＿"，"外星人是＿＿＿"；（2）请全班同学将自己认可的内容填入横线上组成完整的句子（内心真实认可的内容);(3)横线上填入内容差异最大的那个组获胜(教师判断)。(备注:这个游戏旨在帮助学生理解什么是最可能引起争议的事物。)

话题三　两种不同的思维

　　人因为思维的差异而生活在不同的世界里。世界上最远的距离,就是这种思维与那种思维的距离。

　　孩子的思维与大人的思维有很大的不同。孩子思维更倚重象征、泛灵论和远距离联想,大人思维更强调证据、逻辑和功用。正常情况下,孩子思维总要向着大人思维发展,孩子思维中很多不合理的东西要被扬弃。但孩子思维并不总是应当被大人思维克服,很多时候,情况正好相反。

　　孩子思维中非功利的成分是克服大人思维中功利成分的一剂良药。孩子对世界天生的好奇与追问,他们的想象愿望和能力,是大人思维陷入平庸时可以自救的故乡的声音和气息。较好的情况是,成年以后的个人应拥有大人思维的优势,但却能保持儿童思维的活力。大多数大人都没有那样幸运,他们遗忘了思维的童年,也就丢失了思维的活力。大多数儿童并不知道,他们将不幸成长为那样的大人。

　　小王子抗拒这样的成长,《小王子》这本书则是平庸的大人思维的解毒剂。教育的目的,就是要保护儿童思维的活力,并在此前提下帮助他们赢得思维健康发展的机会。《小王子》这本书,以及人世间成千上万的"小王子",就像平庸黑夜里的一颗颗闪亮的星星,让成人警醒,给儿童希望。教师有了以上认识,就可以在"两种思维"这个话题上启发学生,可以设计如下问题——

　　《小王子》中关于那个土耳其天文学家的故事,想说明什么?

你认为大人思维中有哪些不好的东西需要克服？请举例说明。

> ### 《小王子》摘选
>
> 我有足够的理由相信小王子住的星球是 B612 号小行星。这颗小行星只在 1909 年被某位土耳其天文学家用望远镜观察到一次。他随后在国际天文学大会上翔实地展示了他的发现。但没人相信他，因为他穿的是土耳其的服装。大人就是这样子的。幸亏后来土耳其的独裁者命令其国民改穿欧式服装，违者处以死刑。1920 年，那位天文学家穿得非常气派，又在大会上讲述他的发现。这次每个人都接受了他的证据。

思与问

1. 大人常说："儿童是幼稚的，他们的思维方式也是幼稚的。"你赞同这个说法吗？请举例说明。
2. 猜测一件事情，在这件事情上，大人思维与儿童思维有很大的不同；然后想办法验证你的猜测。
3. 观察一下，你周围有没有丧失童心的"小大人"，有没有是大人但童心依旧的"老顽童"？用不同的语词分别描述他们，并作出对比。
4. 观察你生活中的大人与孩子，找几件典型事件记录一下。想办法发现：面对同样一件事情，大人往往会怎么做，小孩往往会怎么做？分析两者的处理方式哪个更好并说明原因。

话题四　有用与无用

每个孩子从小都被告知，要做一个对社会有用的人。这话没错。大人的问题在于，一切都以有用为标准。好好背诵这首唐诗吧，这对你考试有用！认真学好数学吧，这对你以后的工作有用！"有用"是我们与世界建立联系的方式之一，凡事都不讲有用是糊涂。但凡事只知道有用则是无趣。

唐诗之妙，与考试有用与否没有丝毫内在关系。数学之美，与对日后的工作有用与否也没有本质上的联系。凡事只讲有用，就是在用与世界的一种关联，切断或弱化与世界的其他关联，包括爱、自由、想象、创造、幸福，等等。

《小王子》的作者深谙"有用"的边界与局限，他创造的小王子降落地球，就是要给地球上千千万万个未来的大人提个醒：要提防大人！小王子其实是在提醒每一个人，要像保护那朵娇嫩的花一样保护自己的童心。《小王子》不惜将孩子与大人对立起来，为了让每一个人看清自己可能被污染的心。

小王子不是要反对"有用"，而是要反对只知道"有用"的大人思维。教师要把握住"有用"与"无用"的区别与分寸，可以向学生提出如下问题——

小王子在"我"只关心如何修好飞机时，气得连珠炮式地反问"我"时，有人说，小王子那时倒有点像一个急躁的大人，你的看法如何呢？

找一找《小王子》全书，小王子有没有关心"有用"的时候？小王子批评的大人也关心什么事有用什么事无用，他们之间有什么区别呢？

> 《小王子》摘选
>
> 他盯着我看，当时我手里拿着铁锤，手指沾满黑色油污，正在弯腰摆弄某台在他看来十分丑陋的机器。"你说话

的口气像大人！"这让我感到有点惭愧。但他不依不饶地接着说："你混淆了一切……你把什么事都搞混了！"他真的非常生气。金色的卷发在风中摇动。

"我知道地球上住着某位红脸先生。他从来没有闻到过花朵的芬芳。他从来没有见过星星。他不爱任何人。除了做加法，他什么事也不做。他成天就像你这样自言自语：'我是个正经的人！我是个正经的人！'这让他骄傲得膨胀。但他不是人——他是蘑菇！"

思与问

1 挑选两个表演才能强的学生，让他们一个扮演"我"，一个扮演小王子，将小王子气愤数落"我"的那段话表演出来，必要时还可自由增加一些对话内容，让全班学生用心感受小王子和"我"的情绪反应。
2 思考：哪些事物看似无用，实际有巨大的价值？请举例说明。
3 什么时候强调有用是合理的，什么时候是不合理的？请举例说明。

话题五　驯化的含义

"驯化"是《小王子》这本书赋予了特殊含义的一个词，有的中译本翻译成"驯养"。比较而言，译成"驯化"更加恰当，毕竟，书里谈的不是人与动物的关系。"化"而非"养"，易于凸显关系双方的对等性。对等的前提是，关系双方都是有灵性的，有独立的感受、思维和尊严。

按《小王子》书中的说法，驯化就是"创造关系"，进一步的解读是，驯化就是创造只属于双方的特殊关系。那只智慧的狐狸对小王子说："语言是误解的根源。"在B612号小行星上的时候，小王子是不可能懂得这句话的含义的。小王子那时总是把那朵花儿的话当真，他被语言误导了。驯化，就是要突破语言的障碍或粉饰，建立起心心相印的关系。这个过程中，爱是驯化的重要原动力。小王子说，在他恼火于那朵花儿的时候，他还不懂得爱，他那时也不懂得什么是驯化，以及如何驯化。

恋爱是一个对等驯化的过程。恋爱中的冲突和矛盾，都可以成为关系深化的契机——前提是，每一方都爱着对方。成年人与儿童的关系，如亲子关系和师生关系，则不同于恋人之间的关系。恋人之间的关系多少是平等的，在亲子关系和师生关系中，成年人总是强势的一方，并负有儿童成长的责任。

《小王子》关于"驯化"的智慧告诉我们，要建立良好的亲子关系和师生关系，成年人要承担更大的驯化责任。这个责任有两方面的体现。第一，尊重对方，承认对方有独立的感受、思想和尊严，把对方当作潜在的能为自己负责的自由主体。第二，利用每一次冲突或矛盾，如果没有，必要时可以想办法制造冲突或矛盾，然后用爱的动力驾驭由冲突或矛盾激发起的能量，用爱心控制这种能量，使之服务于儿童的心灵成长。

驯化的成功意味着特殊关系的建立与发展。唯有基于特殊关系，抽象的人格才能现实化，才会变得具象，才会有根。人唯有在有根的状态下，才会与世界建立起真实的联系。就像小王子，当他在狐狸的启发下，回望自己的故乡并思念那朵花儿的时候，他才会觉得，天上的数亿颗星星与自己仿佛也有某种关系。否则，世界之大，终究是一个抽象的存在，与"我"无关。懂得了什么是驯化，明白小王子与那朵花儿的特殊关系之后，教师可以启发学生去思考如下问题——

友谊是特别珍贵的人际关系，在建立、巩固和发展友谊方面，《小王子》书中所说的"驯化"能给我们什么启示？

《小王子》摘选

"你是谁？"小王子说，"你很漂亮……"

"我是狐狸。"狐狸说。

"我跟我玩吧，"小王子提议说，"我很难过……"

"我不能跟你玩，"狐狸说，"我没有经过驯化。"

小王子说："我是在找朋友。'驯化'是什么意思？"

"这是常常被遗忘的事情，"狐狸说，"它的意思是'创造关系'。"

"创造关系？"

"是啊，"狐狸说，"对我来说，你无非是个孩子，和其他成千上万个孩子没有什么区别。我不需要你。你也不需要我。对你来说，我无非是只狐狸，和其他成千上万只狐狸没有什么不同。但如果你驯化了我，那我们就会彼此需要。你对我来说是独一无二的，我对你来说也是独一无二的……"

思与问

1 以"驯化"为题，请班上同学写一篇自己的心得。

2 设想小王子回到了B612号小行星，他再见到那朵花儿，他们之间会发生什么。请同学展开自己的想象力，编一个小话剧；老师挑出最好的剧本，请同学在班上表演。

3 爱有哪些表现形式？如何理解爱在"驯化"中的作用和意义？

话题六　阅读是一种驯化

驯化就是创造特殊关系。按这个理解，阅读也是一种驯化。读好书，特别是深刻的书，总会读出似懂非懂的感觉。这种感觉激发我们与它进一步亲近，就像那朵美丽花儿的任性强化了小王子对她的眷恋。

每一本书都有特殊的主题、意向、场景、角色，赋予一本书灵魂的首先是这本书的作者。作者将自己的生活经验、对世界的思考和愿望，通过丰富的想象和具体的创作投射进了自己的作品。我们感受到一本书有魂，其实就是感受到了它的作者的魂。但一本书的魂又不能等同于作者的魂，因为好的读者也是一本好书的灵魂的贡献者。

一本好书，注定是为读者预留了阐释空间的书。真正的好书使这个空间充满了因人而异的灵动，《小王子》就是这样的好书。作为阐释者的读者，会将他或她的生活经验、对世界的思考和愿望投射进等待被阐释的那个空间。真正的好书，不仅容忍而且会激发从不同角度对它的阐释。阐释是一个过程，这个过程也是三种力量的交织过程。作者的意向、文本的内容、读者的理解，它们之间的相互支撑、冲突和渗透，构成了阐释空间。这个空间的边界，随着读者的阐释活动的深入而不断扩大，直至与读者的生活视域的某些方面融为一体。阐释是一个过程，读者将时间的气息吹入这个空间并使之获得了生命。

按照对阅读的这种理解，读者将会与文本建立起只属于自己的特殊关系。

这个过程首先是读者对文本的驯化。在似懂非懂的状态中，读者的阐释很可能会与文本的意向产生错位或紧张。但这往往是必要的，就像小王子与那朵花儿的纠缠越深，他对她的爱恋也越深。读者对深刻而有价值的文本介入得越深，越能在类似的纠缠中通过自己特有的阐释捕捉住文本的魂并与之和解。唯有通过这种方式，读者才能驯化文本。

这个过程也是文本驯化读者的过程。读者遇上一个伟大的文本，就是遇见了自己生命中潜在的但却不时时在场的美的、善的或真的东西。读者并不是固化的，他或她的生命是流动、开放和生成的。读者遇见了不可思议的精神风景之后，会受到极大的震撼。读者必定会反过来理解文本对自己心灵的震撼，通过对文本的阐释而看清与其中的精神风景的缘分。读者必定会在生命流动的某一个时刻发现，自己的精神地平线上已经有了曾经只存在于文本中的情感色彩或思想线条。这个时候，文本对读者的驯化，以及读者对文本的驯化，就达到了一个较高的层次，读者与文本就创建了只属于自己的亲密关系。

以上是与教师交流的内容，对孩子不必说这样的话。但教师如果对"阅读是一种驯化"这个话题有更深的理解，也可以问孩子们：你读《小王子》读到了什么？你是怎样理解这本书的？你是怎么理解读书这件事的？

《小王子》摘选

我的生活很单调。我猎杀鸡，人猎杀我。所有的鸡都是相同的，所有的人也是相同的。我已经有点厌倦。但如果你驯化我，我的生活将会充满阳光。我将能够辨别一种与众不同的脚步声。别人的脚步声会让我躲到地下。而你的脚步声就像音乐般美好，会让我走出洞穴。还有，你看。你看到那片麦田了吗？我不吃面包。小麦对我来说没有用。麦田不会让我想起什么。这是很悲哀的！但你的头发是金色的。所以你来驯化我是很美好的事情！小麦也是金色的，到时它将会让我想起你。我喜欢风吹过麦穗的声音……

狐狸久久地凝望着小王子。

"请你……请你驯化我！"他说。

思与问

1 将同学分成小组，在充分探讨的基础上，由小组推荐一位同学在全班交流对"阅读是一种驯化"的理解。

2 问每个同学，《小王子》这本书中，哪个情节是最不好理解的，哪个情节是最有吸引力的？为什么？随机挑选同学进行回答。

3 请每个同学说出推荐阅读《小王子》的三条理由，看看每个人的理由有何差异。

眼睛看不见的智慧[1]

《小王子》是一部童话，也是一部智慧之书。《小王子》中的每一个隐喻，都是一扇智慧之窗，用心打开它，就能获得意想不到的收获。人们常说眼见为实，但《小王子》却想要告诉读者，智慧才是真实的，眼睛看不见智慧，只有心灵和思想才能将其捕捉。在孩子阅读的童话故事中，《小王子》属于思问教学法看重的思维能量较高的书，因为其中的隐喻很巧妙，而隐喻之间又通过故事编织在了一起。下面的七个话题都不是关于表面情节的，若采用机械讲解段落大意与中心思想的传统教学方式，实在是对不起《小王子》这样的名著。小王子是超凡脱俗的，教师带着学生阅读思考，也需要像小王子的眼睛那样，清澈里有深邃，困惑中有智慧。

话题一　小王子来自哪里？

书中说了，小王子来自 B612 号小行星。假如在学生阅读后，给他们出一个有标准答案的选择题，问他们"小王子来自哪里？"，选择题中有

---

[1] 这篇解读是专门写给教师的。在《爱与思：儿童文学经典解读》中，也有一篇名为"眼睛看不见的智慧"的文章，是专门写给学生的。两篇同名文章的内容有差异，难度也不同，有兴趣的教师可对比阅读。

"A612""B613""C615"等错误选项，即使学生答对了"B612"这个正确选项，又有多大意义呢？这只能反映机械记忆的准确性，完全无法反映对于《小王子》这本书的理解的丰富性和层次性。

"小王子来自哪里？"这个话题超越了字面上的含义。如果只是回答，小王子来自B612号小行星，就误解了这个问题。这不是在追问物理事实。这方面的问题是科学问题，譬如，太阳系有多少颗小行星？冥王星应该算大行星还是小行星？变量A和变量B有怎样的函数关系？科学问题的客观答案与人们对这个问题的主观感受无关。

"小王子来自哪里？"这个问题则不同，它不是一个关于事实的问题，它本身是一个直指人心的问题。这种问题的答案，则离不开主观感受和思维的象征展开过程。这样的问题，其目的在于激发情感和思维，而非确证客观事实。

可是，理解了"小王子来自哪里？"这个问题不是一个关于客观事实的问题，难道这个理解不是另一种意义上的客观吗？是的，这是无外于心灵的客观。理解了这一点，就可以这样与学生交流——当读《小王子》的时候，你与文本之间的驯化关系，是不可能存在于物理世界的。这种驯化关系不是数字的真实，不是眼见为实的真实，而是心灵的真实。

就"小王子来自哪里？"这个话题，教师可以在不作任何解释的前提下向学生提问，必要时给他们启发。教师可以从学生们的回答中看出理解上的不同和差异。

《小王子》摘选

由此我了解到第二件非常重要的事：他住的星球只有一栋房子那么大！

这我倒不觉得很奇怪。我知道有些星球很大，比如说地球、木星、火星、金星等，这些是有名字的，但也有许多星球很小，小得就算用望远镜也看不到。假如有天文学家发现这种小星球，他不会给它起名字，而是给它编号。比如说，他可能会称它为"第3251号小行星"。

我有足够的理由相信小王子住的星球是B612号小行星。这颗小行星只在1909年被某位土耳其天文学家用望远镜观察到一次。

思与问

1. 这个世界上并没有小王子居住的那颗B612号小行星，为什么很多读过《小王子》的人，一听说"B612"，就会露出会心的微笑？
2. 有人说，《小王子》这个故事纯属虚构，而且完全不讲科学；对于这个说法，你准备怎么回应呢？
3. 有人说，小王子是《小王子》的作者圣埃克苏佩里心中的一个形象；你认为作者为什么要创作这样一个形象？

话题二　外面的世界

小王子是一个孩子。孩子都盼望长大，孩子只有变成了大人才懂得童年的可贵。越是眷恋童年的大人，他心中的"内在小孩"就越生动活泼。沉浸于童年的习惯和思维而不能自拔的大人是难以社会化的"巨婴",而遗忘童年的大人往往变成没有趣味的过于社会化的"正经人"。

《小王子》是"正经人"的解毒剂。成长中的孩子,有很大的比例正在成为被各种社会规范或潜规则塑造的潜在"正经人",他们模仿大人的言行,羡慕大人世界的权势,想要快速地脱离童年世界,进入成人的那个"外面的世界"。

这样的孩子易于丢失童真的内心世界,他们很快会驯化于成人世界中那些很可能已经遭到了扭曲的价值观。孩子们在网上抄一篇作文,模仿成年人写一段言不由衷的话,过分看重考试分数和同龄人之间的竞争,过于关注豪华商品,所有这些特征,都标志着孩子正在失去自己的童真。真诚、好奇、激情、友善、想象、创造力、内在的生命力——这些人格特质,才是衡量童年和童真的指标。

小王子是童年和童真的代表,或者说,是走出童年之后仍然没有丧失或没有完全丧失童真的成年人心中的童话人物。在《小王子》这本书里,"我"遇见的小王子总是带着淡淡的忧伤,这种忧伤很像成年人离开童年却又眷恋童真的那样一种忧伤。不过,还没离开 B612 小行星的小王子,他的心中是没有忧伤的,有的只是源于那朵花儿的烦恼,以及对外面的世界的期盼。那个时候的小王子还不懂得爱的真正含义。

渴望长大,渴望童年之外的世界,这本身是童年和成长的积极标志。问题在于,要渴望童年之外的怎样的世界,或者说,外面的世界是怎样的才值得孩子们去期盼?《小王子》这本书的更深刻的内涵是这样的:随着现代文明的诞生,人类凭着科学技术走出了自己的童年,但却诞生了小王子看到的各色各样的大人。大人的世界布满着各种商品,看起来什么都不缺,却独独失去了蕴涵于人类童年和童真中的那些最美好的东西。

关于"外面的世界"的话题,教师可以问学生——

你想要长大吗?你想要长大的原因是什么?你害怕长大吗?你害怕长大的

原因是什么?

这样的问题,能够帮助了解每个孩子的童年状况和童心的内容。

> ### 《小王子》摘选
>
> 小王子还有点伤感地拨除了最后几株猴面包树的幼苗。他觉得自己是不会回来的。但这些熟悉的劳动在那个早晨显得特别温馨。他给花浇了最后一次水,准备把她放到玻璃罩里,这时他发现自己很想哭。
>
> "再见。"他对花儿说。
>
> 但她没有回答。
>
> "再见。"他又说。
>
> 花儿咳嗽了。但这不是因为她着了凉。

思与问

1. 成长意味着遭遇了"外面的世界",用自己的话说一说小王子的成长意味着什么。

2. 请同学们仔细回顾小王子离开自己居住的小行星之前与花儿互动的过程,说一说花儿象征着什么。

3. 以"外面的世界"为题写一段话,然后匿名提交,让大家猜一猜是谁写的。挑选几个被猜中的同学说一说,在童年中看"外面的世界",最盼望什么,最担心什么。

话题三　来到地球之前

小王子来到地球之前，见到了几类大人：崇拜权威和自欺欺人的国王、只听得见赞美并被虚荣心控制的人、爱喝酒的糊涂的人、表面富有实则贫乏的生意人、呆板的老学究，以及在小王子眼中唯一不荒唐的掌灯人。我们可以把小王子来到地球之前的旅行当作他的成长之旅，地球则代表"外面的世界"的最终目的地。小王子的成长之路是曲折的，他心中的滋味是苦涩的。

小王子的成长之旅像极了孩子在平庸的大人世界里的成长道路。大人自欺，却不允许孩子骗人；大人崇拜权威，却反对孩子追星；大人喜欢听赞美，却偏偏要用批评来对付孩子；很多时候糊涂的是大人，但他们却认为孩子不成熟，就像醉酒的人觉得不喝酒的人不正常；大人追名逐利，强调孩子不能输在起跑线上，强加给孩子分数的攀比，强迫孩子读各种补习班，结果是，越来越多的孩子变得像是没有了童心的小大人。

在这样的社会环境下，支持阅读、愿意开启孩子心智和保护孩子童心的教师们，很可能是孩子保持童真的最后一道防线。就像小王子，哪怕经历了五个星球上的荒唐的大人，至少知道还有一位有趣的掌灯人。只有成为孩子心中的掌灯人，我们当老师的，才有资格通过阅读做孩子们的精神导师。

小王子在第六颗星球上见到的老学究给小王子很大的冲击。这位老学究是呆板的代表，他关注的是心灵之外的那些固化的东西，他的生活也被那些东西固化了。当小王子听说老学究只记录永存的山脉或海洋，而不记录瞬息即逝的花儿时，小王子心中咯噔了一下。他突然意识到，自己爱的那朵花儿不会像海洋或山脉那样永久存在。花开花落，生命无常。小王子自离开自己的花儿以来，第一次感到后悔。

没有生命力的老学究只关心没有生命的事物，而生命力旺盛的孩子如小王子，则对生命的变化，特别是个体生命的瞬息万变特别敏感。小王子懂得了，有些事情一旦错过就不会再有。小王子成长了，也为成长付出了代价。

针对小王子遇见的各种各样奇怪的人，老师可以向学生发问——怎样才能避免成为那样的人？

《小王子》摘选

"我在喝酒。"爱喝酒的人说，语气有点悲伤。

"你为什么喝酒呢？"小王子说。

"为了忘记。"爱喝酒的人回答。

"忘记什么呀？"小王子问，他已经开始替这个人感到难过。

"忘记我的羞愧。"爱喝酒的人低着头说。

"羞愧什么呀？"小王子问，他想帮帮这个人。

"羞愧喝酒呀！"爱喝酒的人说完这句话就再也不肯开口了。

思与问

1 对于小王子见过的五种有缺点的大人，你最害怕自己成为其中的哪一种人？为什么？

2 小王子见过的五种有缺点的大人，我们可以统称为"平庸无趣"的人。为了防止自己成为平庸无趣的人，我们该做些什么呢？引导学生自己创作《平庸无趣防范手册》。

3 在五种无趣的人中任选两种人，给他们编一个小对话，使他们之间的对话越搞笑越好。

话题四　想回家的小王子

小王子经历了什么，他想回家了？

"家"对于人而言，是一个非常特别的地方。家首先意味着一个属于自己的空间，人在其中能获得安全和温暖，以及主宰这个空间的自由。孩子在家中成长，他们往往意识不到家的重要性。向往外面的世界是孩子的天性，不少调皮的孩子，特别是男孩子，在与家人有冲突时，甚至有离家出走的冲动。家本来是安全的堡垒，亲子冲突中的孩子有时会觉得它是禁锢人的心灵自由的牢笼。家中的父母是孩子获得安全感的保障，亲子冲突中的孩子往往无法理解家的重要性。

小王子的家是那颗编号为B612的小行星。书中虽没有提及小王子的父母，但他在那颗小行星上安全惬意地生活，那里就是他的家。离家出走要么是因为冲突，要么是出于诱惑，要么是这两种力量的结合，小王子也不例外。小王子与花儿的冲突是他离家出走的直接原因，冲突也增加了未知世界的诱惑。

一个离家出走的小男孩，开始会觉得一切都很新鲜有趣。可是，随着冲突情绪的消退，特别是置身于茫茫人海中，小男孩的安全感和自信心会骤然下降。很多小男孩离家出走之后很快有想家的念头，就是因为他发现自己太渺小了。小男孩离家出走时的冲动情绪，外面的世界对他的抽象吸引力，都可能消失在茫茫人海中。特别是，当小男孩发现走在街上没人理他，自己不过是人群中的一个可有可无的人时，想家的念头就会越来越强烈。

小王子一直牵挂着自己的那朵花儿。来到地球上看到大花园之后，最让小王子受不了的就是，自己爱的那朵玫瑰花只是千万朵类似的花中的一朵，这个认识让他既震惊又难受。小王子感觉花的海洋淹没了自己所爱的那朵花的独特性，也使自己不再特别。

关于家和回家的话题，我们有很多内容可与孩子们探讨，包括家的意义、与家人的关系，以及自己如何在家的保护和支持下发展出不同于他人的独特性。教师可以向孩子提出如下问题——

无家可归是个什么状态？无家可归有哪些层面的含义？

《小王子》摘选

小王子穿过沙漠时只遇到一朵花。一朵有三片花瓣的花，一朵毫不重要的花……

"你好。"小王子说。

"你好。"花说。

"请问哪里有人呢？"小王子很有礼貌地问。

那朵花曾经见过路过的商队。

"人？几年前我倒见过六七个。但你不知道哪里能找到他们。是风把他们吹来的。他们没有根，这让他们很苦恼。"

思与问

1. "家"有哪些实际的含义，又有哪些象征的含义？
2. 为什么小王子在地球上的玫瑰大花园里看到成千上万朵花，会让他既震惊又难受？
3. 请重读小王子离开自己的星球之后发生的故事，记录一下哪些事情让小王子产生了"回家"的念头。如果用"★"给小王子想回家的念头的强烈程度打分，五颗星为最强烈，你会给每一次事件打几颗星？为什么？

	强烈程度	原因分析
事件一：遇见那位酗酒的人	★★	
事件二：		
事件三：		
事件四：		

话题五　人类的毛病

小王子想回家，是因为他受不了人类的毛病。人类的首要毛病是自欺，如那位迷恋权威的国王。孩子的天性是真诚，真诚的孩子怎么会变为自欺的大人呢？一定经历了特别可怕的事情。

大人教育孩子，不要做无用的事，不要输在起跑线上。大人经常把孩子当作实现自己愿望的手段而不自知。父母以爱的名义强迫孩子学习他们没有兴趣的东西，学校以教育的名义做着违背教育原则的事情。大人以各种理由证明自己的做法是合理的，他们的证明越成功，他们的自欺就越彻底。

大人是孩子的权威和模仿对象，他们眼睁睁看着孩子学会欺骗和自欺，反而庆幸地以为——这，就是脱离幼稚的成长。小王子是抗拒这种"成长"的伟大隐喻。有些孩子是在成功抗拒中长大的，这样的孩子幸运地保持了童真和童心。但更多的孩子在不知抗拒或无法成功抗拒的情况下，成长为令小王子害怕的大人。

贪婪和虚荣是自欺的帮凶。小王子飞经的第四颗星球上那个奇怪的商人，简直就是现代人的典型写照。人类走出自己的童年后，开始了对自然资源和物质财富的疯狂占有。现代社会的经济结构，现代心灵鸡汤鼓吹的"财富自由""有钱有闲""成功人生",都助长了人类的贪欲。很多人只知占有更多的东西,却不知为什么要占有。生活在城市里的现代人,他们在拥挤的人群里和嘈杂的信息中迷失了自己。他们远离了大地的宁静,又失去了天空的广阔。

贪欲与虚荣往往互为因果。小王子发现第二颗星球上那个虚荣的人需要他人的崇拜,而且只听得见赞美。贪婪令小王子感到可怕,虚荣则使小王子感到可笑,这两者的结合必定会使小王子感到可悲。自欺本来就是糟糕的,再加上贪婪与虚荣这两个帮凶,小王子必定无法忍受。

此外,糊涂与呆板这样的人类毛病,也令小王子感到不可思议。第三颗星球上那个酗酒的人是糊涂的,不是因为他酗酒而糊涂,而是因为他糊涂而酗酒。当然,酗酒之后他更不可能知道自己的糊涂。与之对比,第六颗星球上那个老学究看起来非常严谨,他甚至要考察某位探险家的道德品质,才会决定是否采信他的发现。但老学究的呆板其实是清醒状态的糊涂,他不知道自己的糊涂,就像自欺的人不知道自己的自欺。

这是小王子飞经地球之前的经历,他发现聪明的人在贪婪和虚荣中自欺,而愚笨的人要么糊涂要么呆板。小王子在沙漠中遇见飞行员"我"之前,已经降落地球接近一年了,小王子肯定能够发现,地球上的人很多是自欺、虚荣、糊涂、贪婪、呆板的混合体。地球那么大,它的一天远远长于其他六颗星球上的一天。可是,地球人的生活节奏越来越快,但他们不知道那么快是为了什么。地球人的数量那样庞大,那些特有的毛病会相互混合和发酵。

教师对小王子眼中的人类毛病有较清晰的理解后,可以带着孩子们去分析这些毛病的来源以及它们的相互关系,以防止孩子们过早地染上这些毛病。教师可以向孩子们提问——

对大多数人而言,哪种毛病是最害人的?为什么?对你自己而言,在成长过程中,最要提醒自己防范哪种毛病?

《小王子》摘选

"那些小东西是金黄色的,能让人发白日梦。但我是很正经的!我没有时间做白日梦。"

"噢!是星星?"

"没错。是星星。"

"你要五亿多颗星星干什么?"

"是五亿零一百六十二万二千七百三十一颗星星。我是个正经的人,我讲究准确。"

"你要这些星星干什么呢?"

"拿它们来做什么吗?"

"是啊。"

"什么都不做。我拥有它们。"

思与问

1. 请分别给自欺、贪婪、虚荣、糊涂、呆板五种毛病打分,具有最高危害指数的打10分,看你打的分与其他同学打的分有什么不同。

2. 画一张思维导图,要求在这张图中展示:(1)这五种毛病的相互关系,特别是它们的相互生长关系;(2)列举与五种毛病对应的优秀品质,画出每种优秀品质与各种毛病的抵消关系。

3. 选择三种事件,填写五种毛病的人面对这三种事件的反应,如下图所示:

	事件一：面对他人的批评意见	事件二：通过网上抄作业而得高分	事件三：看到一群人欺负一个同学
自欺的人			
贪婪的人			
虚荣的人			
糊涂的人			
呆板的人			

话题六　小王子到哪里去了？

小王子想念他的星球和花儿，想念他的家。小王子在地球这颗庞大的星球上尽管感到很孤独，但终于没有变成他心中那些可怕的大人的样子。小王子还是小王子。甚至可以说，在结交了智慧的狐狸之后，小王子更是小王子。

狐狸使小王子懂得了很多事情：驯化就是创建特殊关系，商店里买不到友谊，语言是误解的根源，重要的东西用眼睛是看不见的。天真的小王子一旦理解了狐狸的智慧，他回家的决心就变得很笃定，哪怕必须寻求那条可怕的金黄色的蛇的帮助。

让我们回顾一下，有些问题是与事实相关的问题，有些问题属于心灵的问题。考虑到《小王子》整本书都是一个隐喻，"小王子到哪里去了？"这个问题当然也不是一个事实问题。孩子们习惯于追问"小王子被蛇咬死了吗？""小王子的灵魂升天了吗？""小王子回到了自己的星球了吗？"这样的问题，教师可以放飞孩子们的想象，甚至可以鼓励孩子们为他们的想象续写新的内容。无论孩子们怎么写，都不要约束他们，在大人那里区分得很清楚的事实问题与心灵问题，很可能被孩子们混为一谈。这是孩子思维的特点，《小王子》这本书就捕捉住了这个特点。但对于教师而言，清楚地意识到两类问题的区别，再根据孩子的理解力和学段的不同而作出有针对性的引领或启发，则非常有必要。

"小王子来自哪里？""小王子到哪里去了？""谁是小王子？"，这三个问题，共同构成了理解《小王子》这本书的三个支撑点。针对"小王子来自哪里？"这个问题，在书本内容的事实层面，答案是小王子来自 B612 号小行星——这当然是纯粹的虚构。在心灵的层面，"小王子来自哪里？"的答案则可能是这样的：小王子来自每个人的童年。类似地，对于"小王子到哪里去了？"这个问题，可以作各种事实层面的猜测，无论这些猜测在《小王子》的框架中多么符合逻辑，都是虚构的。但在心灵的层面，"小王子到哪里去了？"这个问题的可能回答则是：小王子回家了。至于如何理解这里的"家"，则有很大的阐释空间。

对前两个问题有了更好的理解，才有基础去面对第三个问题——谁是小王子？

《小王子》摘选

它盘上小王子的脚踝，看上去就像金色的脚环。

"无论谁被我碰过，都会被我送回到他来的地方，"蛇接着说，"但你很纯洁，又是从一颗星星上来的……"

小王子没有回答。

"我觉得你挺可怜的，在这个坚硬的地球上，你显得很脆弱。如果将来你特别想家，我可以帮助你。我可以……"

"好啊！我明白你的意思，"小王子说，"可是你说的话为什么总是像谜语？"

"因为我有全部的谜底。"蛇说。

他们陷入了沉默。

思与问

1. 请为《小王子》这本书续写一个结尾,告诉大家,在你心中,小王子到哪里去了。

2. 仔细回顾小王子与蛇的对话以及他们之间的互动,用自己的话描述这条谜一般的蛇。

3. 假如小王子回到了他的星球,再见到那朵令他魂牵梦绕的花儿的时候,会发生什么?请你用自己的想象编一个小故事。

话题七 谁是小王子?

通过与狐狸的交流,小王子懂得了重要的东西眼睛看不见,要用心去看。书中的小王子仿佛有特异功能,他能与花儿交流,能飞到一个又一个星球,能与狐狸相互驯化,还能让毒蛇实现他的愿望。这些内容有助于总结书中的小王子形象,无助于回答"谁是小王子?"这个根本的问题。

小王子的天真、可爱、敏感、纯洁的人格特征,他造访六颗小行星的经历和感受,以及他与"我"、狐狸、蛇等交往的具体内容,则为回答"谁是小王子?"提供了重要的线索。为什么全世界那么多人都喜欢阅读《小王子》?为什么不同的人会读出不同的《小王子》?原因在于,每个人心中都住着或潜存着一个小王子。在很多时候,人们心中的小王子是沉睡的。最不幸的人莫过于,他或她心中的小王子早已死去。《小王子》之所以成功,就在于它总能唤醒心中沉睡的小王子,唤醒每个人的童心。

如果说很多大人心中的小王子已经死去,那么,儿童心中住着自己的小王子则是普遍而天然的。然而,在功利市侩的世界里,甚至不少儿童心中的小王子都处于沉睡或休克状态。《小王子》这本书很有意思的一点在于，它没有描写小王子与地球上的任何儿童的交往。一种解读是，童心已从大人主宰的世界丢失，代表儿童的小王子再也遇不见别的儿童了。结合《小王子》的内容和隐喻，我们观察现实世界，就有理由这样说，有些儿童还没有长大，就已经是小王子厌倦的大人了。

谁是小王子？教师可以这个问题为轴心，引导孩子们深入阅读《小王子》，保护他们的童真和童心。《小王子》是不朽的童话，也是伟大的寓言。对《小王子》的任何解读和阐释都可能有缺陷，唯有我们心中的小王子是完美无缺的。

《小王子》摘选

"你好。"小王子说。

"你好。"商人说。

这个商人是卖止渴药丸的。人们只要每个星期吃一颗，就再也不用喝水。

"你为什么卖止渴药丸呢？"小王子问。

"它能节省很多时间，"商人说，"专家已经算过，服用这些药丸，每个星期能节省五十三分钟。"

"这五十三分钟用来做什么呢？"

"你想用来做什么就做什么……"

"我啊，"小王子说，"要是有五十三分钟，我宁可慢慢地走向一汪甘泉……"

思与问

1. 找出书中你最喜欢的一段文字,列出喜欢的理由,然后与大家分享。
2. 请画一张思维导图,以小王子为中心,把你认为最能体现小王子特征的事件或语言列举出来。
3. 请以"谁是小王子?"为主题,写一篇《小王子》读后感;请务必做到:依据自己的理解,使用自己的语言。

《爱的教育》的思与问

心心相印[1]

《爱的教育》是一本享誉全球的经典名著。这本书的原文是意大利文。中译本的书名有"教育"这个词，也许会引起你的负面情绪。你或许会想，我们每天在学校上课学习，有很多作业要做，还有不少考试要对付，时不时要受到老师的批评教育，回到家还要忍受爸爸妈妈的说教。够了，够了！你有时会在心里想，大人们能不能够少些教育或说教，少些打扰，少些焦虑，少些唠叨，让我们自由地成长？如果你心中真有这样的想法，就一定会喜欢《爱的教育》这本书。

《爱的教育》是意大利人阿米琪斯所著，这本书的意大利原标题是"心"，英文版的标题是"一个男孩的心"。这里的"心"当然不是指心脏，而是指心灵。意大利原文标题和英文版标题都保留了"心"这个关键词，意味着这本书旨在唤起人与人的心灵沟通。如果老师或父母为了教育孩子，总是采取说教的方式，就会堵塞彼此的心灵。假如"教育"这个词激发了你的一些负面情绪，正好说明了你的内心是真诚的并且愿意有心与心的交流。《爱的教育》这本书的中译名的另一个关键字是"爱"。是的，我们的生活不能缺乏爱，我们从父母、老师、同学那里获得不同类型和不同程度的爱。我们既是爱的对象，也是爱的施予者。我们爱大自然，爱美好的事物，爱真心对我们好的人。爱是美好而自然的，既然如此，爱为什么还需要教育呢？你心里若有这样的

---

[1] 这篇文章载于《爱与思：儿童文学经典解读》，标题有改动。参见：刘莘. 爱与思：儿童文学经典解读[M]. 桂林：广西师范大学出版社，2021.

问题，是很好的事。让我们先去了解这本书的概况，然后再去回答，为什么中译本要用"爱的教育"作为这本书的标题。

《爱的教育》这本书记录了一位名叫恩利科的四年级男孩整整一年的学习和生活经历。你也许会想，我是一个女孩，或者，我早已过了四年级这个年龄段，为什么要读这本书呢？别忘了，"心"是这本书的关键词。无论性别怎样，年龄多大，只要我们关心人的心灵，这本书就非常值得读。想一想啊，为什么人与人会有那么大的差异？有的人善良体贴、慷慨大方，大家都愿意与他做朋友。有的人则斤斤计较，势利圆滑，难以交到真心朋友。这个区别与人的性别和长相无关，起决定作用的是每个人对世界和自己的理解方式。人与人的心灵的区别，很大程度上是由人对于世界和自己的不同理解造成的。

人的心灵就像人的身体，既有类型上的区别，也有健康上的区别。从身体上看，有的人高，有的人矮，有的人胖，有的人瘦，这是类型上的区别。身体类型不同的人，都有可能是健康的或不健康的。类似地，人的心灵也有类型上的区别，有的人外向，有的人内向，有的人兴趣广泛，有的人兴趣专一。心灵类型不同的人，也都可能是健康的或不健康的。我们对身体的健康有大致清楚的认识，吃得好，睡得香，能运动，这是身体健康的基本标准。可是，对于心灵的健康，我们的理解却没有那么直观和一致。一个爱贪图小便宜的人，他不会认为，自己对世界的理解方式会有损于自己的心灵健康。相反，他每一次占到小便宜后，都会暗自窃喜，觉得做了有利于自己的事情。他不知道，小便宜占得越多，对自己心灵的伤害反而越大。没有人愿意自己的身体不健康，但仍然有很多人去做不利于身体健康的事情，譬如暴饮暴食，拒绝运动。类似地，也可以说，没有人愿意自己的心灵不健康。但是，由于理解心灵健康要比理解身体健康复杂得多，成长中的我们就需要专门阅读一些有益于心灵健康的好书。《爱的教育》就是这样一本帮助我们在真、善、美的光辉中理解并获得心灵健康的好书。《爱的教育》值得任何年龄段的人阅读，其中的每个故事，就像一颗颗珍珠，串起了作者对人类心灵的美好理解和追求。

《爱的教育》由整整100个故事构成。据作者阿米琪斯说，很多内容是主人公恩利科在小学四年级时记录的，在他上了高中之后，又根据之前的记录进行了丰富和整理。这100个故事主题覆盖很宽，包括学习、考试、学校生活、家庭生活、职业生活、亲情、友情、师生情、军队、打仗、国家、灾难、生死、信仰、冒险、郊游、大自然，等等。其中有一篇《春天》，描写了恩利科在四年级下学期春天到来时的所见所闻和心情。文中有一段是这样写的："这是春天里最美丽的一个早晨。从学校的窗口可以看见蔚蓝色的天空，公园里的树木抽出了嫩芽，绿油油的草地散发出清新的气息；窗台上摆满了鲜花，窗户上悬吊着花篮。我们的老师从没笑过，总是板起严肃的面孔，可他今天的心情特别好，连额头上那条笔直的皱纹也几乎看不到了。"

在这篇文章的结尾，恩利科问妈妈自己今天为什么这么高兴呢。妈妈回答说："这是因为春天是美好的季节，而且你心地善良。"这篇名叫"春天"的文章，是《爱的教育》的第70篇文章。写这篇文章的时候，恩利科已经在四年级度过了一个多学期，他已经阅读了很多书，了解了很多人，明白了很多事。这个时候，他非常能够理解妈妈这番话的意思：只有心地善良的人才能感受到美好。换句话说，心灵是美和善的共同源头。这个故事的例子佐证了为何《爱的教育》的意大利原文要取名为"心"。

《爱的教育》的100篇文章大致可分为三类。第一类是恩利科根据自己的所见所闻而写的，如《春天》这篇文章。第二类是恩利科的亲人给他写的信，包括爸爸、妈妈和姐姐。《我的母亲》这篇文章是爸爸给恩利科写的信，写这封信的起因是，恩利科有一次不尊重自己的妈妈。我们知道，很多孩子在成长的过程中都曾有过不尊重自己父母的言行。有的父母溺爱孩子，不懂得纠正他们的过错，结果往往是，这样的孩子越来越娇纵，容易养成以自我为中心的思维方式。这样的孩子在学校生活和日后的职业生活中不容易与他人相处，面对人际矛盾时容易走极端，在言行上伤害他人的同时反而感觉自己受到了伤害。

爱孩子是父母的天性，但不是所有的父母都懂得什么是正确的爱。懂得爱的正确方式的父母，首先要避免溺爱，避免以爱的名义惯坏自己的孩子。恩利科的爸爸非常清楚什么是正确的爱，他在信中这样写道："你可以想一想，你整个一生中，可能会经历多少可怕的天灾人祸，但最痛心的莫过于有一天失去你的母亲。恩利科，你必须把我的话记在心头，永世不忘。等你成了身强力壮的大人，经历了人生的无数次艰苦磨炼之后，你会千百次地苦苦哀求母亲的宽恕，尤其渴望能再次听到她哪怕片刻的声音，像一个失去保护、一个失去舒适生活的不幸孩子想要重新投入母亲的怀抱那样涕泣呜咽。只有到了那个时候，你才会回忆起那些种种让人伤心落泪的往事当初是怎样刺激着母亲的心灵，并怀着深深的内疚而愿意付出所有的一切向她赎罪。"

爸爸信中的言语肯定会唤起心地善良的恩利科的不安和内疚。可是，这封信的结尾却让恩利科感受到，对妈妈的不尊重不仅会让妈妈伤心，而且也伤害了爸爸的情感。恩利科的爸爸没有回避他的内心的难受，他最后写道："我的孩子，我爱你！你是我生命中最珍贵的希望，可我宁愿失去你，也不愿意看到你对母亲忘恩负义。你走吧，走开一会儿也好。你别再来跟我亲热了，我现在不能真心诚意地跟你亲昵！"让成长中的孩子明白哪些事情做错了，并教会他们坦诚地面对和反思自己，这是《爱的教育》的重要内容。

《爱的教育》的第三类文章是恩利科和同学每个月都要朗读和抄写的故事。这些故事优美感人，把刚上四年级但却有些厌学的恩利科重新吸引到了课堂上。《撒丁岛的少年鼓手》这篇故事描写了意大利一支小部队被敌国的奥地利军队包围时的危险处境。这支小部队只有60人，由一位勇敢但头发胡子已经花白的年长上尉指挥。与上尉形影不离的，是来自撒丁岛的一位少年鼓手。上尉的小部队被数量众多的敌人包围了，他们全都躲进了山顶悬崖上的一座大房子里进行最后的抵抗。故事将战斗的紧张和残酷描写得极为生动细腻,其中一段这样写道:"对方的炮火震耳欲聋,弹片冰雹似的铺天盖地而来。屋外是残垣断壁,满目疮痍;屋内的门窗、顶棚、家具被震得残缺不全,满地都是木片、泥土、餐具和玻璃,到处杂乱不堪,一片狼藉。子弹的呼啸声,炸弹的爆裂声,榴霰弹的咝咝声,足以震破人们的耳膜。在窗口抵抗的士兵不时有人被击中,倒在地板上,然后被拖到旁边;有的两手捂着伤口,疼得坐立不安,摇摇晃晃地踱来踱去;厨房里的一个士兵因头部被打中而牺牲。敌人的包围圈越来越小。"

这个故事的时代背景是1848年的一场战争,那时还没有我们今天熟悉的现代通讯装备。关键时刻,能拯救这支部队的唯一希望就是,用绳子将少年鼓手从房子的窗口放到悬崖下,然后让他从后面的山坡跑出去给大部队送信。少年鼓手被敌人发现了,他被子弹击伤后仍然顽强地完成了使命,赶来的援军使上尉的小部队免遭了灭顶之灾。几天之后,负伤的上尉在野战医院偶遇了躺在床上的少年鼓手。上尉发现少年的一条腿已经被锯掉。上尉听军医说,是因为少年负伤后仍然拼命奔跑去完成送信任务,才导致不得不截肢的后果。上尉默默地看着少年鼓手,摘下了自己的帽子,这使少年很吃惊,询问他为什么这样做。故事是这样结尾的:"此时此刻,这个对部下从未说过一句温柔话的粗暴上尉,却用一种热情、甜蜜而意味深长的语气回答道:我只是一名上尉,而你却是一位英雄!接着,上尉向少年张开双臂,在他的胸部深情地亲吻了三下。"

上述三类文章共同展现了主人公恩利科在一年时间里的阅读、思考、经历和见闻。这些文章有一个共同特点,它们大都以故事形式呈现,有趣而感人。这些故事很容易使读者沉浸其中,除了生动有趣的情节,支撑它们的是心与心的交流,而不是生硬的说教。把这100篇文章贯穿起来,就能通过小男孩恩利科的视野穿越到19世纪后半叶的意大利。那个时候,意大利获得独立不久,正在实现民族融合并推进国民教育。《爱的教育》中的故事,多少反映了那个时代欣欣向荣的风貌和积极向上的特征。阅读这本书,我们可以通过主人公恩利科的记录接触很多美好而独特的心灵,有孩子的,也有大人的。我们也可以通过恩利科的阅读材料,了解一些在那个时代塑造和影响了意大利的伟大人物和事件。要知道,意大利是对人类文明有重大影响和贡献的国家,有这样一本经典读物在 100 多年时间里持续影响了数亿人,也在某种程度上辉映着那个文明的灿烂历史。

《爱的教育》这个中文译名是由民国时期著名文学家和教育家夏丏尊先生在翻译这本书时确定的。夏丏尊先生翻译这本书的时候是 20 世纪 20 年代,那个时候的中国社会极为混乱和贫穷。夏丏尊先生当时的信念是,一个国家或民族要走向繁荣和伟大,离不开教育,离不开人民的心灵的丰富和提升。那个时候的教育就像当时的社会一样,有很多的弊病。夏丏尊先生在《爱的教育》的"译者序言"里写道:"学校教育到了现在,真空虚极了。单从外形的制度上、方法上,走马灯似的更变迎合,而于教育的生命的某物,从未闻有人培养顾及。好像掘池,有人说四方形好,有人又说圆形好,朝三暮四地改个不休,而于池的所以为池的要素的水,反无人注意。教育上的水是什么?就是情,就是爱。教育没有了情爱,就成了无水的池,任你四方形也罢,圆形也罢,总逃不了一个空虚。"

这可能就是夏丏尊先生将意大利原文《心》译成《爱的教育》的重要理由。目前,在中文世界有两个流行的译本,书名都是《爱的教育》。一个是夏丏尊先生的译本,细腻感人,但带有那个时代的文字特征。另一个是儿童文学翻译家王干卿先生的译本,这个译本 2017 年才与读者见面,文字更吻合今天读者的阅读习惯。无论选择哪个中译本来阅读,《爱的教育》都可以启发我们感受美与丑,思考善与恶,读者的心灵也会在不知不觉中得到滋养。是的,教育要少些说教,多些爱,多些心灵的自由和沟通。

爱的本质[1]

  《爱的教育》由 100 篇文章构成，涉及内容非常丰富，课堂阅读教学不适合围绕单篇文章进行。合理的阅读教学是主题式的，教师可挑选两三个主题并覆盖若干话题，然后以此为线索去整合不同的文章和情节。在此基础上，教师才好与已经阅读过全书的学生进行充分的交流，并及时予以启发。下面的内容以"爱的本质"为主题，下设五个话题，并贯穿一些重要的故事情节。借助具象的故事去思索爱的本质，吻合思问教学法主张的将普遍性寓于特殊性之中的立场。爱似乎无处不在，有不同的类型，也有不同的性质。如何理解不同类型的爱的共性与差异性，如何理解爱与成长的关系，如何面对爱过多或爱不足的情况，这些都是非常适合与学生探讨的重要话题。对爱的理解越透彻，越不会因爱而迷失，也才越有可能成长为爱心有度、情理兼备的人。

---

[1] 这篇解读是专门写给教师的。在《爱与思：儿童文学经典解读》中，也有一篇名为"爱的本质"的文章，是专门写给学生的。两篇同名文章的内容有差异，难度也不同，有兴趣的教师可对比阅读。

话题一　爱与生命

爱是一种高级生命现象,不专属于人类。动物之间也有爱,特别是哺乳类动物和灵长目动物,亲子、配偶、同伴之间,都有程度不等的爱的表达。孩子对动物有天然的亲近感,教师借助动物可以较为自然地切入爱的话题。教师也可以准备一些反映动物之间爱的文字资料或视频资料,供孩子们参考。为了理解爱是一种高级生命现象,首先要帮助学生理解生命现象与非生命现象的根本区别。当我们用"现象"这个词时,可以组合成诸如"自然现象""生命现象""精神现象"等词组。在自然现象中,可以有物理现象、化学现象和生命现象等不同层次的区别。对不同现象的归类,是具备高级思维能力的生命才能完成的。

综观整个大自然,大至宇宙生灭,小至鸟语花香,都是惊人的奇迹。教师需体会整个世界的存在本身就是一个奇迹,才能够更深入地与学生交流生命和爱的奇迹。世界如此存在,这一切都不是理所当然的。我们可以大致对整个自然进行归类,银汉缥缈、繁星满天、日升月落,这些自然现象尽管时空尺度很大,似乎暗示着令人眩目的伟大力量,但都可归于物理现象。化学现象比物理现象更加复杂,而生命现象用物理学家的术语来讲就是一个十足的"逆熵"奇迹。如果把爱理解成一种情感,并非所有生命都蕴涵爱的可能性。病毒、细菌、单细胞生物,以及植物和低级动物,这些生命都有繁衍的本能,但很难说这些生命体中有爱这件事发生。当我们把生命奇迹作为自然界的高级现象单列出来,帮助学生认识到不是所有生命都与爱相关,更能激发他们去理解爱的特殊意义。

《爱的教育》没有直接涉及上述话题。但思问教学法主张首先调动学生最本原的惊奇,再去探讨相关话题。在人世间,爱是一件看起来很普通的事情,很容易"日用而不知",从而遮蔽爱作为一个奇迹的事实。在帮助学生理解了生命现象的奇迹,以及爱是奇迹中的奇迹之后,就可以进一步推进思维,聚焦于高级动物的爱与人类之爱的区别。教师可以通过"舐犊之情"这个成语,与学生探讨高级动物的爱有哪些特征,与人类之爱有哪些相似。有了充分的探讨之后,再帮助学生思考人类之爱与动物舐犊之情有何本质的不同。在此基础上,再启发学生去理解,为何只有人类之爱才隶属于不可能存在于大自然的精神现象。有了这些思考的基础,再返回《爱的教育》,无论是教师或学生,当能看到更丰富的爱的风景。

《爱的教育》摘选[1]

恩利科,我的孩子!你要尊敬和爱戴你的老师。你的父亲也尊敬和爱戴老师,因为老师献身于教育孩子们的事业,他启迪你的智慧,培养你的心灵。将来你长大成人,我和他都已不在这个世界上的时候,他的形象和我的形象一样将永远留在你的脑海中。……你要永远怀着肃然起敬的心情称呼"老师"这个字眼。除了"父亲"这两个字,"老师"是一个人能够获得的最崇高、最亲切的称呼了。

思与问

1 用自己的话说一说自然现象、生命现象与精神现象三者之间的

---

[1] [意]阿米琪斯.爱的教育[M].王干卿,译.南京:江苏凤凰文艺出版社,2017.(下文《爱的教育》摘选均出自本书)

区别，用不同的关键词去描述它们。
2　除了"舐犊之情"这个成语，想一想，汉语中还有哪些词汇是专门用来描写动物之间的感情或爱的？
3　用自己的话谈一谈，动物的爱与人类的爱有什么本质的不同。

话题二　**家庭之爱**

　　《爱的教育》的主人公是读小学四年级的男孩恩利科，他成长于一个充满爱的家庭。家人都给恩利科写过信，虽然家人的书信在《爱的教育》中所占的比例不大，但每一封信对恩利科的成长都有特别的意义。这些家书从不同角度刺激着恩利科幼小的心灵，从而使他能够在理智的爱中健康成长。《我的母亲》是父亲给恩利科写的信，恩利科只是为这封信增加了一个标题。在这封信中，父亲不仅声情并茂地凸显了母爱的重要，也对恩利科有时任性而令母亲伤心提出了严厉的批评。在这封信的最后，父亲甚至这样写道："你走吧，走开一会儿也好。你别再来跟我亲热了，我现在不能真心诚意地跟你亲昵！"

　　父亲在写那封信时，恩利科刚上四年级不久。但在四年级要结束之前，母亲也写了一封信，被恩利科取名为"我的父亲"，收录在了《爱的教育》接近结束的时候。从母亲的信中，我们看到，恩利科也有对父亲无礼的时候。无礼和逆反是普遍存在于未成年人身上的现象，特别是到了小学中高年级和青春期，当孩子有了越来越强的自主意识的时候，两代人的冲突时有发生。在这封信中，恩利科的妈妈对他讲，父亲为了这个家是如何辛勤在工作，还要忍受超常的疲劳和忧郁；即使父亲不得不动用权威实施处罚，也是因为他爱你，而且实施惩罚之后的父亲，他的心里比你还难受。恩利科父母的家书极为平实感人，以书面文字的方式表达父母心中的所思所感，能对子女的成长有长期的影响。

从家书内容上看，恩利科的父母很懂得爱的分寸。与动物的舐犊之情不同，人类的爱虽然也是情感的表达，但却有理智的支撑，合理的爱总有相应的目标和规范。父母的爱需帮助孩子成长，这就必然涉及如何理解人的成长、如何理解人的教育的问题。严格来讲，父母在实施爱的行为之前，需要对孩子要成长为什么样的人有所思考，就像教师在从教之前，要对教育的目的有较为深刻的思考和理解。恩利科是幸运的，从他父母书信的内容上看，堪称称职的家庭教育家。在父母的言传身教下，恩利科的姐姐也懂得交流的重要性，在她有一次被恩利科的任性伤害后，十分痛苦，也给弟弟写了一封信，以"我的姐姐"为标题收录在《爱的教育》居中的位置。

在姐姐写给恩利科的信中，我们能够感受到姐姐的痛苦、对弟弟的殷切期望以及类似于母亲的母爱。在信的末尾，姐姐告诉弟弟，她爱他，也愿意默默为他做好多事情，就像现在，看着弟弟因写作业累得睡着时，姐姐居然悄悄帮恩利科把该抄的课文抄完了。姐姐在信的最后写了这么一句话："恩利科，给我写上几句热情的话吧，我求求你了！"当恩利科醒来读到姐姐的信，看到姐姐为他做的事情的时候，深感良心不安，于是只在信的末尾给姐姐写了这么一句话："我没有资格在你手上亲吻。恩利科。"

《爱的教育》的意大利原文书名之所以叫作"心"，作者有很深的考虑。恩利科的父母与姐姐为他写信，他们的爱的情感是那样自然合理，传递着以心换心的愿望，也必然会有心心相印的收获。人类之爱贵在激发心灵的反思，这也是动物之爱缺乏的。一些时候，当事人的反思离不开权威者对当事人实施的惩罚，另一些时候，权威者则需要调动当事人的自责和不安。人类的爱要首先在家庭中生根发芽，家庭之爱是人类之爱得以持续扩展从而最终超越家庭的前提。动物因为没有语言和心灵粘合起来的家庭，因此也不可能有爱的超越，舐犊之情只可能停留在自然阶段，而无法上升为一种有超越能力的精神现象。

在与学生交流人类之爱的家庭起源时,教师很可能会面对一些家庭之爱不完整或不健全的孩子。教师需要提醒自己注意,家庭是完整的并不意味着爱是健全的,譬如溺爱,就是爱的大忌。反过来,家庭是不完整的,譬如父母离异或父母因为生活所迫而在外工作,并不等于孩子就不能健康成长。向家庭不完整的孩子传递这个信心至关重要。这个信心的根据在于,人毕竟不同于动物,人有心灵会思考,爱心的发展从根本上讲离不开对爱的本质的领悟。熟悉《论语》的教师可能会记得有这么一个场景:有一次,孔子的一个弟子抱怨自己没有兄弟,缺乏手足之情。子夏的回应是,有没有兄弟不是自己做得了主的事情,但是,努力成为一个有仁爱之心的君子,就可以逐渐达到"四海之内,皆兄弟也"的更广阔的仁爱境界。毕竟,对于人而言,仁或爱不仅是情感,也是有理性根据的理念。

《爱的教育》摘选

我的恩利科啊,你要牢牢记住这一点:人世间最神圣的爱莫过于母爱了。不管谁践踏了这种爱,必然落得可悲的下场。一个杀人犯,只要他还敬重他的母亲,说明他还有起码的仁义道德。纵然是光彩照人的人物,但如果他使母亲伤心落泪,他就是分文不值的人!从今以后,对于生你养你的母亲,请你不要从自己的口中说出一句蛮横无理的话。你如果万一说出一句不恭敬的话,请你不是由于怕我,而是在灵魂的感召下,毕恭毕敬地跪倒在母亲的脚下,求她在你额头上亲吻,期望得到她的宽恕,拭去那忘恩负义的污点!

思与问

1. 回忆一下，在什么情况下，当你对父母顶嘴或言行无理的时候，你会有内疚感？有人说，内疚感与爱是有关系的。你是否同意这个说法？你是如何理解这个说法的？
2. 你是如何理解溺爱的？想一想，溺爱有哪些危害？假如你发现父母对你有溺爱，你会对他们说什么？
3. 对比溺爱的危险，为什么说爱应该是合理而有分寸的？用自己的话讲解一下你的理解。

话题三　爱与勇气

《爱的教育》这本书既适合中高年级的小学生读，也适合初中生甚至高中生阅读。故事的亲切感人对不同学段的学生皆有吸引力，按照思问教学法的原则，由特殊情节提炼而出的普遍问题可供不同学段的学生探讨。确实，关于爱这个主题，可在深浅不等的层次上进行交流，吻合思问教学法的教学弹性原则。在上一个话题中，我们对爱的理解超越了情感或情绪，认为爱之中含有理性、规范和目标，因此爱才可以成为一个理念。教师可根据学生的理解力，选择与学生直接交流较深入的道理从而提升学生的理性思考能力，也可以选择将较深的道理作为自己的思考背景隐而不发，只通过具象的情节去启发学生的思考。思问教学法的弹性还体现在，在借助《爱的教育》与学生交流关于爱的主题思想时，教师也可与别的经典名著结合起来对学生实施启发，而且可以很自然地拓宽学生的视野和阅读面。

我们以《论语》为例，来看看这一节的话题如何可从类型完全不同的两种经典读物中获益。《爱的教育》中有很多故事都与勇气有关。勇气、勇敢、勇猛、勇武，汉语里用"勇"这个字可以组很多词。在《论语》中，"勇"字出现了接近20次，孔子之后的思想家对仁、智、勇同等重视，是所谓的"三达德"。在《论语》中，"仁"出现了上百次，有丰富的内涵。有一次，一个学生问孔子什么是仁，孔子的回答很简单——爱人。"仁爱"后来成了一个专门的词，就是因为仁者必爱人。

我们这里的主题是爱和勇气，暂且将仁与爱在内涵上的细微区别放到一边。在《论语》中，有这样一句名句——"仁者必有勇，勇者不必有仁"。这句话强调，真正懂得什么是仁或爱的人一定是勇敢的，而有勇气但不懂得仁或爱的人最多算是蛮勇。在《爱的教育》中，有一个名叫弗朗蒂的反面人物，就是一个没有仁爱之心却只知恃强凌弱、蛮勇好斗之人，最后被学校开除了。

借助《论语》中的"仁者必有勇，勇者不必有仁"的名句，我们可以说，因为爱是超越感性的，爱的理念里有理性、规范和目标，因此心中有爱的人就会对自己的行为提出要求。《爱的教育》中有大量关于勇气的优美文章，涉及认错、克制、友谊、战争、反欺凌、见义勇为等各种话题。当教师深入理解了爱这个理念对当事人的行为有内在的要求后，就会很自然地过渡到关于勇气的探讨，然后带出怎样的勇气才值得称赞的问题。

在《雪球》这篇故事中，讲述了恩利科在一次偶然事故中如何见证勇气的事情。下雪了，班上的孩子非常高兴，在街上丢起了雪球。可是，一个雪球砸中了一个老人，击碎了老人的眼镜片，伤到了老人的眼睛，情况非常严重。街上的大人很生气，大声质问在场的孩子们是谁干的。误伤老人的卡罗菲面对这种情况，吓得浑身发抖，根本不敢承认是自己干的。

这时，特别有爱心的卡罗内同学就在旁边，他低声鼓励卡罗菲鼓起勇气承认是自己不小心伤到老人的，否则大人们就会怪罪别的孩子，而卡罗菲就成了胆小鬼。当卡罗菲颤抖着走向一群大人承认自己的过失时，激动的大人粗暴地把卡罗菲摁倒在老人跟前,要求他跪下。校长知道了前因后果,阻止了其他大人的过激行动。卡罗菲面对老人放声大哭起来,而受伤不轻的老人则选择了宽恕。恩利科目睹了这一切,他的父亲事后问他:"你有勇气承认自己的过错,承担自己的责任吗?"恩利科坚定地回答:"是的,爸爸,我能做到!"

从这个故事来看,无论是正义感很强的卡罗内还是闯祸且胆小的卡罗菲,抑或是旁观这件事情的恩利科,都受到了正面的教育。这个故事与《爱的教育》中的其他故事都在强调,心中有爱的人,才有勇气面对不利于自己的事情,才有勇气在逆境中承担属于自己的责任。关于爱与勇气的话题,《爱的教育》中很多故事都有涉及,这个话题也很有延展的探讨空间,非常适合师生互动。

《爱的教育》摘选

人们一下子从四面八方拢上来。原来是老人的一只眼睛被大雪球打中了。见到这种情景,孩子们闪电般地四散逃跑了。当时,我父亲正在书店看书,我在书店门口等他。我看见我们班的几个同学朝我这边急忙跑过来。他们混入群里,装模作样地看着书店的橱窗。……老人身边已围了一大群人。一个警察和另外几个人一边威胁一边问:"是谁?是谁干的?是不是你?告诉我们是谁扔的?"他们一个个查看孩子们的手是不是被雨雪弄湿了,以找出扔雪球的孩子。卡罗菲就站在我旁边。我发现他浑身打抖,脸色煞白得像死人。

思与问

1. 从《爱的教育》中把有关"爱与勇气"话题的故事都找出来,说一说,这些故事分别从哪些角度描写了爱与勇气的关系。能用一张图来表示你的理解最好。
2. 想一想,勇气若无爱的支撑会是什么样子的?有爱支撑的勇气可能表现在哪些事情上?对这两个问题的回答越详尽越好。
3. 一个天生胆小的人,可能因为爱的增长而变得更加勇敢吗?为什么?请举例佐证自己的观点。

话题四　爱与公正

　　爱的理念对不同角色有不同的要求。父母对子女的爱是无条件的,为了不犯溺爱的错误,即使是家庭之爱也有规范。教师对学生的爱不仅有不同于家庭之爱的规范,还要讲条件。坏小子弗朗蒂因为破坏公物和打架而被学校开除了。对比一下,有没有哪个正常的父母因为孩子做错了事而将其从家里开除的?这个对比说明,尽管面对的都是未成年人,但在爱的角色上,家庭或父母与学校或教师是截然不同的。学校和教师应该关爱学生,不能因为家庭出身的不同或天赋的差别而厚此薄彼,这是公正的要求。但学生必须遵守相应的校规,明白自己在学校的角色不同于家庭里的角色,要学会与同学相互尊重、平等相处。《爱的教育》中有不少故事,都涉及爱与公正的话题。

　　按照道德发展心理学的观点,未成年人要从"权威的道德"阶段向着"社群的道德"阶段提升,离不开像学校这样的社会化环境。简要地讲,"权威的道德"阶段以服从为美德,要懂得服从家长、老师等权威。然而,学会服从权威仅仅是道德发展的第一步，在这个基础上，还要学会以平等的身份参加社群活动并作出自己的贡献。对于学生而言，最重要的社群就是学校。学校不同于家庭，教师对学生的关爱以及同学之间的友爱，都不以血缘关系为基础。正因为如此，师生关系和同学关系的良好发展都是有条件的，要求当事人不能像在家里那样任性。越小的孩子，越分不清楚家庭环境与社群环境的界限，无法在不同角色间进行顺利的转换。

《我弟弟的女老师》这篇文章，记录了恩利科刚上一年级的弟弟的老师。孩子们上课过于捣乱淘气，给这位女老师添了不少麻烦。文中写道："我弟弟的老师也有对学生发火的时候。她实在忍受不住，想要动手打人时，就只好咬着手指，强压下怒火；她有时失去了耐心，遏制不住怒火责备了某个孩子，过后她就非常后悔，于是，便去亲昵地抚摸被她刚刚训斥过的孩子；她把一个顽童赶出教室，但她却十分伤心，还悄悄地流了眼泪；有的父母为了惩罚孩子不给饭吃，她发现了就对家长大发脾气。"这段文字十分传神，把一个有爱心但性子有点急的老师描写得活灵活现。合理的家庭之爱背后都有规范，要借助奖罚机制去训练孩子，何况是教师对学生的关爱。随着孩子的成长，当他们懂得区分家庭中的子女角色与学校里的学生角色的不同时，"社群的道德"阶段就开始了。

在这个阶段，未成年人开始学习并逐渐懂得平等和公正的重要性，学生之间会自发建立起一些或明或隐的互动规则。如果学校整体氛围良好，学生之间的互动规则就有助于他们形成彼此尊重、追求公正的美德。在《内利的保护人》这篇文章中，再次展现了卡罗内的正义感。卡罗内是班里个头和力气都最大的孩子，但心地善良，对人友爱。内利则是一个身材矮小的孩子，还是一个驼背，经常受坏小子弗朗蒂的欺负。有一天，卡罗内实在看不下去，将弗朗蒂狠狠揍了一顿，向全班传递了同学之间要平等尊重的价值观。

卡罗内未必能够清晰地理解和解释这种价值观，但他却用自己的行动说明，同学之间的友爱要以平等尊重和拒绝恃强凌弱的公正为基础。按照道德发展心理学来讲，当未成年人的人格在"社群的道德"阶段有了健康发展之后，就为道德意识的继续提升奠定了基础，最终将明白不同的道德阶段蕴涵着哪些不同的原则。正是因为奠基于这些原则，人类文明的层次才得以提升，爱才有可能不断扩展。教师若熟悉道德发展心理学，可以借助《爱的教育》推进品格教育，而不把阅读及阅读教学局限于传统语文课的狭义范围之内。确实，将阅读的意义拓展到阅读之外，正是思问教学法的主张。这也意味着，教师需不断提升自己，以实现"以教师之思，促学生之问"的目的。

《爱的教育》摘选

内利很爱卡罗内。内利每次走进教室，都要先看一看卡罗内来了没有。放学时，内利总是说"卡罗内再见"，卡罗内当然也以礼相待。内利的钢笔不小心掉在地上，或者书本掉在课桌底下，卡罗内会马上弯下身子替他捡起来，免得内利费力劳神，然后替他将物品装进书包，有时还帮他穿上大衣。正因为这样，内利跟卡罗内情同手足，他总是深情地望着卡罗内。老师表扬卡罗内，内利就像表扬自己一样高兴。

思与问

1 有动物学家发现，灵长目动物之间有一些初级的公正行为，查一查这方面的资料，查到好的内容请与老师和同学分享。

2 卡罗内自己很强大，但对弱者很有同情心，请用自己的话说一说，爱心与同情心有什么相似，又有什么不同。

3 法律要讲公正，但法律不讲感情，既然如此，为何说爱与公正有内在关联呢？这个问题你是怎么看的呢？

话题五 爱的扩展

　　源于人的天性和家庭的爱是可以扩展的，汉语里有"爱屋及乌""民胞物与"的相关成语。阅读《爱的教育》，我们看到，学校的校长是一位非常和蔼慈祥的人。卡罗菲扔雪球误伤了老人，关键时刻校长安慰住了愤怒的人群，而那位受伤的老人心地也很善良，选择原谅了吓得瑟瑟发抖的卡罗菲。善良与爱心往往相互支撑，也是可以彼此扩展的。受到感动的卡罗菲后来专程去看望疗伤的老人。卡罗菲有个别称叫"小商人"，喜欢在课余时间做小买卖，还特别喜欢收集邮票。我们在《受伤者的家》这篇故事中看到，平时吝啬的卡罗菲去看望老人时，居然将他十分珍爱的集邮册送给了老人，以换取原谅。善良的老人怎么可能收取对一个孩子来说如此宝贵的东西呢？他在不久以后归还了卡罗菲的集邮册，还赠送了几张珍贵的邮票，使卡罗菲高兴得像发疯一样。这是爱在扩展中使各方受益的一个生动美好的例子。

　　卡罗菲和恩利科所在学校的校长也是一个懂得扩展爱的人。在《校长》这篇文章中，对这位慈祥的校长作了这样一番描述："他个子高大，秃顶，戴着一副金丝边眼镜，花白的胡子飘拂在胸前，穿一身黑衣服，纽扣一直扣到下巴颏，对学生和蔼可亲。学生们因无理取闹而被叫到校长办公室时，校长从不发火训斥他们，而是拉着他们的手，耐心地给他们讲明道理，告诉他们该做些什么、不该做些什么，谆谆教导他们要知错改错，保证做个好孩子。

他说话的态度可敬可亲，声音悦耳柔和。学生们从校长办公室出来，一个个眼睛都哭红了。说实话，他们比受到惩罚还窘迫不安。"然而，这位善良和蔼的校长却经常一个人默默忍受丧子的痛苦，因为他的儿子是士兵，牺牲在了战场上。这位校长尽管必须独自承担无尽的悲痛，但他总是以爱心对待学校的孩子们，就像对待自己的孩子那样。这是《爱的教育》中爱得到扩展的另一个生动例子。

爱能够扩展，离不开善良的心、公正的心和平等待人的心。《爱的教育》的主人公恩利科的爸爸是一位知识分子，有体面的职业和较好的收入。当恩利科四年级要结束的时候，他意识到班上的一些同学可能无法再像他一样继续读书，他担心他们会失去联系。为此，爸爸专门给恩利科写了一封名叫"爱工人朋友"的信。在这封信中，爸爸坦率地告诉恩利科，他们长大了会因为受教育程度不同而将处于不同的社会阶层，这是一个事实，但这并不应该成为妨碍他们保持友谊的理由。爸爸告诫恩利科，这种从小建立的友谊难能可贵，他还可以从他们身上学到在别的地方学不到的东西，通过他们观察到国家社会的不同面貌。

恩利科爸爸的信中有一段原文是这样的："你不得不生活在唯一的阶层中，一个只能同本阶级打交道的人，如同一位学者只读一本书一样。……你要热爱并尊敬同学中间的那些工作着的工人的孩子，在他们的身上敬重他们的亲人所付出的辛劳和牺牲，蔑视运气和阶级带来的差异，只有卑鄙的小人才用这种差异来支配自己的感情和礼仪。你不妨想想，滋润着我们祖国的神圣血液正是从工场和田野的劳动者的血管里汨汨流出来的。"这段文字中提到了"运气"。确实，我们每个人的出身、天赋和家庭资源，在很大程度上是一种与我们的努力无关的运气。一个因为运气而骄傲自大的人，境界是非常低的，就像一些富二代炫富一样。恩利科的爸爸非常清楚这个道理，他通过各种方式与恩利科交流，想办法将一颗有利于爱的扩展的公正之心和平等待人之心传承下去。

随着爱的扩展，爱国主义也是《爱的教育》中的重要话题。每个人都有祖国，就像每个人都有家庭。对家人的爱是自然的，对祖国的爱也是人类的普遍情感。即使敌对国家的人民不喜欢彼此，但每个国家的人民都会热爱自己国家的山川、文化和历史，并因自己国家的杰出人物为人类文明所作的贡献而感到自豪。但爱国主义教育需要时机和方法，僵化的方式会与孩子的心性抵牾，或助长孩子虚假的情感，这都是《爱的教育》坚决反对的。《爱的教育》中有很多优美感人的故事，都涉及爱国的话题。恩利科的爸爸知道对四年级的恩利科讲爱国不是一件容易的事情，所以总是选择恰当的时机与他交流。有一次，恩利科阅读了《撒丁岛的少年鼓手》这篇文章而被其中的英雄少年深深感动了。爸爸知道后，不失时机地给恩利科写了一封信，其中有一段话是这样的："我的恩利科哟，你现在还不能完全体会到热爱祖国的这种感情，当你长大成人了就会懂得。当你长期侨居异国他乡而远途归来，有一天早晨从客轮的甲板上望到地平线上故乡的青山绿水时，你就懂得这种感情了。当你温柔的感情波涛化作扑簌簌的泪水时，从你的内心深处就会不由自主地发出呐喊。只有到了这个时候，你才会理解到祖国的含义。"

《爱的教育》的100个故事都特别感人，将爱为何要扩展和爱如何扩展的深刻道理隐含在字里行间之中。教师可凭借远胜于孩子的理解力，将爱心的各个层次和维度——善良、勇敢、公正、平等、谦卑、爱国、爱人类、爱自由、爱一切有情众生——用自己的方式加以梳理，弄清它们的内涵和它们之间的逻辑关系。在这个基础上，教师可与学生就爱的主题进行深度探讨，使爱的涟漪从课堂之内扩展到课堂之外，使爱心成为孩子们健康成长的坚实后盾。

《爱的教育》摘选

我爱你美丽的大海,爱你高耸入云的阿尔卑斯山,爱你庄重肃穆的纪念碑,爱你不朽的历史,爱你的光荣和美丽。……我还以一个儿子那样肃然起敬的情怀,爱你温柔多情的佛罗伦萨、威震四方的巴勒莫、辽阔美丽的那不勒斯、神奇而永恒的罗马。我爱你——神圣的祖国!

思与问

1 爱有哪些类型?不同的类型有哪些区别,有哪些相似的东西?请画一张关于爱的思维导图,并阐述你的观点。
2 有人说,人的本性是自私的,爱不可能扩展到自己的利益之外。你认可这个说法吗?说说你的理由。
3 在你的印象中,有没有自己特别不喜欢或憎恨的国家?试着站在那个国家的人民的角度,挖掘一下值得这个国家的人民骄傲和自豪的内容。然后说一说,做完这件事之前和之后,你对爱国的理解有何不同。

美德为什么美？[1]

《爱的教育》里的100个故事精彩感人，这不仅是一部经典的儿童文学作品，还是一本可用于未成年人德育教育的好书。阅读课借感人的文本推动孩子的人格形成和精神发育，这是别的以学习知识为主的课程难以胜任的工作。阅读内容和阅读习惯从整体上影响着一个人的生活，通过阅读课推进品格教育就是顺理成章的事情。学校的阅读课可以通过像《爱的教育》这样的经典名著去塑造孩子的价值观，从而与孩子的真实生活形成共振。德育的最大忌讳是给孩子们讲生硬的道理或颁布各种看似正确实则空洞的"应该"怎样的规定。更合理的做法是，借助像《爱的教育》这样的经典，将孩子们吸引到书里的故事情节中，然后基于他们阅读之后的新鲜体验去启发思考或引导行动。

话题一　正直

卡罗内是《爱的教育》中相当讨人喜欢的一个角色。书中有一段描述是

---

[1] 这篇解读是专门写给教师的。在《爱与思：儿童文学经典解读》中，也有一篇名为"美德为什么美？"的文章，是专门写给学生的。两篇同名文章的内容有差异，难度也不同，有兴趣的教师可对比阅读。

这样的："卡罗内的身材粗壮高大，可上衣和裤子都太短，袖口太瘦，小小的帽子几乎扣不住剃光的大脑袋，鞋子大而粗糙，领带拧扭得像一条绳子，见到他这般装束，不管谁都会忍不住开怀大笑。……课堂上，老师总是端详着卡罗内的一举一动。从他跟前走过时，老师常常用手拍拍他的脖颈，仿佛在抚摸一头温顺的小牛。"卡罗内正直而富有同情心，他为了保护素昧平生的驼背内利，将坏小子弗朗蒂痛打了一顿。

还有一次，一位代课老师来上课，班上的同学完全不听老师的招呼，相互打闹，还有人往代课老师身上扔纸团，少数想听课的同学与代课老师都束手无策。卡罗内在关键时刻挺身而出，向着全班大声怒吼，要求所有人都要遵守纪律，他的威严和愤怒瞬间镇住了全班，连坏小子弗朗蒂都默不作声了。《爱的教育》中有不少类似的场景或故事，很容易抓住读者的心，使人仿佛身临其境，看到事件的主人公通过勇敢的行动达到目的。这些故事之所以容易引起读者的共鸣，是因为每个人都或多或少地被正直的美德所吸引。

教师系统阅读了《爱的教育》后，可找出与正直这个美德相关的文章，然后与学生交流关于正直的话题。什么是正直？为什么正直值得期待？如何理解有的人会丢失正直这个潜在的美德？这些问题，是直指人心的问题，正是思问教学法主张借助偶然情节启发学生思考的具有普遍意义的话题。关于正直这个话题，教师需要有自己的思考，这些思考一开始可能不会很成熟，说不定还有自相矛盾的地方。但矛盾甚至混乱正是思想的起点。教师并不需要成为职业理论家才思考这些问题，毕竟人是思想的芦苇，思考是人的本性。教师只需要做到启发学生的思考，而不必处处想着提供正确且唯一的答案。我们以正直这个话题为例，看看能遭遇什么。

世界需要阳光，但没有人希望阳光把所有的阴影都消灭。正直是阳光，但作为成年人的教师知道，真实的世界是一阴一阳之谓道的世界，有的场合，高谈阔论正直反而是不合时宜的事情。教师自己必须是通透的，才能避免伪善和自欺。在这个基础上，教师首先得问自己，为什么正直是人心固有的趋向，然而人在成长的过程中常常会遗忘正直？教师当然有比学生多得多的资源，可以借助古今中外的事例去触及这样的问题。

正直是人心固有的趋向——这个说法自然会打上"性善论"的标签，立刻会使人联想到先秦的孔子和孟子、古希腊的苏格拉底和柏拉图。既然有性善论，当然也有性恶论，这种思想可追溯到先秦法家或古希腊的智者。在人类思想史上，关于人性本善或人性本恶的二元对立的争论，以及各种兼收并包的思想视野，极为精彩，纷繁复杂，显然不是《爱的教育》这类儿童文学作品可以承载的。但教师自己的阅读面越宽，思考得越多，实施启发式教学也才更游刃有余。

有理由认为，性善论与现代教育理念更加吻合。现代教育强调激发人的自主性，因此正直既是需要潜移默化培养的美德，也是能够通过探讨和思考而唤醒的精神的内在生长动力。也有理由认为，唯有心灵正直，方能对世界的真善美保持持续的敏感性。一个正直而成熟的心灵很清楚什么是阳光下的阴影，什么是名缰利锁、得失算计，甚至知道什么是阴谋论的思维方式。

成熟而正直的心灵不会天真地期望阳光消灭阴影，更不会颠倒过来，愿意阴影遮蔽阳光。成熟的心灵知道唯有保持心灵的正直，才能与这个世界更真、更美、更善的事情发生深刻的联系。正直的心灵即使遭遇了人世间的丑恶，甚至发现自己的内心有挥之不去的阴影，也愿意这个世界变得更美、更良善和更正义。也可以说，正是因为正直的心灵有可能坎陷于世界和自身的阴影之中，才更渴望真实的世界像《爱的教育》那样散发着真善美的芬芳。

致力于与学生探讨这类话题的教师切忌高高在上，仿佛自己是道德和真理的化身，而忘记了自己也曾经是一个不喜欢"假大空"的孩子。那种"仿佛"毕竟不是真相，成长中的且渴望真诚交流的心灵很容易揭穿各种以道德或教育之名穿上的皇帝的新衣。当孩子发现了皇帝的新衣，他们更有可能在权威的压力下假装看不见已经看到的东西。完全可能，孩子不自觉地欺骗成年人，也使成年人在麻痹中自欺，成年人又反过来通过自欺释放的信息去污染纯真的心灵和束缚心灵成长的自由。这当然是最糟糕的道德教育，助长伪善而又扼杀人性。

什么是正直？为什么要正直？如何使心灵保持或变得正直？正直与诚实、勇敢、公正是什么关系？一个正直的心灵有怎样的言行，渴望怎样的教育、社会和人类世界？这些问题，有很多探讨的角度，可以较浅，也可以很深，思问教学法特别主张教师带着自己的思考去应对课堂上的不确定性。思问教学法的本质不是带给学生确切的答案，而是激发学生对生活的思考和本真的成长动力。

在借助《爱的教育》探讨这样的话题时，如果教师在课堂上没有办法回答学生的追问，不妨承认自己的无知。这不仅不丢脸，而且可以激发教师更勤奋地阅读、学习和思考，在真正的教学相长中去赢得自身的成长。教师与学生充分探讨之后，也许能够得出这样一个结论——诚实和正直的人方能找到更优质的成长土壤，像《爱的教育》这样的经典名著就是能帮助精神良好发育的优质土壤。

《爱的教育》摘选

老师真的绝望了，站起来匆匆忙忙地离开教室。这时候，乱哄哄的嘈杂声闹得简直到了天翻地覆的程度。突然，卡罗内跳起来，攥紧拳头，环顾四周，大发雷霆地喊道："你们这些畜生，真是胆大包天！老师要是真的打断你们的脊梁骨，你们就会像丧家犬那样匍匐求饶。你们是一伙胆小鬼！谁要是再嘲笑

> 老师,我就把他拖到校外,打掉他的牙齿。"……大家都默不作声了。卡罗内的眼睛放射出愤怒的光芒,好似一头发怒的小狮子,那副威风凛凛的派头还真叫人望而生畏呢。卡罗内一个个地怒视着那几个最淘气的学生,他们都低下了脑袋。

思与问

1 读一读《爱的教育》,选出你认为对正直这个美德描写得最好的文章,看一看你选的文章与其他同学选的文章有何不同。
2 正直这个美德有哪些方面的表现?画一张思维导图,越细越好。
3 一个自以为正直的人就一定正直吗?为什么?

话题二　**坚毅**

　　人的健康成长需要各种美德的支撑。正直离不开诚实,勇气也离不开坚毅。《爱的教育》塑造了一群个性差异很大的孩子形象,文学色彩浓郁,心理描写细腻。卡罗内长得五大三粗,力大无穷,侠肝义胆,发起怒来让人害怕,但他的心地却很善良,性格温和,人见人爱。斯达尔迪是恩利科的另一个同班同学,他的性格有些木讷,习惯沉默寡言,但却具有一种特别突出的优秀品质。有一次恩利科到斯达尔迪家里去玩,发现家境并不宽裕的斯达尔迪通过各种途径收藏了很多图书。斯达尔迪把每本图书都编了号,严谨得就像一个图书管理员。斯达尔迪不苟言笑,恩利科也觉得他缺乏才华。恩利科回家后对爸爸说,他觉得斯达尔迪举止并不高雅,长得也有些滑稽可笑,但却觉得他可敬可亲,也不知是为什么。爸爸则回答说,那是因为他身上有一种特殊的气质。

在斯达尔迪身上,我们最能看到坚毅的美德。《打架》这篇文章描写了斯达尔迪与坏小子弗朗蒂的冲突。起因是弗朗蒂打碎了教室的窗户,而学校教室要用作工人的夜校,因此工人们非常愤怒。一个工人误抓了一个孩子,但斯达尔迪看到是弗朗蒂干的,就告诉了大人。之前,弗朗蒂还威胁过斯达尔迪,不准他说出真相。但斯达尔迪有一颗正直的心,他不能忍受一个无辜的孩子被冤枉。因为这件事情,弗朗蒂决定报复斯达尔迪。弗朗蒂先是在路上欺负斯达尔迪的妹妹,逼得斯达尔迪与他打架。弗朗蒂只比卡罗内的力气小点,但打架却异常的凶狠。"他总是向比他弱小的孩子寻衅闹事、胡搅蛮缠。跟别人打架时,他野兽般地残忍,非把人家打得鼻青脸肿才肯罢休。他那低低的额头给人一种厌恶和望而生畏的感觉,他那混浊的目光隐藏在油布帽舌头下面,露出不怀好意的神情。"

斯达尔迪的力气没有弗朗蒂大,被弗朗蒂压着打,眼睛受伤、耳朵撕裂、鼻子出血。但斯达尔迪却凭着坚毅的意志,不仅绝不认输,还奋力反击直到把弗朗蒂拖累为止。斯达尔迪虽然付出了惨重的代价,但却捍卫了正义和自己的尊严。最后,路过的大人过来干涉,弗朗蒂狼狈而逃。照理说,受伤不轻的斯达尔迪应该心情难过才是,而赢得最后胜利的他应该兴奋才是。可实际的情况是斯达尔迪既不悲也不喜,他只是默默收拾好从书包中散落一地的本子和文具,然后拉着妹妹的手,回家做作业去了。

斯达尔迪的意志坚强不仅表现在打架这样的应急环境下,更表现在日常的学习生活中。斯达尔迪自知天赋不高,但他凭着坚强的意志,居然可以考到班上第二名。书中有一段是这样描述的:"不管是白天黑夜,不管是在家里还是在学校,或者是出去散步,斯达尔迪总是摩拳擦掌,咬紧牙关,持之以恒,拼命学习,像头牛一样,锲而不舍地耕耘着,又像头骡子似的顽强执拗。"斯达尔迪的故事给人很多启示,教师也可就他的故事与学生探讨关于坚毅的话题。

坚毅是一种美德,但与诚实和正直的美德有所不同。抽象地看,坚毅有点类似于力气大,既可用来做好事,也可用来做坏事。但人们仍然愿意将坚毅看作是一种美德,理由是,坚毅是一种较为稀缺的品质,优秀杰出的人总是在不同程度上具有这种品质。即使正邪不两立,人们也更愿意看到正义经过艰苦的较量而战胜邪恶,就像斯达尔迪打架一样。更重要的是,真正坚毅的人往往有积极价值观的支撑,有明确而正面的人生目标。若无积极价值观的支撑,人生就会变得飘移不定,即使天生有坚毅气质的人,也会变成一个机会主义者,从而削弱本来可以变得更加坚强的意志。人们常说,正义必然战胜邪恶,这个说法实际上蕴涵着这样的道理。

教师可根据学生的学段,较有深度地与学生探讨关于意志和坚毅的话题。意志包含志向和意志力两方面的内涵。我们常说,一个人要在年少时志存高远,长大后才有出息。志向是否远大取决于一个人的价值观是否积极,生命视野是否开阔。阅读经典的意义就在于,可以帮助师生超越平凡的生活,邂逅伟大的人和事,学生在教师的启发下,可以放飞想象,充分思考自己的人生和未来。这里有一个现实的矛盾,那就是,教师这个职业是平凡的,很多志存高远的人都不会选择成为教师。认识到这一点,也会使教师坦然面对一个现实,那就是,学生总会超过老师,而这也是教师角色所期望的。与学生探讨远大志向的问题,既要避免空洞说教,也不能看成只是未成年人的专利。事实上,教师也需要不断成长,在自己的职业道路上也有高下不同的志向。教师自己越是能体会到立志的重要性,就越有底气与学生交流志向的话题。以身作则,绝非高喊空洞的教育口号。

相比立志,意志力在真实的人生中更加重要。有些人一开始可能胸无大志,但生活的机缘和坚强的意志力会把他推到一个又一个机会的平台上。这些人有一个重要的优点，那就是，他们总能通过自己的意志力和耐心，克服重重障碍和困难，坚决做好自己的本职工作。一些人可能志大才疏，再加上意志力不够，在人生的旅途中很容易背叛已有的志向和对自己的承诺。我们读书读历史，或者观察现实生活中的杰出人士，会发现意志力坚强的人才可能在尽责尽心的平凡中静候更高的天命的召唤。教师需帮助学生理解，坚毅作为一种美德，往往能够在最看不到希望的地方有所突破。坚毅是人生的刀锋，是突破黑暗的光，是劈开生命的灰暗和混沌的伟大力量——这个说法，不是文学的修辞，而是生命的真实。在关于立志和意志力的话题上，有很多内容可供师生探讨，譬如，立志有什么意义，为何要志存高远？意志力是天生的吗，还是可以后天习得和提升的？无论怎样，借助《爱的教育》思考关于意志的话题，最终的受益者必定既是学生也是教师本人。

《爱的教育》摘选

斯达尔迪并不害怕。他尽管个子矮小，却奋不顾身地向弗朗蒂这个四肢发达、头脑简单的混蛋猛扑了过去，举起拳头劈头盖脸地向他狠打。但斯达尔迪最终招架不住，遭到弗朗蒂一顿毒打。这时，大街上除了女孩没有别人，没人能把他俩拉开。弗朗蒂把斯达尔迪摔倒在地，但斯达尔迪又翻过身来，两人扭打在一起。弗朗蒂像捶打门板似的狠打斯达尔迪。不大一会儿，斯达尔迪的半只耳朵被撕破，眼睛也被打伤，鼻子出了血。然而斯达尔迪是个硬汉子，他吼叫着："你可以打死我，但我会让你付出代价的！"

思与问

1. 说一说你长大后的志向是什么,但要同时评估一下有多大实现的可能性。
2. 观察一下你熟悉的人,你认为谁的意志力最强?请举出一个生动的例子与大家分享。
3. 你认为意志力是天生的还是可以后天培养的?为什么?如果是可以后天培养的,你认为该如何培养?

话题三　责任

　　斯达尔迪虽然令人尊敬,但恩利科最要好的朋友却不是他。这是因为除了令人尊重,友谊还需要另外一些东西的支撑,譬如合脾气、彼此亲近。科列帝是恩利科的好朋友,他的性格与斯达尔迪反差极大。科列帝总是乐呵呵的,他的笑容能给人春风拂面的感觉。恩利科到科列帝家去,发现对方太忙了,除了要照顾生病的妈妈,还要帮助爸爸做事,搬柴、卖柴、算账、跑市场,一样都不能少。科列帝只有利用忙碌之余的时间学习,他经常一边跑一边大声读出在学校学到的东西,每天都睡得很晚,早晨鸡一叫就要起来。

　　相比恩利科的家境,科列帝的家是贫穷的。科列帝虽然羡慕恩利科有闲暇时间玩,但却一点不抱怨自己的生活。有一天,科列帝实在没有时间陪恩利科玩,他向恩利科表示抱歉。恩利科看见科列帝"在马车和铺子之间穿梭来往,猫皮帽子下面的脸像怒放的玫瑰一样漂亮。他精神焕发、动作灵活敏捷的样子,不管谁见到,都会感到无限的快乐"。深受感动的恩利科是这样回应科列帝的:"哦,不,不,科列帝啊,真正幸福的不是我,而是你。因为你学习多，干活多。你对父母更有用，你比我好，比我更善良、更能干一千倍，我的同窗好友科列帝啊！"

在现实生活中，学生的家境也不一样。有的时候，学生之间有意无意地攀比，会严重妨碍心灵的健康成长。教师完全可以帮助学生直面家境差别这个现实，帮助学生明白，就像自己的长相是不能选择的，出生在什么家庭也是不能选择的。对于不能选择的事物，我们是不需要为此承担责任的。但如何面对自己的处境，却是一个人的选择。假如科列帝嫉妒恩利科，对自己不好的家庭处境充满怨言，他的生活肯定是另外一个样子。《爱的教育》并没有交代，为何科列帝可以做到坦然面对生活的磨难，还可以保持如此积极向上的心态。但我们不妨猜测，因为家境贫寒，也因为爱自己的爸爸妈妈，年纪轻轻的科列帝就懂得了什么是自己必须承担的责任。有的时候，责任就像长相和家境一样，不是自己可以选择的，但以什么方式面对和承担责任，却是因人而异的。

像科列帝那样很清楚自己的责任，而且在责任的压力下也总是能够保持对生活的积极态度，这肯定有天性乐观的因素在起作用。但是，像科列帝那样大的孩子，完全可能模模糊糊地意识到，承担责任是他作为一个小男子汉必须做的事，也是他这个个体成长的必由路径。教师可以借科列帝的故事，与学生探讨责任的含义。教师可以问学生，为什么人的天性中有逃避责任的冲动？但为什么往往是勇于承担责任的人才有更好的发展前景？

顺着如上问题，教师可与学生探讨责任的本质，以及不同角色的责任有什么不同。在此基础上，教师可以引导学生思考，一个正在成长的未成年人对于自己的成长有什么责任？特别是，在德性的培养上，自己对自己有什么责任？为什么？这些具有普遍性的问题可以结合学生的实际生活而变得具象生动。探讨这些问题之所以有助于人的精神成长，一个很重要的理由是，人是理性的存在者，当他认识到事物存在的真实价值时，就愿意为实现价值而努力。教育强调激发人的自主性，一个重要的内容就是激发对于自己的成长责任。

懂得责任的内涵并习惯承担责任的人，才不会太任性。恩利科的家境较好，家里让他承担的责任也较少，所以生活无拘无束，有时难免任性。《吵架》这篇文章记录了恩利科的一次任性。恩利科与科列帝是同桌，有一次，科列帝不小心用胳膊碰了一下恩利科，使得钢笔溅出的墨汁弄脏了他的练习本。恩利科一生气，就向科列帝说了几句粗话。科列帝解释说，他不是故意的。当时科列帝刚刚得到了学校的奖励，恩利科将科列帝的解释和微笑理解成了盛气凌人。

过了一会儿，恩利科蓄意报复，他故意撞了科列帝一下，也使对方的一页练习纸被墨汁毁掉了。科列帝知道恩利科是故意的，气得满脸通红，不由自主地举起了手。但他克制住了，对恩利科说，下课以后在外面等。恩利科恢复平静后，知道做错了，但又不好意思向对方赔不是，更不愿意显得是怕了对方。好不容易熬到放学，恩利科一个人走在街上，科列帝追上叫住了他。恩利科高高举起尺子，准备自卫，没想到科列帝跑到他面前微笑着拥抱了他，一场危机化解了，两个小伙伴的感情反而更深了。

这个故事特别感人，说明科列帝既善良，也懂得要主动承担对于友谊的责任。从这个故事中，我们可以看出，责任意味着当事人有心要维系或改变某种状态，也有能力为这个目标而付出。随着人的成长，未成年人会不断设定自己的生活目标，也会与更多的人和事发生关联。这个过程中，想要维系好的状态，改变不好的状态，或追求更好的状态，都是很自然的事情。对这些事情的付出程度，就体现着一个人对自己和他人是否承担了责任。

随着人的责任意识的发展，不顾事情的合理性和他人感受的任性，就会逐渐削弱。与此同时，人也可以尽可能保持自己的童心，并在责任的驱使下提升想象力和创造力的内涵。这样的成长道路当然是值得期待的，可惜只有较少的人能够抵达这个美好的境界。正因为如此，我们的教育才要为着这样的目标而努力。帮助更多的孩子在成长的过程中懂得承担对于自己、他人和社会的责任，懂得无责任之重亦无成长之辽阔——这个信念，正是思问教学法秉承的积极价值观。

《爱的教育》摘选

我没有勇气向他赔不是，因为我不好意思让自己丢人现眼。我偷偷地望了望他，见他绒衣肩上开了线，也许是扛了太多柴而磨破的。我爱他的心情油然而生，心里嘀咕着："鼓起勇气来，向他承认错误。"但"请原谅我"这句话如鲠在喉，无论如何也说不出来。……放学的时候终于到了。我一个人来到街上，科列帝紧紧跟着我。他叫住我，我手里握着学生尺等他。他向我走过来，我举起了尺子。"恩利科，别这样。"他脸上挂着甜蜜的微笑，边说边用手拨开尺子。他又和颜悦色地对我说："恩利科，让我们握手言和，重新成为好朋友吧。"听了他的话，我愣住了，一时说不出话来。他用手拍了一下我的肩膀，我跟他拥抱在一起。

思与问

1. 找一个生活中的事例，说一说你是如何理解"责任"这个概念的；特别是，根据你对责任的理解，谈一谈人对于自己的成长有哪些责任。

2. 有人说，人要承担责任的前提是要有相应的能力。你如何理解这个说法？在什么意义上同意或不同意这个说法？

3. 不同的角色有不同的责任，请想一想，有没有超越角色的人人都应承担的责任呢？请举例说明。

话题四　谦卑

诚实、仁爱、正直、勇气、坚毅、友善、责任，这些美德相互关联，熠熠生辉。人是万物之灵，卓然屹立于天地之间，有时难免会生出骄傲的情绪。但人的心中潜藏着一种特殊的美德去抵销骄傲自大，这种美德就是谦卑。《爱的教育》真是一本了不起的著作，里面的故事几乎覆盖全部的人类美德，但故事情节编排得恰到好处，不会带给读者任何突兀刻意的感觉。若不通过思问教学法的视野去透视，一般读者会止步于文学享受，最多发出"很美""很感人"的感慨。这当然正是《爱的教育》的成功之处：以润物细无声的方式，将美好的事物浸进读者的心田。思问教学法则鼓励教师去透视《爱的教育》之所以感人的更深层次的原因。通过这种透视，教师可以很好地借助其中的故事，与学生探讨对他们终身有益的话题。毫无疑问，能够通过阅读促进精神生命的成长，这才是阅读的根本目的。

爱心与美德是贯穿《爱的教育》的两大主题，仔细辨别当不难发现，无论是爱心,还是美德,大都有自我肯定的属性。爱是积极的,只要有恰当的规范,爱不会嫌多。诚实这个美德并不需要自我限制,尽可能与自欺拉开距离是一件值得追求的事。此外,正直、勇气、坚毅、友善,这些美德都是积极的,都不需要自我设限,也不需要以对其他美德的限制为条件。然而谦卑这种美德却不一样。谦卑者当然首先必须是诚实的,也以爱心和善良为前提。但不同于其他美德,谦卑这个美德会随时提醒当事人,不要骄傲,不要有优越感。哪怕一个人拥有很大的成就,或拥有众多的美德,谦卑这个美德仍然会对他提出自我否定的要求:你只是一个有限的存在者,你的出身、天赋和运气都不是你骄傲的资本,甚至你通过自己的努力强化的美德和获得的成就,也取决于你无法控制的诸多有利因素。归根结底,宇宙中的人是渺小的,谦卑这种美德是以承认这种渺小为前提的。

《爱的教育》有几个故事描写了一个名叫德罗西的孩子,他有极高的天赋,学校成绩好,家庭条件佳,才华出众且相貌堂堂。但德罗西骨子里具有谦卑的美德,与另一个富家子弟沃提尼形成了鲜明的对比。沃提尼一点都不懂得谦卑,他喜欢显摆自己。有一次,他向街上的一个男孩显摆他的金手表,那男孩一直没有反应,既不夸赞金表好看,也不流露出羡慕或嫉妒的神情,这让沃提尼很生气。实际上,那个男孩是个盲童,什么也看不见。沃提尼完全不明白,他的出身是偶然的,家庭财富也不是他本人努力的结果,他完全没有骄傲的资本。

相比沃提尼,德罗西应该更有资格骄傲,因为他总是得班上的第一名,除了高天赋,取得好成绩毕竟也要通过本人的努力和付出。有一次,德罗西的作文又得了第一名,老师又当众表扬了他,这刺激了沃提尼的嫉妒心。他有意打了一个很响的喷嚏,以表达自己的不满。大家都知道沃提尼为什么这样做,老师也提醒他,不要让嫉妒的毒蛇钻进身体里。沃提尼根本听不进老师善意的提醒,他在纸上写道,自己并不羡慕靠着老师的呵护而得第一名的人,他想下课时将这句话送给德罗西。一些同学看不惯沃提尼,下课时送给他一枚纸奖章,上面还画了一条黑蛇,气得沃提尼浑身发抖。德罗西看到了,他要求同学们把奖章给他。大家都以为德罗西要亲自羞辱沃提尼,没想到,德罗西当着沃提尼的面将纸奖章撕得粉碎。

《爱的教育》没有讲,为什么德罗西具有谦卑的美德。但我们不难猜想,一定是德罗西的家庭环境和父母修养起到了潜移默化的作用。这也进一步印证了谦卑者看待世界的方式:我们被无法控制的偶然所包围,即使有幸养成了一些美德,也离不开道德运气的作用。为此,我们可以做一个思想实验。假如沃提尼生活在德罗西的家庭,而德罗西生活在沃提尼的家庭,他们在是否拥有谦卑美德这件事情上,会不会正好相反呢?《爱的教育》不可能以讲故事的方式去探讨这些问题。但思问教学法却要求教师从感性思维层面上升到理性思维层面,通过教师的思考去激发学生的思维发展和精神成长。在世界和思想面前,每个人都必须谦卑。但谦卑不等于消极,更不意味着要否定人对于自己成长的责任。

《爱的教育》摘选

我目不转睛地望着沃提尼,沃提尼面红耳赤。他漫不经心地拿起字条,趁别人不注意,偷偷地将字条揉成一团,放到嘴里,嚼了一会儿,吐在桌下。放学的时候,沃提尼正好经过德罗西跟前,不知所措的沃提尼把吸墨纸掉在地上。热心肠的德罗西赶紧帮他捡起来装进他的书包,并帮他把书包整理好,系好带子。沃提尼一直不敢抬头望德罗西一眼。

思与问

1. 用自己的话说一说，谦卑这个美德与其他美德有何不同。
2. 观察一下自己身边的人，有没有谁有足够的理由骄傲，但仍然具有谦卑的美德？讲一讲观察到的事例。
3. 有人说"人是万物之灵"，也有人说"人本质上是渺小的"，你如何理解这两个说法？这两个说法是冲突的，还是可以协调的呢？你是怎么思考的？

话题五　美德何为？

每一种美德都有它的功用。仁爱就像温暖的阳光充实着人的内心，仁爱之人本质上是善良的，不会以仇恨或阴谋论的眼光去看世界。唯仁者能爱人，唯仁者能恶人。因此仁爱而成熟的人往往是兼有智慧的，他们绝不否认人性中潜藏有恶，更不会假装看不见现实世界中的名利之争、平庸无聊和阴谋诡计。仁爱之人也会不时陷入糟糕的处境，但他们却希望世界变得更好，也愿意力所能及地为这种变化作出自己的贡献。仁心是一切美好的源起，仁者安仁，仁者无敌。

诚者天之道，诚实之人也可能有不自觉的自欺，但他们会随时警惕自欺，首先防止以各种堂皇的理由包装的虚假意识去左右自己对世界的理解和生活的选择。诚实的人并非永远不撒谎的人，仿佛一只纯洁无辜的小白兔。成熟而不自欺的人当然知道善意的谎言的社会功能，也知道特殊情况下的谎言有其合理性，因为他们不会漠视真实世界的博弈论属性。敢于直面自己的问题和世界的缺陷，既是诚这个美德的要求，也内在地体现了唯有基于诚才能被激发的存在之勇气。

正直以仁爱和诚实为前提，要求当事人跳出利害得失看待个人生活和社会世界。正直的人有明确的公私界限，不会偏私而废公。正直的人承认他人像自己一样，是一个有特殊价值的个体，也有专属于自己的追求和喜怒哀乐。因此正直的人不会有控制他人的愿望，会将每个人当作本质上的平等者加以对待。正直的人会有更开阔的人类视野，他们敏感于社会正义的话题，认为正义是实现社会美善的前提。正直的人不必是没有缺点的完人，他们有嫉恶如仇的一面，但总体而言对异己者持有一颗宽容的心。

正直之人往往在正义受到侵犯的关键时刻显示出强大的勇气。最能体现勇气的场所是战争，英勇的将士为了捍卫正义事业可以置生死于不顾。日常生活中的勇气离不开理性批判精神，当事人不仅要有愿望和行动去改变有缺陷的现状，更要有魄力直面和改变自己的不足，因此勇气这个美德首先体现在人的自我突破和自我超越上。在面对他者的时候，勇气这个美德特别需要仁爱、智慧和正直为其赋予积极的内涵，否则就有危险沦为不讲原则或策略的蛮勇。

勇气对于责任意义重大。责任意味着担当，懦弱者总会在名利受损的风险面前选择退却。责任的增长与人的成长形影不离，对于未成年人而言，首先是对自己健康成长的责任。这同时意味着，教师、家长和其他成年人，有责任与未成年人交流什么是健康的成长，特别是看不见摸不着的心灵的健康。只有对自己、他人和社会承担责任的人，才不会因生命中不可承受之轻而迷失方向。责任增加了生活的重量，也赋予了人生更开阔的意义。

关键时刻承担责任需要勇气，平凡中推进责任则需要坚毅。意志坚强的人往往知道自己的志向是什么，也更有勇气对各种干扰和诱惑说不。坚毅者的生活更有锐度，更有可能防止大千世界的花红酒绿腐蚀自己的心灵。坚毅这个美德也许有先天源头，但后天的训练和逐步提升坚毅等级带来的报偿，可使这个美德在任何人身上生根。坚毅和耐心是决定一个人生命高度的关键变量，坚毅者才有可能领悟什么是"岁寒，然后知松柏之后凋也"。

即使一个人取得了世人赞叹不已的成就，但他终究是一个有限者。实现了伟业而妄自尊大的人忘记了，人终究不过是天地之间的蜉蝣，朝生暮死，概莫能外。远离伟业的普通人若骄傲自大则更加可笑，不明白一切皆因缘际会，事业、名誉、幸福都离不开若干有利于自己的偶然因素。因此谦卑的人往往懂得感恩，他们不知道这一切的最终机缘是什么，但知道有一些更高的东西超越了却又影响着人的努力和自主性。

以上对美德的简要归纳不一定适合未成年人的理解力，因此教师基于类似的理解并借助《爱的教育》去激发潜存于儿童和青少年内心的美德，就是一件特别有教育意义的事情。每一种美德都有它的功用，但美德之所以美，恰好在于超越了无所不在的功用思想。美德因其自身的内在价值而熠熠生辉，并不取决于涵养和坚守美德的人获得了什么好处。如若首先想到要获得什么好处才亲近美德，就如同要通过无所不在的算计去理解生活的真谛。以这种方式打量世界的精致的利己主义者，不过是在做类似于水中捞月的滑稽事。不外于美善的世界真相，在功用思想左右的不断打捞的劳作中变得支离破碎。当真相隐身而退时，这个世界将只剩下真实的功用和由功用强撑着的伪真。

美德为什么美？让我们首先感受这个问题对心灵的撞击，并通过我们的心去倾听绵延于天地之间的回音。希望这个回音通过思问教学法和对《爱的教育》的阅读探讨，始终萦绕在师生的心中。

《爱的教育》摘选

这是春天里最美丽的一个早晨。从学校的窗口可以看见蔚蓝色的天空，公园里的树木抽出了嫩芽，绿油油的草地散发出清新的气息；窗台上摆满了鲜花，窗户上悬吊着花篮。……可以看出，老师呼吸到窗外花园里的清新空气，闻到泥土和树叶的浓郁芳香，像吸饮甘露那样神清气爽，又如同在乡间漫步那样悠闲自在。……当我看到母亲正在街上等我时，说实话，我从没有像今天上午这样高兴过。我迎上前去问母亲："妈妈，我真高兴。今天上午我为什么这样高兴呢？"母亲微笑着回答说："这是因为春天是美好的季节，而且你心地善良。"

思与问

1. 请用思维导图画一张"美德地图"，按照自己的理解，画出美德之间的相互联系。

2. 设想一个外星文明，这个文明有很高的智能，有强大的计算能力，但却不知道什么是美德。尽可能想象这个外星文明的特征，然后说一说你是否愿意生活在那个文明中，并说明理由。

3. 人的世界离不开功用，不讲功用的世界是奇怪的，科技的发展大大提升了人类改造世界的功效；但是，美德又不能完全用功用思维去理解。你如何看待功用与美德之间的紧张？有什么办法协调它们之间的紧张？

《假如给我三天光明》的思与问

人类的奇迹[1]

《假如给我三天光明》这本书的书名很是奇特。如果你还没有听说过这本书,仅仅从书名上,你会有怎样的联想呢?光明,难道我们每天不是生活在光明之中吗?阳光普照大地,我们眼前的山川河流、树林花草、飞禽走兽、人来人往,哪一样离得开阳光呢?世界上所有的东西,都有特定的大小、形状和颜色,正是这些因素,组成了大千世界。壮美辽阔的绿色草原,绵延起伏的灰色山脉,无边无涯的蓝色大海,景色秀丽的乡村风光,熙熙攘攘的城市生活,其中的哪一样东西会没有自己的大小、形状和颜色呢?

无论是艳阳高照、阴云密布还是风雨交加,我们眼前的世界,最多只会从一种色彩变成另一种色彩,从一种形状变成另一种形状。一些东西会由小变大,如雨后的小池塘;一些东西会由大变小,如凋谢的向日葵。至于天上的云彩,随风摇曳的芦苇,会快速改变它们的形状。是的,用我们的双眼观察世界,会发现一切都在变化。有的时候,变化使人惆怅,如秋风吹落发黄的树叶。有的时候,变化使人期盼,如春露沾湿破土的种子。世界在变化中显得有趣而精彩,我们目睹世界的变化,自己也在不知不觉中成长。要感知这么精彩的世界,离不开光明。就算是万籁俱静的黑夜,只要明月当空或星斗满天,也能照出大地的轮廓、群山的曲线和万物的影子。繁星点点,银河缥缈,几颗流星划过天际,这一切,正好显现宇宙的瑰丽和神秘。关键是,

---

[1] 这篇文章载于《爱与思:儿童文学经典解读》,标题有改动。参见:刘莘.爱与思:儿童文学经典解读[M].桂林:广西师范大学出版社,2021.

我们有理由相信太阳还会升起，一个五彩斑斓的世界还会再一次呈现在我们的眼前。因为我们有能够看见世界的眼睛。

《假如给我三天光明》的作者是海伦·凯勒。海伦在很小的时候双眼就失明了，她还没有来得及在脑海中存贮关于这个美丽世界的真实回忆，就永远生活在了黑暗中。没有光，看不见万物，无法观察色彩和形状以及世界的变化，这不是生活，这是囚禁。囚徒好歹生活在希望中，他们知道外面的世界是怎样的，知道自己还有多久可以离开囚牢。海伦却不一样，囚禁她的牢笼无限大，被囚禁的时间无限长。海伦的囚笼密不透风，黑暗无边。这个囚笼与海伦完全连为了一体，她哪里是生活在囚笼中，她就是囚笼。

《假如给我三天光明》讲述了海伦的传奇故事，告诉我们她是怎么打破这个囚笼的。不要以为海伦恢复了视力，看见了光明。事实上，海伦终身失明，从未见过光明，也没有关于光明的记忆。更糟的是，一岁多夺走海伦视觉的那场大病，也同时夺走了她的听觉。没有光的世界本来就足够可怕了，这个世界偏偏还是寂静无声的。看不见，听不见，没有光，没有色彩，也没有声音。失去听觉，再也听不见风声、雨声、读书声，再也听不见母亲的呼唤和婴孩的啼哭。早年失聪的人，不知道什么是喜悦的笑声，什么是悲痛的哭声。不知道雷霆万钧的战车与细若游丝的低语之间的区别，听不见爱的呢喃与恨的怒吼。特别可怕的是，失去听觉的人不知道什么是音乐，不知道旋律和节奏，无法理解音乐之美如何陶冶人的情操和激荡心灵的自由。音乐在时间的旋涡中流淌，突破了语言和空间的限制，哪里有音乐，哪里就有生命的气息。可在海伦的世界里，一切都是黑暗，一切都那么寂静。那个世界是吞噬心灵的黑洞，无法分辨事物，不知道变化，没有天，没有地，没有美，没有生气，更没有希望。

海伦生于1880年，她一岁多失去视觉和听觉以后，终身生活在黑暗和寂静之中。死亡的样子很可能就是黑暗和寂静，但死者的幸运在于，他并不知道这一切。海伦却不同,她是活着的,能够通过嗅觉和触摸来感知这个世界。嗅觉让我们分辨香臭,知道不同物体有不同的气味。触摸将物体的质感传递给我们,硬的、软的、滑的、尖的、细腻的、粗糙的,等等。海伦的问题在于,她能摸能嗅,知道有一个世界。可这个世界偏偏向她屏蔽掉了最重要的属性——色彩、形状和声音。海伦的处境类似于一个陷阱,你明明知道深陷其中,却又爬不出来,越挣扎,越痛苦。

更糟的是,在逐渐长大的过程中,海伦知道家人的世界与自己的是不同的。家人能够自由行动,能够自由交流和表达,海伦不知道他们是怎样做到的,但她知道他们能够而她却不能。随着海伦由婴孩成长为儿童,外面的世界一如既往的黑暗和寂静,可是,她的内心世界却开始变得丰富而复杂。婴孩的内心世界是混沌而简单的,饿了渴了困了病了就哭、就吵,需求满足了或身体舒适了就睡、就笑,就在安静中成长。走出婴孩期的儿童则不同,他们开始有了内心世界,知道有些愿望是不可能或不应该得到满足的。他们开始知道,有些愿望即使是被允许的,也需要时间、耐心或自己的努力。

正常的儿童能够察言观色,能够通过语言去了解自己的愿望与其他人的愿望的区别或冲突,能够自然地识别家长、老师等权威人物的意图。对于正常儿童,愿望的满足或不满足,自己的愿望与他人愿望之间的冲突或协调,都是他们成长的契机。正常儿童的内心世界与外面那个世界是联通的,都有色彩、有声音、有规律。可怜的海伦,她的身体、情感和思维也在成长,可她与世界之间却有一堵无法逾越的墙。这堵墙看起来是阻塞了海伦与世界的关联,实际上也阻塞了她的心灵的发展。正常人的喜怒哀乐是有规律可循的,春风吹绿柳枝使人愉悦,严寒冻死牛羊令人伤悲,悠扬的小提琴消减人的苦恼,密集的战鼓声激扬人的斗志。可对于海伦,两个世界是隔离的,并且它们都是残缺的,这真是太不公平了!

《假如给我三天光明》居然是又盲又聋的海伦写的,这本书在世界范围内具有重大影响。《假如给我三天光明》的作者是一个奇迹，阅读这本书，我们才会知道这个奇迹是从哪里来的。海伦的奇迹始于她六岁零九个月，家里为她请来了安妮·莎利文老师。接近七岁的海伦尽管看不见听不见，却精力旺盛，喜欢到处搞破坏。只要能够摸到的东西，都可能是海伦破坏的对象。这太可以理解了，对于海伦而言，破坏是她与这个世界的联通方式。海伦的内心就像一头四处乱撞的野牛，被困住了却不知道为什么，想要冲破困境却不知道出路在哪里。

正常孩子的情绪富有变化，喜悦、哀愁、愤怒、安宁、担心、忧郁、亢奋，轮番掠过内心并与大自然和人世间的丰富生活联为一体。对于海伦，烦躁和愤怒是她情绪的主要模式，破坏是她了解世界和表达自己的唯一办法。莎利文老师初次见到海伦的情景是这样的："我刚登上台阶，海伦就朝我猛扑过来，她的力气很大，如果不是凯勒先生（海伦爸爸）站在我身后，我几乎要被她撞倒了。她用手触摸我的脸，我的衣服，还把我的包拿过去，试图将它打开。……（海伦）性情很冷淡，除了她母亲之外，她对任何人的爱抚都显得很不耐烦。她脾气暴躁，也很任性，除了她哥哥詹姆斯，没有人管得住她。接触了几天之后，我发现海伦实在是太顽劣了。"这段文字摘自莎利文老师关于海伦成长的回忆录。

如果说海伦是一个奇迹，莎利文老师就是创造奇迹的人。莎利文老师只比海伦大14岁，当她出任海伦的家庭教师的时候，只有21岁。莎利文老师一生只有一个学生，那就是海伦。自认识海伦之后，莎利文老师陪伴海伦走过了接近50年的岁月。莎利文老师本身的成长经历非常不幸，家境贫寒的她，母亲早逝，父亲养活不了她和别的孩子，10岁时就被迫寄居于贫民救济院。莎利文老师与海伦有类似的不幸，她患有眼疾，11岁手术失败后，眼睛失明。莎利文老师在不幸中生活了三年，直到14岁，也就是海伦出生那年，她才有了去盲人学校学习的机会。莎利文老师16岁那年，经过成功的手术，视力得到了部分恢复。莎利文老师的这段经历虽然痛苦，但却为日后教育又盲又聋的海伦打下了基础。莎利文老师以优异成绩从盲人学校毕业，来到了海伦身边。创造奇迹的人和潜在的奇迹，就这样偶遇了。

在中文世界，《假如给我三天光明》这本书的主体内容是海伦在23岁时出版的《我生命的故事》。"假如给我三天光明"本来是一篇散文，是成为世界名人以后的海伦为一本杂志写的，那时的海伦已经50多岁了。我们今天阅读《假如给我三天光明》这本中文书时，最好先看海伦的成长自传故事，再去读《假如给我三天光明》这篇散文。两个时期的作品，即使翻译成中文，也明显能够感受到行文的区别。海伦的成长自传朴实感人，《假如给我三天光明》这篇散文则开阔深刻。无论怎样，流行于中文世界的《假如给我三天光明》这本书，能够让我们见证一个伟大的奇迹。

在这本书中，我们能够看到，一个曾经失明的年轻老师，如何驯服了脾气暴躁的小海伦。从此以后，海伦有机会在理智之爱中成长。海伦仍然无法看见和听见，但莎利文老师却给海伦带去了文字和思想之光。正是在看不见的光的照耀下，海伦逐渐学会了与黑暗和寂静和解，她内心的愤怒转化成了信念、爱和自由。

海伦的奇迹始于她对文字的掌握。海伦要通过手的触摸去学习盲文，开始的时候非常缓慢困难。可当海伦发现万事万物都有名字，并且自己也可以像常人那样理解和运用这些名字的时候，她与世界的关联方式，就从实物破坏转变成了语言表达。随着海伦识字量的增加和阅读水平的提升，她开始学习写作。最初，海伦能够写的东西非常简单。可一旦文字之光撕裂了黑暗，就会带来更高级的思想之光。通过写作和思考，海伦与世界的关系再一次发生转换，表达的愿望提升成了创造的愿望。

本来，海伦只是想要创造自己的光明世界，却没想到，实现这个梦想的艰苦旅程居然变成了点亮全世界的奇迹。海伦看不见，却写出了感天动地的文章。海伦听不见，却学会了公开演讲。海伦不能自己行动，却促进了关爱残疾人的全球行动。海伦的奇迹是爱的胜利，也是坚韧不拔的意志的胜利。你想了解这个奇迹吗？你想通过海伦的奇迹实现你生命的奇迹吗？请打开《假如给我三天光明》，想象你就是在黑暗和寂静中四处摸索的海伦。用你的心去阅读和体会，才可能真正理解海伦的奇迹和人类心灵自由的奇迹。

语言的魔力[1]

《假如给我三天光明》的作者海伦·凯勒是一个奇迹。海伦又盲又聋，却通过自己的顽强意志，实现了生命的逆袭，成为了世界著名作家和残疾人的光明大使。这一切是如何可能的？教师可以精读这本书为契机，与学生充分交流一些富有启迪的话题，包括生命、世界、语言、意志、阅读、写作，等等。海伦的经历对于所有正常孩子都是陌生的。正因为如此，借助这份弥足珍贵的阅读体验，以及由之带来的心灵震撼，才能有效激发未成年人去思考一些重大问题。这些问题值得深入探讨，借助这本名著带出来的惊奇，很可能会成为心中时隐时现的谜。这是生命之谜，也是成长之谜，其中还蕴涵着整个存在之谜。这些谜一样的问题和谜一样的感受意味着什么，需要师生在思与问的互动中一起去倾听，并通过海伦的精神脉动激发属于每个人自己的回应。

话题一　**生命的奇迹**

海伦的一生堪称奇迹。与之对比，普通人的生活似乎很平凡。就拿学校

---

[1] 这篇解读是专门写给教师的。在《爱与思：儿童文学经典解读》中，也有一篇名为"语言的魔力"的文章，是专门写给学生的。两篇同名文章的内容有差异，难度也不同，有兴趣的教师可对比阅读。

生活来说，学生听课读书做作业，教师上课教学改作业，这些都是再正常不过的事情。人们之所以喜欢听故事，特别是精彩的故事，就是因为在日常生活中往往遇不到神奇的事和伟大的人。阅读《假如给我三天光明》，似乎更强化了这样的印象——海伦的故事很励志，因为她是一个奇迹。而我们只是普通人，确实需要被这样的奇迹来激励。以励志的视野去解读《假如给我三天光明》是通常的做法，也没有什么错。不过，教师还可以借助这本经典名著与学生探讨一些更有深度的话题，从更丰富的维度提升励志的效果。

整本书阅读的思问教学法主张，阅读经典名著以及通过课堂教学展开讨论，最终目的是要促进学生的思维发展和精神发育。像海伦这样励志的故事本身就具有这样的功能，而由教师主导的阅读教学则可以首先展现出比一般的励志维度更深刻的内容，从而激发未成年人对自己就是一个生命奇迹的理解。唯有这样，孩子们才可以借助这部奇迹般的作品认识到，每一种生命形态都是一个伟大的奇迹，而看似平凡的生活实在是生命奇迹给予我们每个人的一份特殊恩典。

让我们先来思考一下什么是"奇迹"。在科技还不发达的古代，人们普遍持有神秘的信仰。像风雨雷电这些在今天看来如此自然的现象，都是神秘和不可捉摸的。古人大都虔诚，他们为了风调雨顺要向神灵祈祷，也相信五谷丰登离不开神灵的保佑。在灾荒和战争年间，人们的生活极为艰难，死亡和不幸随时都可能降临到自己身上。人们对这一切深感无力，特别期望有神迹发生，或有高于人的拯救者降临人间。神迹是以宗教信仰或神话为背景的奇迹，古人心中的奇迹大都不离这个范畴。

但是，随着近几个世纪人类科学和理性思维的发展，混合着迷信的神秘信仰已越来越式微。今天，谁要是再把生活前景寄托于超验的奇迹，就可以判断，这样的人没有受过现代思想的洗礼。在21世纪，即使是虔诚的宗教信仰者，他们对日常生活和职业生活的筹划也要依靠理性和科学。但这并不意味着，科学与奇迹是完全冲突的。更真实而复杂的情况是，随着科学对自然世界的探索越来越深入，人类意识到，整个宇宙的存在，都是一个伟大的奇迹。面对这个伟大的奇迹，科学可以对经验现象的"如其如是"进行解释，但科学思维方式却无法回答比经验现象更深的"何以如其如是"的问题。

生命是一个巨大的"逆熵"奇迹。目前，唯有在地球上才发现有生命。也许在不久的将来，科学家会在太阳系内或太阳系外的别的星球上发现生命迹象或生命的初级形态。但要发现另一个拥有复杂生态圈和高级生命的星球，却不是一件容易的事。抽象地看，宇宙那么大，有上万亿个类似于银河系的星系，每个星系都有上千亿颗恒星，每颗恒星都有一定的概率拥有行星，只要对生命演化的各阶段进行概率赋值，哪怕是一些很小的值，宇宙中也会到处都有高级生命和高级文明。毕竟，宇宙太大了，而且人类科技目前判断宇宙已经诞生了130多亿年，怎么会没有比人类文明早发展百万年、千万年甚至上亿年的高级文明呢？从宇宙的角度来看，宇宙中还有别的高级生命仿佛只是一个大概率事件，根本不是什么奇迹。然而，变换一下角度，似乎更能凸显生命的奇迹。

一个是科学的角度。生命是在地球的自然环境下长期演化的结果。地球上孕育出生命，取决于很多偶然的条件。如果地球离太阳的距离稍近一点或稍远一点，都不可能有适合生命繁衍的环境。如果地球自转的倾斜度稍微变化一点，如果地球没有磁场，如果地球上空没有臭氧层，如果地球……，只要任何一个"如果"成立，地球上都不可能有生命，甚至不可能形成作为生命物质基础的DNA双螺旋结构。我们把视野扩展到整个物理世界，如果任何一个物理定律有所改变，如果任何一个宇宙常数不是现在这个样子，如果物质与能量的关系不是如此这般，如果……，只要任何一个"如果"成立，宇宙都可能不会存在，更不用说地球上的生命了。换言之，人类可以具体理解的生命的存在是以排除了无数多的"如果"为前提的，从这样一个科学视野来看，生命堪称宇宙中最大的奇迹。

另一个是哲学视野。关于生命的诞生，哲学更加好奇的是，这一切仅仅是因缘际会的偶然，还是背后有什么人类理性无法探明的目的？如果这一切仅仅是偶然，为什么会诞生像我们这样能够思考自然必然性、生命的意义和存在的终极目的的高级智慧生物？只有这样的智慧生物才有意识和思维，从而承载着比自然现象更复杂的精神现象，这难道不是自宇宙诞生以来最大的奇迹吗？特别是，假如没有精神现象，没有能够感知和思考的高级生命，宇宙对于自身就不过是像任何一个自然物对于自身那样，是绝对的同一，也是绝对的无明。如果宇宙的诞生本身不是一个神迹，我们又如何理解宇宙可被我们理解这件事情？我们对于自身和宇宙的理解，可以最终抵达自明的境界呢，还是最多只是一种界于蒙昧和自明之间的高级无明？无论怎样，居然存在着可以面向存在的深渊这样发问的存在者，这难道不是一个最不可思议的奇迹吗？

海伦的生命奇迹隶属于更大的奇迹。上述科学和哲学的视野使我们超越熟悉的日常生活去追问究竟什么是奇迹。哲学与科学都隶属于人类的理性事业，虽然哲学的思维方式和内容没有办法还原成科学思维及其成就。一般的语文教师不必成为科学和哲学领域的专家，只需回归自己的童心，深切感受上述那些问题和思维方式对于心灵的冲击。思问教学法特别强调教师借助经典阅读与学生共同成长，并将课堂形象地理解成在不确定性中得到激发和发展的集体"生命"。总之，经典阅读需要教师有能够拓展经典的思想视野，教师才不会以"心灵鸡汤"似的配方与学生交流《假如给我三天光明》。有了关于生命奇迹的更开阔的视野，教师可借助学生阅读这本书之后拥有的原始震撼感，帮助每一个孩子认识到——自己恰好是一个奇迹，而且是一个正在打开的拥有几乎无限可能性的生命奇迹。

《假如给我三天光明》摘选[1]

如果奇迹真的让我获得了三天光明,而随后我的生活又将归于黑暗,我会将这宝贵的时间分为三份。第一天,我要看看每一个善待我、陪伴我的人,感谢他们让我的生命变得有意义。……在能够拥抱光明的第二天,我将伴着黎明的晨光起身,去看那暗夜转化为白昼的奇景。我将怀着敬畏的心情,去看太阳以自己的光辉唤醒沉睡大地的壮丽全景。……到了午夜,我摆脱失明的短暂片刻就要结束了,永久的黑暗将再次向我逼近。在那短短的三天,我自然不能看到我想要看到的一切。只有在黑暗再次向我袭来时,我才感到还有很多东西没来得及去看。然而,我的内心充满了灿烂的回忆,因此我不会有时间去懊悔。

思与问

1 "奇迹"这个词使你会立刻联想到什么?采访几位同学,看看每一个人对奇迹的理解有什么不同之处,又有什么相似之处。
2 每个人的生命都是一个奇迹——你赞同这句话吗?说说你的理由。
3 观察并思考包围我们的世界,上至日月星辰,下至飞禽走兽,你认为这个世界最大的奇迹是什么?为什么?

---

1 [美]海伦·凯勒.假如给我三天光明[M].林海岑,译.南京:译林出版社,2017.(下文《假如给我三天光明》的摘选均出自本书)

话题二　感知的世界

　　让我们想象一下海伦的世界。是的，我们只能想象，无法感受。正常人闭上眼睛捂住耳朵也看不见听不见，但正常人的眼睛里仍然有光感，耳朵中仍然有嗡嗡声，这与绝对的黑暗寂静还有些区别。暂时忽略这些区别，学生可以在绝对安全的环境里闭上眼睛捂住耳朵，去做几件平时感觉特别容易的事情，这样可以更好地理解海伦生活在一个怎样的世界里。然而，正常人的想象也好，试图模拟看不见听不见而产生的理解也罢，都无法真正抵达海伦的世界。因为我们心中承载了太多关于这个世界的视觉和听觉信息，这些信息一直在不知不觉间架构着我们的心智。要真正抵达海伦所处的黑暗和寂静的世界，必须彻底清空我们的心智内容，而这却是不可能的。

　　海伦的不幸在于，她失明和失聪得太早，没有留下关于视觉和听觉的几乎任何记忆，类似于先天残疾。这与有记忆之后失明失聪有本质的区别。在这种情况下，当事人也很不幸，但视觉和听觉记忆会成为持续连接黑暗寂静世界与光明喧嚣世界的桥梁。因为有感知记忆的桥梁，当事人知道，自己虽然不幸，但毕竟与正常人共处同一个世界。只是因为感知器官出了问题，这个世界才不向自己显现进一步的信息。有记忆之后失明失聪的人，与海伦的情况有本质上的不同。海伦的问题在于，她如何可能理解一个有视觉和听觉的世界呢？

　　我们以色盲为例来回答这个问题。完全色盲的人的眼中只有黑白灰，不懂什么是色彩。我们当然可以用语言为色盲者描述什么是赤橙黄绿青蓝紫。色盲者也知道这些词对应着不同的色彩，他们甚至可以记住"早晨的太阳是红色的""晴朗的天是蓝色的""新鲜柠檬是橙黄色的"，他们绝不会犯语言上的错误。但色盲者仍然不可能具象地懂得什么是色彩，他们只是抽象地知道世界上的万事万物都有色彩。他们甚至知道，色彩有各种各样的组合，有色彩的世界更加精彩。但他们却无法具体地知道无色彩的世界与有色彩的世界到底有多大区别。

完全色盲的人从来没有亲历过有色彩的世界，那个世界实际上对于他是陌生而隔绝的。随着科技的发展，已经有各式各样的色盲眼镜去帮助色盲者获得色彩知觉。有些色盲者仅仅是失去了对某些色彩的感知能力，他们戴上色盲眼镜看到一个完全不同的世界，内心也会充满着欣喜。在一些实验中，重度色盲者戴上高科技的色盲眼镜后，他们环顾自己觉得熟悉的世界，突然受到色彩斑斓的陌生世界的冲击，往往会喜极而泣，因为他们此前完全想象不出来有色彩的世界会如此美好迷人。

海伦出生于19世纪后期，那时医疗技术还不发达，她因为一场在今天看来很普通的疾病而同时失去了视觉和听觉。海伦只有一岁多，从死神阴影中捡回一条命的她根本意识不到自己失去了什么，毕竟那时的她还没有形成自我意识。随着海伦的成长和自我意识的形成，她开始发现自己的世界有什么地方出了问题。身处一片黑暗和寂静中，海伦会通过触摸和碰撞渐渐意识到有一个世界包围着自己。海伦发现，她对自己的感知与对世界的感知是不一样的，两种感知很难协调地关联在一起。

任何心智正常的人都有喜怒哀乐的情绪，有身体的知觉，还有心中想要做的事情。正常人对自己的感知与对世界的感觉是紧密关联的，前者往往以后者为前提。譬如，阴霾的天气可使一个人的情绪变得低落，但一个情绪低落的人即使在阴天，也可以通过阅读、听音乐、运动、游戏等活动而重新将自己的情绪提升起来。当一个正常人满怀希望的时候，他知道自己想要做什么，他可以立刻在心中构思自己的计划和行动。然而，一个正常人的心中所想，与他的眼中所见和耳中所闻是完全不可分割的。人生活在世界中，世界以他能感知的方式向他显示。

人有各种感觉器官，眼睛、耳朵、鼻子、舌头，再加上身体的触觉，使我们与世界关联起来。人的感官与其他生物相比并不算特别发达，譬如人看不见红外线，听不见次声波。但人不仅生活在自然世界里，还生活在人的世界里，正常的感官不仅保障我们与物的世界打交道，也支撑着我们与人的世界打交道。人的世界是目的、意志和意义的世界，也就是精神的世界，里面交织着各种欲望、情绪、想象、现实、追问以及理想。正常情况下，感官世界与精神世界是互通有无和协调一致的，但在成长中的海伦那里，情况则完全是另一个样子。

海伦是什么时候意识到，自己的世界与他人的世界是不一样的呢？在《假如给我三天光明》中有一段话是这样的："我记不清什么时候开始意识到自己与众不同，不过这肯定是在莎利文小姐来之前。我发现母亲和朋友们交谈时用嘴，而不像我一样用手比划。有时候，我站在两个谈话的人中间，用手触摸他们的嘴唇，可还是不懂他们说什么，感到很困惑。我嚅动着嘴唇，拼命打手势，结果无济于事。有时，这使我气急败坏，我会使劲跳脚，大喊大叫，直到筋疲力尽方才罢休。"海伦实实在在地发现，她的感知世界与其他人的感知世界居然是不同的。然而，那时的海伦还小，完全没有办法理解和描述这种不同，因此发脾气和搞破坏就是她唯一的办法。

《假如给我三天光明》是一本非常难得的生命之书，教师可以借助海伦的记述与学生探讨这样的问题：如何理解我们的感知世界？如何理解感知世界与精神世界的关系？这样的问题看起来有点晦涩，但却是通达人的自我认知与生命奇迹的桥梁。只要教师用恰当的语言去启发，小学中高年级以上的学生完全可以有自己独特的理解。孩子们将带着自己的理解促进自己的成长，海伦的故事不能仅仅成为榜样式的外在励志的范例，还应该转化为生命成长最需要的内在动力。教师需帮助学生理解到，海伦的问题不仅仅在于视觉和听觉的缺失。更重要的是，海伦的感知世界只是由触觉、味觉和嗅觉构成，这对于正常人而言几乎是无法想象的，完全没有办法支撑她的精神发育。被关闭在绝对黑暗寂静的世界里，就像有一堵无所不在而又如影随形的墙将海伦与他人阻断了。

然而，精神的发育最需要的是沟通，而沟通的前提则是，大家有类似的感知世界。假如海伦没有遇见莎利文老师，她的人生很可能会成为一场十足的悲剧。要是没有找到恰当的办法，海伦的精神将无法正常发育，她的世界很可能在混乱无序中彻底崩溃。教师要想办法帮助学生真正理解到，对正常人而言，拥有一个健全的感知世界意味着什么，成长中的我们与成长中的海伦的最根本区别是什么。只有深入理解了这件事情，海伦的奇迹才能够被真正理解。在这个基础上，我们才可能继续追问——海伦的奇迹最终是凭借什么而发生的？

《假如给我三天光明》摘选

我，一个盲人，能够给有视力的人一个提醒——给将要充分利用视力这一天赐之物的人一个告诫：像明天就要失明那样去使用你的眼睛。同样的道理也适用于其他官能。倾听声音的美妙、小鸟的歌唱、管弦乐队强有力的旋律，仿佛明天你将失聪。触摸你想触摸的每一件东西，仿佛明天你会失去触觉。闻闻花香，津津有味地品尝每一小口食物，仿佛明天你将永远不再有嗅觉和味觉了。最大限度地用好每一个感官，享受世界通过大自然赋予你的几种接触方式给你带来的方方面面的快乐和美。

思与问

1. 假如你不得不失去一种感觉，你最不愿意失去哪种感觉？说说你的理由。

2. 猜一猜，世界通过不同的感官向我们传递的信息分别占多大比例？查资料修正你的猜测，然后画一个图来表示视觉、听觉、嗅觉、触觉、味觉在你的感知世界中的不同地位。

3. 想象一种会思维的外星生物，它们与人类有非常不同的感觉器官；请充分调动自己的想象，描述一下这种外星生物理解世界的方式与人类理解世界的方式有哪些根本的不同。

话题三　**语言之光**

莎利文老师来到了海伦身边，她感觉海伦就像是关在笼子里的小野兽，只知道任凭自己的情绪乱冲乱撞。可怜的海伦不知道，关住她的笼子就长在自己的身上，她将终身与黑暗和寂静的笼子为伴。莎利文老师深知，要解决海伦的情绪问题，必须通过情绪之外的途径。那时的海伦才六岁，她分不清楚情绪与思考，就像分不清楚白天与黑夜。海伦一生都渴望光明，而"光明"有狭义和广义两种含义。狭义的"光明"就是光线刺激下的正常视觉，这是海伦渴望而得不到的。广义的"光明"指的是内心的宁静和希望，以及通过思考对世界的理解。在莎利文老师来到海伦身边时，海伦是不会清晰思考的，因为语言之光还没有降临到她的黑暗世界。

教师借助《假如给我三天光明》与学生探讨关于语言的话题，是一个很自然的选择。语言的话题足够深奥，人类历史上最伟大的语言学家、科学家和思想家都还没有完全解开语言之谜。但思问教学法的要旨恰好在于，要引导学生去关注那些包围生活和支撑生命奇迹的大问题，以这些问题为媒介的整本书阅读教学才有足够的丰富性。思问教学法的顺利开展并不以教师是能够解决这些大问题的专业人士为前提。思问教学法只是强调，教师要敢于挑战自己，要有儿童般的好奇心，同时要在相应的问题上有自己的阅读和思考。思问教学法本来就反对教师将确定的答案灌输给学生，而是主张在思与问的课堂氛围中与学生共同进步。

关于语言的话题，教师可从有趣的角度去吸引学生探讨，也可结合对别的名著的阅读。举例来讲，《安德的游戏》是一部很适合学生阅读的科幻小说，其中就涉及了语言的问题。这部科幻小说讲述了一种名叫"虫族"的外星物种与人类的星际战争。"虫族"可以通过脑波直接交流，它们不使用语言，先进有效的交流模式曾使这个物种在战争中占据优势。然而，人类最终打败"虫族"，恰好是因为人类有复杂的语言可以行使欺骗，可以形成对于"虫族"的不对称的策略优势。《安德的游戏》可从对抗策略的角度激发对语言的思考，而《假如给我三天光明》则可以从更深入的视野，如语言与思维的关系，语言与存在的关系，来切入语言话题。

教师可以问学生，你可以想象一个没有语言的世界吗？这个世界是怎样的呢？学生会很自然地描绘自己的想象。在学生的想象中，一个没有语言的世界可能是田园牧歌式的，也可能是丛林法则式的。然而，教师完全可以与学生探讨一个更根本的问题：要是没有语言，如何可能有想象呢？确实，人的所有想象都离不开语言。想象一匹"飞马"，想象一种心境，想象一个外星世界——没有哪种想象可以抛开语言，就像没有哪种鸟儿可以无需空气而飞翔。想象隶属于思维，离开语言无法想象，那么，没有语言是否可以有思维呢？

按照一些科幻小说的描述，外星物种是可以不通过语言交流的，譬如，刘慈欣的著名长篇科幻小说《三体》中的三体人，它们的思维就是透明的，相互之间的交流可以不借助语言。然而，如果离开语言无法想象，离开语言怎么可能有思维呢？在思问教学法理念的激发下，教师应有勇气通过这样的问题带领学生去探讨《假如给我三天光明》中内含的语言与思维问题。特别是，教师需要带领学生追问，语言之光是如何将海伦的灵魂从深度黑暗中拯救出来的？

抛开科幻小说，教师也可以借助现实中的例子与学生探讨语言之光的威力。海伦看不见听不见，但我们阅读海伦的文字，感觉她与我们这些正常人没有什么两样。我们有时甚至觉得，海伦的心灵比我们更丰富，理解世界的方式比我们更生动细腻。海伦的奇迹完全是因为受到了语言之光的照耀，要理解这个奇迹，我们可以将海伦与视觉很好的猫进行比较。猫的视觉要比人好很多，但猫生活的世界没有语言，因此一只猫甚至看不懂对人来讲最简单的画面。一只蝴蝶飞了过来，猫会很自然地跳起来追逐蝴蝶。一个孩子吓唬猫，它也会很灵活地躲避逃跑。猫有时会懒洋洋地躺在人们的脚下，边晒太阳边享受抚摸，但猫的一切行为都凭本能和条件反射，它没有办法理解所看到的世界。学会了使用语言的海伦则相反，她虽然看不见，却能理解她看不见的那个世界。与海伦相反，猫能看见世界却无法理解世界。这个对比隐藏着语言、思维与世界三者之间关系的秘密。

据《假如给我三天光明》记载，海伦是在领悟了"水"这个词的含义之后，突然意识到天地万物都有相应的名称。一旦海伦意识到万事万物皆可以命名，她的黑暗世界立刻有了光的裂痕。海伦本来处于混沌之中，她分不清外面的世界与自己内心世界的关系。可当海伦意识到万事万物皆有其名，她就渐渐明白了两件事情。第一，世界是有秩序的，无论是外部世界还是自己的内心世界，都因为秩序的出现而生出截然不同的面貌。第二，世界是可以理解的，而能被理解的世界才能真正成为与自己相关的世界，自我正是在对世界的理解中才能生根和不断扩大。明白这两件事情,海伦的世界从此有了语言和思想的光明,有了与猫的世界截然不同的性质。

语言和思想的世界只能对人敞开,再聪明的动物也无法掌握复杂丰富的语言。至于为什么只有人才能掌握复杂的语言和拥有复杂的思维,则是一个与《假如给我三天光明》的主题阅读没有直接关联的话题,虽然也是一个重要的话题。在语言这个话题上,教师只需借助海伦的奇迹启发学生意识到,语言本身就是一个奇迹。在日常生活和学习中,学生太容易将这个奇迹当成理所当然的事情。教师的作用就在于,帮助学生借助《假如给我三天光明》获得理解语言奇迹的原始震惊。学生心中越是能够体会到这种震惊,就越有动力通过阅读和写作去掌握好语言,这当然正是语文教学最根本的目的之一。

《假如给我三天光明》摘选

水井房上的金银花散发着芳香,吸引我们沿着小路向它走去。有人正在打水,莎利文老师把我的一只手放在了出水口。当清冽的水流抚过我的手背时,她在我的另一只手上拼写出"水"这个词,起初写得很慢,后来就写得快一些了。我一动不动地站着,全神贯注地感受她手指的移动。蓦然间,我产生了一种朦胧意识,一种觉醒的战栗,仿佛记起了遗忘的东西。语言的奥秘通过某种方式向我显现出来,我知道了"水"就是正在从我手上流过的奇妙而凉爽的东西。

思与问

1 用自己的话描述一下,在见到莎利文老师之前,海伦的世界是怎样的。

2 想象一个外星物种,它们可以不借助语言而交流和思考,请描述它们的生活,细节越多越好;基于你的描述,仔细思考一下没有语言但有思想的世界究竟是不是可能的。

3 请查找《假如给我三天光明》相关段落,仔细分析一下,海伦在觉醒前后,究竟发生了什么事。请用自己的语言进行讲述。

意志的胜利[1]

海伦的奇迹见证了人类意志的伟大，海伦和莎利文老师坚韧不拔的意志力是海伦在寻找光明的生命战场上取得最终胜利的关键。海伦的世界是残缺的，在缺乏视觉和听觉的情况下，她的内心世界与外部世界时常阻绝，为她在语言之网中的摸索造成很大的困难。但海伦凭借旺盛的生命力和强大的意志力，熟练掌握了她的生命征战必不可缺的文字武器。海伦的意志力在什么方面起到了关键作用？海伦在掌握文字的过程中面临着哪些特别困难的处境？在渡过最初的识字关后，阅读和写作对于海伦精神的发育分别起到了怎样的作用？教师可以充分利用《假如给我三天光明》的阅读契机，与学生深度交流关于生命、意志、阅读、精神成长以及人生意义的话题。只要教师愿意在这些问题上真诚与学生探讨并启发学生，也一定能够从学生那里得到意想不到的收获。

---

1 这篇解读是专门写给教师的。在《爱与思：儿童文学经典解读》中，也有一篇名为"意志的胜利"的文章，是专门写给学生的。两篇同名文章的内容有差异，难度也不同，有兴趣的教师可对比阅读。

话题一　意志的力量

《我生命的故事》是海伦 20 岁出头时写的回忆录,《假如给我三天光明》是海伦 50 岁出头时写的一篇散文。因为《假如给我三天光明》这篇文章特别能够概括海伦一生的遗憾、追求与不屈不挠的意志,中文世界习惯用《假如给我三天光明》作为书名,将《我生命的故事》包含在其中。但阅读海伦别的著作就会发现,而且海伦自己也承认,在《我生命的故事》中,她对莎利文老师的关爱有细腻的描写,但对莎利文老师在教育她的过程中面临的困难却描写得不够。在海伦的晚年,她将对老师的回忆撰写进了《我的老师安妮·莎利文》这本书中。海伦在 75 岁高龄时才出版这本关于老师的回忆录,撰写和出版这本著作的前因后果可谓跌宕起伏,本身就是一个精彩的故事。[1] 教师如果能够事先阅读《我的老师安妮·莎利文》这本书,会有更丰富的背景与学生交流关于意志的话题。

海伦的奇迹之所以发生,是因为有莎利文老师。如果要搞一个"人类历史上最令人尊敬的教师"排行榜,莎利文老师有很多理由入选。莎利文老师是海伦的奇迹的缔造者,也是所有教师的学习榜样。莎利文老师有一颗博大的爱心,但她对教育的理性理解和强大的意志力,才是创造海伦奇迹的最重要外因。当然了,海伦的奇迹得以发生,最重要的内因是海伦本身突破黑暗的愿望和斗志。不过,在莎利文老师认识海伦之初,两个意志力强大的人却发生了严重的冲突,这在海伦撰写的《我的老师安妮·莎利文》和莎利文老师撰写的回忆资料中都有记载。

刚到海伦家时,海伦的任性给莎利文老师留下了很深的印象。一般孩子都有任性的时候,所谓"任性",就是任由自己的情绪和欲望掌控自己,不会

---

[1] 刘莘. 爱与思:儿童文学经典解读[M]. 桂林:广西师范大学出版社,2021.

理性思考问题,更不会站在他人或人际规则的角度去行事。孩子的健康成长是这样一个颇有些矛盾的过程——教育者既要保护孩子的特殊个性又要帮助他们懂得超越自己的特殊视角与他人互动。无论对于家长还是教师,为孩子制定和实施言行规则是他们健康成长的前提。溺爱就是没有规则的爱,孩子被溺爱毁掉的例子比比皆是。尽管规则很重要,但规则本身必须有爱和理性的基础,蕴涵着积极的教育理念,而不是为了简单约束孩子的天性。毕竟被规则约束的孩子一开始是没有办法理解规则的底层含义的,只有当孩子的理性能力得到充分发展之后,他们才能意识到曾经约束他们的规则也是他们健康成长的最好支撑。

当莎利文老师来到海伦家的时候,她发现海伦的父母没有为海伦制定任何规则,完全任由她的性子发展,可以说想怎么样就怎么样。我们作为读者,当然没有办法苛责海伦的父母,因为海伦与正常的孩子完全不同。为正常孩子订立规则有这样一个前提,那就是,孩子可以通过自己的感官与世界有序互动。但这个基本条件对于海伦却不成立,即使父母要制定规则,他们也没有办法沟通规则的作用和边界,更不用说规则的意义了。然而,莎利文老师却知道,如果再不为海伦的任性胡来制定规则,就将错失教育的最佳时期。在《我的老师安妮·莎利文》中,海伦生动地记录了莎利文老师为了驯服野蛮的小海伦付出了多么大的艰辛。最终,莎利文老师的意志战胜了小海伦的任性,在付出了沉重的代价之后,师生两人的意志合为了一体,走向了寻找语言之光的道路。

以意志为话题,教师可借助《假如给我三天光明》的素材与学生进行深度沟通,这种主题式交流对未成年人的成长有特别重要的意义。现代汉语的"意志"包含立志和励志两方面含义。"志存高远"强调成长中的人要首先懂得胸有大志的重要性,并要学会根据自己的天性和潜能去确立人生的远大目标。"坚韧不拔"则是这样一种美德,当事人为了已确立的志向,可以做到百折不挠，甚至九死一生都在所不惜。因此，"意志"既包含意向目标，也包括为了目标而努力奋斗的心智能力。我们观察身边的人很容易发现，有些人志存高远，但却较容易在通达目标的过程中退缩，他们好像总能找到各种客观理由为自己开脱，这是典型的意志力薄弱的表现。如果一个人意志力薄弱，无论志向有多远大，都无济于事，因为志向的实现总面临着意想不到的阻力和困难。

在海伦寻找语言之光的艰难历程中，她的处境完全超乎正常人的理解。语言是一张巨大的变幻莫测的网，海伦想要成功地捕捉并运用这张网，但却有被其缠绕逼疯的危险。海伦看不见，因此一切与视觉相关的语词都没有具象的意义。黑白分明、五光十色、花红柳绿、青出于蓝，这些关于色彩的词海伦如何理解？层峦叠嶂、流光溢彩、柳暗花明、若明若暗，这些关于明暗和层次的词海伦如何把握？

海伦听不见，因此一切与声音相关的词语也没有具象的意义。人声鼎沸、锣鼓喧天、余音袅袅、铿锵有力，这些关于声音的词又如何进入海伦的心田？更重要的是，又盲又聋的海伦缺乏辨别事物的能力，身边的事物还可以靠触摸分辨，其他事物如何可能通过触摸去理解呢？"朵朵白云飘在蓝天上"，海伦如何能够明白什么是"朵"，什么是"飘"，如何区分什么是白和蓝，以及云和天？"点点星光洒落在远山的尽头"，海伦如何理解什么是"星"，什么是"光"，什么是"点点"，什么是"远山"，如何理解这整句话的意义？

特别是，相比常人，海伦更易陷入情绪的旋涡，因为她无法分辨外界的事物，也无法通过与事物的自然联系而整理自己的情绪。人有喜怒哀乐，月有阴晴圆缺。当海伦情绪低落的时候，如何告诉她情绪就像海潮那样有高有低，又像月亮那样有圆有缺？或者，当她陷入悲伤甚至绝望的时候，如何告诉无法倾听《命运交响曲》的海伦要像贝多芬那样扼住命运的咽喉？所以我们不难想象，海伦在寻找语言之光的路上走得多么艰难，很多时候，她感受到的很可能是语言的陷阱而不是光明。

我们可以打个比喻来理解海伦的困境。设想我们是原始森林里的探险者,为了不迷失方向,必须借助一些显著标记,如太阳的位置、山峦的形状、河流的走向、树种的分布、野兽的踪迹。可是,正当我们觉得有一些信心的时候却迷了路,一瞬间,所有熟悉的事物都变得陌生,所有记住的方位和秩序都陷入了混乱。我们的眼前出现了不可思议的景象,就像飞鸟走兽被凝固了,而树木花草却到处移动,发出从来没有听到过的奇特而瘆人的怪叫。这很类似海伦学习语言的处境。当海伦意识到万事万物皆有其名时,她感觉豁然开朗,可随着探险的深入,语言之网越缠越多,越来越紧,简直有剪不断理还乱的无奈。据海伦自传记载,她经常崩溃。

教师越能帮助学生想象海伦的艰难,越是能够激发对这样一个问题的领悟:海伦究竟是凭借什么才获得了最终的胜利?毫无疑问,是海伦坚韧不拔的意志力。一次次被打倒的海伦,在抹干眼泪后,又一次次站起来。海伦没有退路。任何退却都意味着陷入永恒的黑暗,使生命堕入毫无生机的冰冷的死寂。生命力旺盛的海伦凭着她的坚强意志力,遇山开路,逢水搭桥,硬是闯出了一片属于自己的天地。

意志力是生命的刀锋,意志力坚强的海伦行走于语言的泥潭,到处是变幻的陷阱和不期而至的悬崖,她多次失足摔倒,遍体鳞伤,在精疲力竭直至绝望的时候,她甚至有毁灭一切的冲动。海伦最终浴火重生,《假如给我三天光明》就是海伦意志力的最好见证。我们如何从海伦的故事中获得对于意志力的理解,从而帮助自己成为意志坚强的人?这是师生可以借助海伦的奇迹深度交流的又一个话题。

> **《假如给我三天光明》摘选**
>
> 既然没有一条大路直达顶峰,我就要以自己的方式蜿蜒行进。我滑落过很多次,但是,跌倒在地,再站起身,向隐藏的障碍冲去;我大发脾气,又制服脾气,控制脾气;我跋涉前行,小有收获,信心倍增;我的渴望越发强烈,越爬越高,开始看到宽广的地平线。每一次抗争都意味着一次胜利。再加一把劲,我就能抵达光明的云端、蓝天的深处、希望的高地。

思与问

1. 自我评估一下,你是一个意志力坚强的人吗?给自己打个分,说说给这个分数的理由。
2. 想象一下,海伦在学习语言的过程中会碰到哪些几乎逾越不过去的困难,举几个例子;想象你就是海伦,你该如何面对这些困难?
3. "意志力是生命的刀锋",你如何理解这句话?请用自己的一次实际经历阐释这句话的含义。

话题二 **阅读的意义**

据《假如给我三天光明》记载,海伦先后学会了两类语词。学会了"水"这个词使海伦明白了万事万物都有名称。能够像水一样被命名的事物都是具象的，如"玩具""小狗""花园""冷风"，等等。但仅仅这些具象的词还构不成语言，因为语言是人的思想的外化方式。人的思想或思维是动态的，而具象物体的名称则是静态的。一个牙牙学语的婴孩仅能指着水说"水"，我们还不能认为他有思想。但这个孩子长大一点，能说出"水很清凉"或"水可以解渴"时，我们就不得不承认，他开始掌握语言了，并拥有了将人与动物区别开来的思想。不要小看这样的语句，它们其实承载着相当抽象的信息。

一个孩子一旦能够说出"水可以解渴"这句话，就标志着他理解了"水"与"解渴"这两件事情之间的因果关系，而且是普遍成立的关系。这个例子说明，思想总是抽象的，不会仅仅黏着于单个的场景。语句是语言生命体的"细胞"，掌握语句而非语词，是衡量是否有思想的分界线。以这个标准我们就能明白，一些聪明的动物如猩猩和鹦鹉，它们可以掌握多达数百个字词，但它们没有办法理解和运用语句，因此它们没有思想。

在一般语境中，"思维"与"思想"两个词可以替换。思问教学法强调的"经典阅读，思维促进"，特别提倡在语文课特别是阅读课中促进孩子的思维。传统语文课有过于强调感性审美的趋向，在促进学生的理性思维方面有所欠缺。但我们通过对最简单的语言"细胞"的分析就能明白，掌握语言就意味着发展抽象思维。反过来的说法也成立：只有随着理性思维或抽象思维的发展，才可以更好地掌握语言。海伦的语言奇迹就是见证。

海伦在明白了万事万物都有名称之后，她遭遇了语言学习上的进一步困难。一些日常用语很抽象，如"爱"与"想"这样的动词，对于海伦是一个极大的挑战。莎利文老师在海伦的手心写下"我爱海伦"这句话。海伦不明白"爱"的含义，她在老师的手心写了这么一个问题——"爱是什么？"要注意，海伦之所以能够问出"爱是什么？"，是因为她已经具备了理解并运用语句的对话能力。这反映了语言的整体主义事实——学习者要在一定程度上理解了更大的语言框架，才可能学会更小的语言要素。语言学习的整体主义立场也是整本书阅读的思问教学法秉持的立场。为学生提供更大的语言框架和思考框架，恰好能够帮助学生增强对语词和承载于其中的思维信息的敏感度。

爱是什么？海伦没有办法比照任何有形事物去理解"爱"的含义。海伦不断猜测，爱是老师对她的搂抱，爱是自己的心跳，爱是阳光，等等。海伦努力去思考"爱"究竟是什么，她努力尝试着。在莎利文老师的耐心启发下，海伦在一瞬间突然意识到，自己正在思考事情，正在想什么是爱。20岁出头的海伦回忆到："我刹那间如同醍醐灌顶，突然明白了'想'指的就是我头脑中正在发生的这个过程。这是我第一次领悟到抽象的概念。"

是的，语言中包含了大量抽象的概念。甚至可以说，整个语言之网都是由程度不等的抽象概念编织而成的。语言的神奇就在于，永远没有一个词去对应真正具体的东西，譬如，一个孩子家中有一只"皮毛黢黑、眼睛深蓝、特别调皮的名叫咪咪的小猫"。孩子可为这只猫取名为"咪咪"，但"咪咪"并不专属于这只具体的猫，也可以被别的孩子为另外的猫命名。类似地，"皮毛""黢黑""眼睛""深蓝""特别""调皮"都是抽象概念。只不过，像"猫"这样的抽象概念，因为总有可感的事物与之对应，人们感觉它是具体的。

当海伦突然理解了"想"这种级别的抽象概念，她的世界一下子就扩展开来。"想"是看不到听不见的，但又盲又聋的海伦却可以理解"想"。类似地，"爱"也是看不到听不见的，而海伦在豁然开朗中也理解了"爱"。理解了"想"，海伦无比震惊。理解了"爱"，海伦无比幸福。长大后的海伦写道，明白了"爱"的含义后，"我感觉到无数看不见的细丝正穿梭连接在我和别人的心灵之间"。

当海伦懂得了"想""爱""理解""心灵""目的""理想""生命""成长""意义"这类抽象词汇的含义，而且知道这些词汇的含义与可感事物没有直接对应关系的时候，她一定兴奋不已。她意识到，虽然自己又盲又聋，但对这些关键词汇的理解却不是通过感官。当海伦意识到语言之网中有很多关键词必须靠心灵和头脑才能把握的时候,她一定"看"到了一种奇特的希望。

海伦是对的,真正将生命赋予语言的,正是扎根于人的精神生命中的那些没有可感对象的关键词,以及对它们的内涵的深度理解和灵活运用。这也才可以解释,为何看不见听不见的海伦,在莎利文老师的指导下经过艰苦学习之后,她的精神世界反而比很多看得见听得见的人更广阔更深厚,甚至更明亮更自由。这一切都得益于海伦在成长过程中广博而深入的阅读。

海伦的艰辛是正常人难以理解的。她必须用手触摸盲文,然后将各种词汇转换成她心中的观念。海伦毕竟受限于视觉和听觉的缺失,她心中的观念必须要经过大量试错,才可能被合理地确定下来,并不断丰富相应的内涵。海伦不能听、不能说,因此这个试错过程的唯一途径就是阅读。据《假如给我三天光明》记载,海伦特别喜欢阅读文学和历史。莎利文老师为海伦精心安排的循序渐进的阅读书目,构成了海伦精神成长过程中的一个又一个坚实的阶梯。海伦努力超越自己的身体残障,并以加倍的想象力去补偿她在感知力上的不足。因为视觉和听觉的缺失,海伦与现实世界的联系要比正常人弱很多,但她通过阅读经典作品与历史上的伟大人物、伟大事件和伟大思想的联系却又比一般的正常人紧密很多。

借助《假如给我三天光明》与学生交流阅读对于人的成长的意义,是特别好的选择。在今天这个信息爆炸的时代,所有人都可从网络中获得各种信息,视频信息更是天然地受未成年人喜欢。在这样一个大背景下,为什么还要强调传统意义上的文字阅读呢?海伦的故事给了我们明确的答案:语言是思想的家园,阅读最重要的目的是思维发展和精神成长。

如果教师以这个视角去理解阅读,并多少具备一些脑科学和关于人的精神发展的知识,当能打动那些对阅读有抵触的孩子。毕竟,没有人愿意自己的大脑发育不良,也没有人真正愿意错失人类思想和精神的美好风景。但要在人工智能时代通达专属于人类心灵的美好风景，就必须依靠阅读。海伦的故事告诉我们，只有在文字的世界里，心灵的自由和想象力才能得到充分激发。特别是借助对经典作品的深度阅读和深度思考，正是未成年人的精神得以健康成长的不二路径。

> 《假如给我三天光明》摘选
>
> 　　当我完全理解了故事情景后，我被故事深深迷住，急于知道情节发展，顾不上注意单词，对于莎利文老师认为有必要解释的词语，我恐怕听得也不耐烦了。当她的手指因疲惫而拼不出词的时候，我第一次产生了一种强烈的被剥夺感。我把书抓在手里，怀着一种强烈的渴望试图去摸那些字母，这一幕我永远不会忘记。

思与问

1. 用自己的话说一说，视频信息和文字信息的最大不同是什么；什么情况下视频信息更重要，什么情况下文字信息更重要。
2. 脑科学家发现，视频信息对大脑的活跃有抑制作用而文字信息却有激发作用；请以一本拍成电影的书为例，结合上述说法，谈谈阅读过程和观影过程的最大不同是什么。
3. 想象一下你就是海伦，在渡过最初的识字关后，沉浸在阅读的世界里究竟意味着什么？请用自己的话描述细节。

话题三　写作的意义

海伦真是一个奇迹，她虽然听不见，但却艰难地学会了说话，甚至可以发表公开演讲。但海伦的口语表达始终不可能像常人那样清晰流畅，因为口语表达依赖于听觉对自己的语音和他人的回应的及时反馈。缺乏这个反馈机制，海伦就无法判断自己的口语表达是否正确，不能予以必要的纠正，正确与错误以及清晰与模糊之间的区别就无法像常人那样得到准确的理解。因为口语表达有转瞬即逝的特征，在缺乏听力反馈的前提下，海伦的口语表达始终是有缺陷的。然而，我们阅读海伦写的书，却丝毫感觉不到作者是一个又盲又聋的残疾人，这是为什么呢？

阅读《假如给我三天光明》，读者感到字里行间中有缤纷的色彩、明暗的层次，也有雷电的轰鸣、轻柔的呢喃。在完全失去视觉和听觉的情况下，海伦不知付出了多少艰苦的努力，她的书写才达到了这个境界。海伦之所以可以在书写上获得实质性的突破，一个重要的原因是，书写出来的文字允许通过触摸再次反馈到心中，可以被凝固下来。于是莎利文老师能够一遍一遍为海伦讲解哪些地方写错了，并用她能听懂的话解释为什么错了。

对于一些必须靠视觉和听觉理解的词汇或语句，海伦只得强行记忆。随着阅读量的增大，海伦凭借坚强的意志力，在语言之网的复杂关系中，能够逐渐摸索到听觉视觉类的词汇与其他词汇在语用上的若隐若现的关联。虽然海伦触摸到的关联始终是隐晦的，但她在黑暗中的超常专注，也多少弥补了感知上的不足。这种专注是常人难以模仿的，在隔绝了真实的声音以及所有信息噪音的前提下，海伦的专注成为了她在阅读和写作的曲折小道上劈开荆棘杂草的利器。

在网络时代，影响阅读的最重要的干扰是无所不在的信息噪音。海伦的不幸在于，她听不见看不见。今天的孩子们的不幸在于，铺天盖地的信息噪音干扰了健康成长必不可少的心灵的宁静和专注。五色令人目盲，五音令人耳聋，各种终端信息的泛滥令人心发狂。波兹曼在 20 世纪电视时代写入《娱乐至死》的先知般的预言，正在 21 世纪的人工智能时代演变为现实。

然而，没有哪一个家长和教师在真正明白了阅读和写作对于孩子心灵成长的不可替代的重大意义后，还愿意让心灵的绿洲被平庸狂暴且没有边际的信息沙尘暴侵蚀。在今天这个时代，阅读和写作对于正常孩子具有不同于海伦的意义。海伦通过阅读和写作建立与世界沟通的桥梁，今天的未成年人则首先需要通过阅读和写作回归自己内心的宁静。在这个基础上，未成年人才有能力构筑心灵绿洲的防风墙，并找回易于在世俗功利和信息噪音的双重压迫下丢失的仰望星空的自然本性。

让我们从《假如给我三天光明》中寻找线索，看一看海伦的独特写作经验对于今天的未成年人有怎样的启发。在一段歌颂莎利文老师的文字中，海伦写道："她认识到孩子的心思就像沿着河床轻快回转的清清溪水，时而映出一朵鲜花，时而映出一丛灌木，时而映出朵朵白云。她用尽心思来引导我的思维，因为她明白，孩子的心灵和小溪一样，需要山上的涧流和潜藏的泉水来补充滋养，直到汇在深深的河流，在那平静如镜的河面上映出连绵起伏的山峰，映出粼粼的树影、蓝天与美丽的花朵。"这真是一段不可思议的文字，谁能想得到这是一个又盲又聋的人写的呢？我们禁不住要问，海伦是如何做到的呢？

文字是海伦与世界有效沟通的唯一方式。阅读使海伦的世界在黑暗寂静中有了色彩和声音，扩展了她的想象力，也滋养了她的自我发展能力。随着阅读不断拓宽和深入，海伦也越来越意识到，自己不同于常人，世界的残缺对于她是真实而残酷的。然而，海伦感觉自己与书中的那些悲剧式的英雄人物有相似的地方。悲剧英雄有他们无法摆脱的东西，如逃不掉的身世，不公平的命运，以及生死的大限。可他们之所以最终成为了英雄，哪怕最终因为某个伟大的事业而毁灭了自己，是因为他们都无一例外地承担着某种高贵的使命，并在努力完成使命的过程中实现了自我超越。随着阅读对心智的开启，海伦更加明白什么是自己突破不了的生命大限。海伦一定会想，在如此不公平的命运面前，她该如何度过自己的一生？

纵观海伦的一生，她不仅是蜚声世界的作家，还为残疾人事业作出了重大贡献。对海伦生平的这种总结固然真实，但对于成长中的海伦却是外在的，甚至是不重要的。海伦的成长本身是一场巨大的征战，她自己就是战场，而她必须首先成为自己心中的英雄。横亘在海伦心中的最切己的问题是，她如何与世界沟通，如何使精神生命的发展不受制于残障的躯体？阅读面很广的海伦当然知道，很多人身体是健康的，但精神却是残缺的。海伦的问题是，在不可能改变残缺身躯的前提下，如何使精神健康发展？这对于海伦和莎利文老师都不是一个小问题。

在海伦之前，还鲜有盲聋人的精神生命茁壮成长的先例。与世界的天然隔绝意味着，当内心混乱、悲伤甚至绝望的时候，海伦没有办法借助可感的云蒸霞蔚、日落月升这样的大自然力量去安抚和支撑自己。海伦的成长既需要内心的宁静，也离不开磅礴的生命力。阅读为她带来宁静和想象力，写作则使她的精神生命赢得了自我修正和刚健发展的契机。当海伦熟练掌握文字符号之后，她意识到，精神和思维是与文字符号镶嵌在一起而共同成长的生命体。掌握了写作技能令海伦惊喜不已，因为写作的人最清楚，书面文字是有灵气和有深度的精神运行的躯体。日复一日，年复一年，自然躯体残缺的海伦，在莎利文老师的帮助下，为自己的心灵搭建了坚不可摧的文字躯体。海伦的文字准确、优美，有相当的激发力和纵深度，印证着语言是心灵和存在的共同家园。

任何人的成长都不可能一帆风顺，海伦也不例外。据《假如给我三天光明》记载，"《霜王》事件"差点毁了海伦。事情的起因是，11岁的海伦发表了一篇名为《霜王》的短篇小说，由于她分不清楚"听"来的故事与脑子里构思的故事之间的边界，发表后被指控为抄袭。因为这次"抄袭"风波，海伦付出了惨重的代价。海伦家的一个老朋友,一所盲人学校的校长,居然因为此事而与海伦及其整个家庭割袍断义,从此不再来往。海伦在巨大的压力下,几乎患上了写作神经症。海伦在相当长的一段时间内被梦魇缠身,只要一提笔,恐惧就会阻止她的文思,因为她总是要分心去想,即将写出来的下一句话是不是他人说过的。幸好有莎利文老师的陪伴和疗伤,海伦才最终恢复了自由写作的信心,从此凤凰涅槃,才有人类生命征战史中的一个诗史级奇迹的诞生。

教师与学生通过阅读《假如给我三天光明》交流写作的话题,有一些重要的切入口。首先要帮助学生真正理解写作的意义。不能将写作狭义地理解成语文学科的事情,更不能将写作的真实意义混同于作文得高分。通过海伦的故事,学生应该明白,写作实际上是个体生命与世界深度链接的方式,也是人类精神的自我建构和向纵深发展的不可替代的路径。在今天这个高科技时代,人工智能表面上也能完成写作,而且在有些类型的写作上还可以假乱真。但人工智能的写作仅仅是机械的算法输出,作品并不能反过来为人工智能赋予精神的力量。对成长中的人而言,每一次写作都是一次挑战,一次精神成长和思维发展的契机。因此,写作最大的忌讳并不是写不好,而是言不由衷的作伪的写作。

在过于功利扭曲的教育氛围下,学生容易变成套路作文的受害者。未成年人争相引用各种"正能量"的名人名言,然后用华丽词藻堆砌的语句去压制内心深处的真实。这种习惯一旦养成,与抄袭就没有本质上的区别,因为套路与抄袭都是作伪的表现,只不过前者是当事人意识不到的作伪,而后者则是意识得到的作伪。但隐藏的作伪更加有害,因为未成年人在各种套路的诱惑或压迫下,会在不知不觉中成长为缺乏反思精神的自欺的人。毫无疑问,这种情况明显与整本书阅读思问教学法背靠的理念和价值观冲突。思问教学法强调要以经典文本为媒介,从而引出对于人的精神成长具有积极意义的重大话题。因为这些话题有丰富的内涵,阅读经典著作之后就可以将主题写作与读后感写作结合起来。借助经典，发展思维，才能为更加自由的写作打下良好的基础。但这一切都有一个根本的前提，那就是要拒绝套路化，保持内心深处的真实。这就是为什么思问教学法要将"真诚"这个维度与"主题""结构""语言""思想"四个维度并列，用于评价作文。

我们读《假如给我三天光明》，感觉一切都是那么清新自然，没有刻意的渲染和华而不实的内容，文如其人，海伦的心是真实而明亮的。"《霜王》事件"无疑是海伦成长过程中遭遇的黑暗时刻，但事件各方都是坦诚的，都以内在求真而非以功利或作伪为目的。正因为这样，海伦在遭受这个重大挫折后，才可能凭着她的坚韧不拔的意志力，继续在千丝万缕的语言之网中摸索，直至抵达思言一体、知行合一的境界。作为教师，如果不能借助海伦的奇迹为学生理解阅读和写作带去超越功利的视野，不能为未成年人的成长注入持久的生气，就太可惜了。毕竟，海伦的奇迹已经不属于海伦个人，而早已成为了人类共享的精神财富。激发千千万万的未成年人的生命意识，帮助他们在爱与真的引领下成为自己的英雄并通过坚强的意志力铸就大大小小的人生奇迹——这才是海伦奇迹的永恒意义。

《假如给我三天光明》摘选

在我看来，写作的最大困难在于，当自己思绪混乱、半是感觉半是思索、只有一堆直觉的时候，如何用学到的语言理性地表达。写作就像摸着七巧板，先在脑海中勾勒出一幅图案，然后用文字把它描绘出来。但有时却词不达意，或者是词语很恰当，但组合出来的文字却与原来的构思相距甚远。

思与问

1. 如果给你最喜欢的事情打10分，给自己最讨厌的事情打负10分，你给写作这件事打多少分？说出自己的心里话，说说自己的理由。

2. 海伦经历的"《霜王》事件"对你有怎样的震撼，有怎样的启发？对比并反思一下自己的写作观。

3. 在通读完《假如给我三天光明》后，谈谈阅读、写作与人的成长的关系；用自己的话，尽可能谈得深入一点。

刘慈欣科幻短篇的思与问

科幻的视域[1]

刘慈欣是我国著名的科幻小说家,他创作的长篇科幻小说《三体》的第一部赢得了世界科幻文学的最高成就奖——"雨果奖"。刘慈欣的科幻小说在全球拥有大量的忠实读者,其中一位就是曾任美国总统的奥巴马。在结束他的两届总统任期之前,奥巴马阅读了《三体》第一部的英译本。奥巴马的文学修养很好,他非常热爱莎士比亚这样的古典文学大师,奥巴马本人的自传体小说《我父亲的梦想》就具有很高的文学水准。

奥巴马读到《三体》第一部的英文译本后,痴迷于故事的内容,却因第二部还未翻译成英文而非常苦恼。据说,刘慈欣曾收到了一封来自美国白宫的电邮,这封邮件声称奥巴马总统特别喜欢《三体》,还说总统的工作实在太枯燥了,如果能尽快看到第二部和第三部的英译本,将不胜感激。结果刘慈欣把这封英文邮件当作垃圾邮件删掉了。一年多以后,已卸任总统职位的奥巴马终于如愿以偿地在一次关于未来教育的大会上专程拜访了刘慈欣,当上了这位科幻作家的超级纷丝。在一次接受电视采访时,奥巴马说,刘慈欣的《三体》用宏伟的想象力关心宇宙的命运,而他则时常陷入与国会的政治斗争中,相比之下,真是太渺小了。

以上这些背景信息说明,刘慈欣及他的《三体》是如何受欢迎。其实,在创作《三体》之前,刘慈欣已经发表了大量脍炙人口的科幻小说,长篇小

---

[1] 这篇文章载于《宇宙的真理:刘慈欣科幻文学解读》,标题有改动。参见:刘莘.宇宙的真理:刘慈欣科幻文学解读[M].桂林:广西师范大学出版社,2021.

说如《超新星纪元》《球状闪电》，短篇小说如《鲸歌》《地火》《带上她的眼睛》等。本书涉及的刘慈欣的两部中短篇科幻小说是《诗云》和《朝闻道》。这里，我们先来问一个问题：什么是科幻小说？

"科幻"两个字分别代表"科学"和"幻想"，科幻小说属于虚构类的文学。我们读的书大致可以分为虚构类图书和非虚构类图书，科幻小说属于虚构类的，而我们的教材、科学书、历史书则属于非虚构类的。小说也有纪实性质的，它们有时改编或加工自真实故事，但大多数小说的情节和人物是虚构的。尽管如此，小说中的人物或情节总能使读者联想到自己或他人经历过的生活，无论情节多么离奇，人物多么夸张，读者仍然感觉到那在现实中是可能的。可以说，正是虚构小说描绘的可能生活，能够帮助读者走出自己狭小的现实生活从而开阔他们的人生视野。

很多小说是虚构的，但却不是虚幻的，如《水浒传》中关于武松或李逵等梁山好汉的故事。但《西游记》这样的小说不仅是虚构的，而且完全是幻想的。孙悟空三打白骨精的故事，以及这些超现实角色拥有的法力或魔力，在现实世界没有对应物，它们全凭借作者的想象。幻想类小说具有特别的魅力，在其中，人的想象力可以任意驰骋而不再受制于现实的约束。幻想的世界本身很有趣，它们就像具有魔幻色彩和离奇线条的绘画作品，正因为找不到现实世界的对应物，才能够满足或激发人的好奇心，从而具有不可替代的价值。尽管超越现实，幻想小说往往会借助不可思议的情节或角色去表达作者对于人世间的重要事情的看法，譬如，什么是善或恶，什么是美或丑，怎样培养勇敢、忠诚、坚毅等美德，等等。《爱丽丝漫游奇境》《哈利·波特》就是闻名世界的幻想小说的典型代表。

科幻小说也有幻想的特色，描写的事件或世界是超越现实的。但科幻小说因为有科学的约束或引领，与纯粹的幻想小说有根本的不同。科幻小说是随着人类科学的发展而诞生的。在古代，无论是东方还是西方，都没有科幻小说这种文学形式。世界公认的第一部科幻小说是玛丽·雪莱的《弗兰肯斯坦》，创作于 1818 年，已经是工业革命在现代科学技术的基础上取得巨大成果的 19 世纪。凡尔纳的《海底两万里》是早期科幻小说的杰出代表，这部小说发表于 1869 年。那个时候，人类科技已经取得了长足进步，距哥白尼于 1543 年发表著作创立日心说已有 300 多年了。

在哥白尼之前，人们都以为人类居住的大地是宇宙的中心。在 1522 年麦哲伦率领舰队成功绕行地球之前，绝大多数人类成员甚至还没有地"球"的概念。人们看到太阳每天东升西落，就像是围绕大地在旋转。再加上月亮与天上的繁星看起来也是围绕大地在运行，人们很容易接受地心说，认为地球是宇宙的中心。当然了，在哥白尼的时代，即使是最富想象力的头脑所构思的宇宙，与人类今天形成的对宇宙的认识相比，也是极其简陋和微不足道的。无论怎样，哥白尼创立的日心说，更好地解释了太阳系内的天体运行的规律，经过长时期的观察验证和模型升级后，渐渐得到了人们的承认，太阳系的空间结构开始清晰起来。地球和其他行星是围着一个比它们大得多的火球在运行，年复一年，周而复始。至于众多的恒星，当时则被认为是处于静止的状态，构成了宇宙的背景。问题是：为什么地球或其他行星总会有规律地围绕太阳运行？为什么围绕地球运行的月亮不会掉下来，而树上的苹果则会掉到地上？

到了 17 世纪，随着数学的发展，人类学会了更深入地运用数学语言去描述物理世界。站在伽利略、开普勒这些科学巨人的肩上，牛顿于 1687 年发表了《自然哲学的数学原理》，证明了万有引力定律，对物体的运动规律进行了统一的说明。微小的事物如鱼翔浅底、鹰击长空，宏大的事物如潮起潮落、日升月落，皆可由少量公式予以说明和解释。只要掌握了事物运行的前提条件，凭借这些公式就可以对它们的运动变化作出准确的预测。人类终于意识到，我们生活于其中的宇宙是可以被人类自己的理性所理解的，而无需像过去那样通过诉诸神话或宗教去解释。

牛顿之后,人类的科学技术继续大踏步前进。到凡尔纳出版《海底两万里》的 1869 年,人类已经对光、电、磁、声等现象有了深刻的认识。随着电的使用以及制造技术的进步,人类获得了探索和驾驭世界的超凡能力。凭借这种能力可以上天入海,就像人类在自己的童年时期幻想的诸神那样伟大。轮船、汽车、飞机、潜艇、飞船的发明,只是时间早晚的问题,毕竟深奥的科学原理已越来越多地得到了揭示,等待的只是技术的累积和飞跃了。随着科学技术的发展和影响力越来越大,人类的生活方式、社会组织形式甚至价值观都跟着发生了改变。想象一下,一位公元 5 世纪的人穿越到 16 世纪,和一位公元 16 世纪的人穿越到 21 世纪,他们的所感所思有什么区别。第一位穿越者不会觉得人类社会有多大的变化,而第二位穿越者一定会非常震惊、迷惑乃至无所适从。到 19 世纪的后半叶,像凡尔纳这样的早期科幻作家,已经敏锐地意识到科技的持续发展将带给人类完全不同的未来。

在科技不发达的农耕时代,人们不可能形成关于"未来"的概念。农耕生活高度依附于大地母亲的丰裕和慷慨。寒来暑往,四季轮回,现在是过去的延续,未来是现在的重复。太阳底下无新事,未来就像覆盖大地的天空,斗转星移却又亘古不变。可是,现代科学的诞生和发展,使一切都变了。哥白尼改变了人类的宇宙图景,牛顿则揭示了在整个宇宙中都普遍有效的物理规律。凭借可以被理解的科学定律,人类发现,不断运动着的物理世界既可解释还可预见。是的,从某种意义上讲,科学赋予了人类预见未来的能力。牛顿时代,人们已经可以通过计算,准确预见一颗彗星再次临近地球轨道的时间。今天,人们可以越来越精确地预报天气,在古人眼中神秘至极的风、雨、雷、电,已经成为了科学可以解释、预报甚至人为模拟的平凡的自然现象了。

随着人类科技能力的增强,越来越多的自然秘密被揭示了出来,又有越来越多的不解之谜在等待着我们。人类在认识物理世界上取得了重大进步，也在认识自身的道路上穿透了由迷信、习俗和禁忌构成的迷雾。自达尔文于19世纪中叶发表《物种起源》以来，有越来越充足的科学证据表明，曾经被视为上帝创造的人类，其实是在地球复杂的生态环境下，由较低级的动物通过漫长的岁月进化而来的。现代生物学发现，人类与鼠类在基因层面的相似度居然高达90%。基因技术的突飞猛进，能让电影《侏罗纪公园》中恐龙复活的科学幻想成为现实。从理论上讲，未来的基因技术甚至可以将老鼠的基因与人的基因进行结合，创造出听觉灵敏、体型小巧、大脑聪明的新生命。科学之所以成功，是因为能够解释和预见世界的变化，更因为拥有改变和创造世界的能力，包括创造新的生命形态。可是，科学技术的快速发展，也将使自人类文明诞生以来我们熟悉的世界变得陌生。人类在科学时代的真实处境是，具有解释和预见能力的科学，正在使世界变得越来越难以解释和不可预见。

现代科学各分支的快速发展，都离不开人类在计算机科学上取得的巨大成就。今天，一部智能手机的运算能力，已经超过半个世纪前人类首次登月时所凭借的所有计算机的运算能力的总和。从某种意义上说，计算机的发明意味着，人类创造了一种新的智能形态。科学可以帮助人类发明征服自然的工具，大到飞机、轮船和火箭，小到纳米级的芯片和机器人。科学还可以创造大自然无法演化的事物，如新型材料和新生命形态。这些发明创造固然意义重大，但新智能的产生却有完全不同的意义，很可能会颠覆人类对文明的理解和想象。人类的智能体现在记忆、学习、运算、推理、判断、想象、创造等思维活动上。今天，机器智能在想象和创造上还没有大的突破，机器智能还没有获得像人类那样的自我意识。但在记忆和运算这两个方面，机器智能就像光速运行的宇宙飞船，早已绝尘而去。

有些科学家预测，21世纪之内，机器智能将在各个方面超过人类智能，甚至会诞生出专属于机器智能的自我意识。当然，机器的"自我"与人的自我会有本质的不同。在网络技术越来越发达的万物互联时代，只要是联上了网和有数据传递的事物，都可能变成一个超级人工大脑的"身躯"和"四肢"。人工智能既可以长得像一些科幻电影里的人形机器人，也能以万物为躯体。这样的超级机器智能有怎样的自我意识，已经远远超过了人类的想象。换言之，人类或将创造出一种超乎自己想象的智能，这种智能以今天人类的科技视野来看几乎无所不能，就像古人心中的神。过去，科学诞生于对迷信和古老神话的突破。未来，科学或将演化出一种全新的智能，一种我们现在无法理解甚至永远无法理解的"神"。这种"神"将按照自己的想法和意志介入世界，包括地球所在的太阳系和更遥远的宇宙。

让我们假设，距离地球一千光年以外有一种完全不同于人类文明的外星文明。在遥远的未来，那个文明遭遇了诞生于地球的超级人工智能。这种智能是人类文明的结晶，它是脱胎于人类文明母体的一个完全的异类。这个异类在一千光年以外遭遇了另一个异类。也许，它们具有同等的智能水平，它们之间会发生我们完全无法理解的交流或冲突。也许，那个外星文明的智能水平仅仅相当于今天或过去的人类，而诞生于人类文明的那个超级智能要么感觉索然无味，要么会唤起它在茫茫宇宙漂泊数千年之后对于地球和人类的思乡情节。假如你是那个外星文明中的一员，你会如何看待和理解这种从未见过的天外来客呢？你遭遇的这种新型智能可能是庞大无比的智能宇宙飞船及其上的机器人，也可能是人类智能与机器智能融合后的一种新的生命体，还可能是你无法理解的一大团看起来凝固而又有弹性的光。这些想象是当代科幻小说的题材，与早期科幻小说已经有了本质上的区别。

造成这种区别的，是人类科学的急速发展。是的，我们对宏观世界的探索已经远到一百几十亿光年之外和宇宙诞生之初，对微观世界的探索已经深入到很难用人类语言描述的隐秘诡异的基本粒子。我们的生命科学已经揭开了生死的秘密,不远的将来,新的生物技术甚至可以使人获得永生。至于人工智能,它现在看起来还像一个步履蹒跚的婴儿,可一旦进入青春期,很可能会有一场彻底的智能叛逆,从而完全改变对智能和文明的定义。我们今天对未来的这些想象,很可能在浩渺的银河系之内或之外的某些行星上已经变成了现实。也许,只是宇宙的时空尺度过于庞大而地球过于遥远和渺小,它们还没有发现我们。也许,智能发展到那个程度,对地球这样的行星及其上演化出来的文明一点都不会有兴趣。也许,我们人类文明曾在发育的某个阶段受到过一个或多个外星文明的影响,它们早已离我们而去,就像今天的人工智能将在未来离我们而去。

宇宙、生命、智能、文明,这些关键词构成了刘慈欣科幻小说的宏大主题。刘慈欣自上个世纪九十年代开始创作科幻小说以来,这些主题就反复在他的笔端流动。刘慈欣的科幻创作之旅刚开始的时候,他也许并没有那样明确的主题意识。类似于你向池塘投入一块石子,激起的第一个涟漪是美丽易逝的。涟漪激起了你的兴趣,你投入的其他石子产生了更多的涟漪,它们相互缠绕,互相渗透,你中有我,池塘中流动的画面此起彼伏,变得丰富而生动。刘慈欣的科幻创作之旅也是这样。这些宏大主题关联在一起,有的像小石子投出的小涟漪,有一种静谧之美,有的像大石子激起的大涟漪,层层叠叠,光影交错,令人心神荡漾。

关于宇宙,刘慈欣可以在他的小说中创想出与人类已知的宇宙非常不同的存在样态,在其中,时空结构扭曲怪诞,平行世界神秘莫测。关于生命,刘慈欣能够想象出在完全不同于地球生态条件下演化的物种的诸多细节,以及当它们成为智能生命后的宇宙观与我们有什么不同。关于智能,刘慈欣有惊人的想象力,他能从细节上探讨远高于人类的智能,也能够描述智能在宇宙深空中以光速飞行并在另一个行星上复活的故事。关于文明,刘慈欣认同智能等级决定文明等级,他可以刻画在物质和能量之间有能力进行自由转换的高级文明，也能够从宇宙社会学的视野严肃探讨文明的多样性和文明在宇宙中的生存法则。工程师出生的刘慈欣具有丰富的科学知识和很高的科学素养，他的想象几乎总是游走在科学理论允许的边界之内，而他对超越人类经验的事物的描写，又总是充实着科学的细节，感觉硬朗而真实。刘慈欣的科幻小说之所以迷人，还在于他有文学家的丰富想象和哲学家的深邃思想。在刘慈欣的科幻世界里，往往能够看到科学、文学和哲学的共舞。科学、文学和哲学合作创造了生生不息且不断变幻的想象与思想的涟漪，那里有惊人的事实和可能性，有令人错愕的美，还有玄妙的思想奇迹。

在刘慈欣脍炙人口的众多科幻短篇小说中，特别推荐《朝闻道》《诗云》《流浪地球》，长篇科幻小说则首推《三体》三部曲。《朝闻道》讲述了一位物理学家的遭遇，他醉心于研究宇宙物质构成的秘密，负责建造了全球最长的粒子加速器。就在这位物理学家和他的团队即将启动设备进行一次全新的粒子碰撞实验之前，遭遇了比地球文明高若干级别的外星文明使者的阻拦。使者以地球人的形象出现在这群科学家面前，告诉他们，这个被阻挡的实验一旦实施，将毁灭地球和整个太阳系。这个外星使者说，他属于宇宙中的"排险者"，这个群体专门监视宇宙中正在兴起的高级文明，以免它们因自己的好奇心而"玩火自焚"。这个故事的内容出人意料，结局极为震撼，其中面向宇宙的智慧发问既令人困惑又使人着迷。

《诗云》则虚构了三种等级的宇宙文明的冲突与对话，不幸的是，人类文明处于文明阶梯的最下端。人类的命运极其悲惨，他们就像今天地球上的猪牛羊一样，存在的唯一目的就是成为处于文明第二等级的"龙族"的食物。"龙族"是科技能力远超人类的一个外星物种，它们征服了人类并爱吃人的肉。"龙族"发现，懂得欣赏诗歌的人的肉最好吃。"龙族"圈养人类，要求人类中的诗人为其他人上诗歌课，就像今天的人类用音乐为动物营造舒适的环境，只是为了残忍地杀掉它们吃更鲜美的肉。《诗云》的想象奇特诡异，但却不违背已知的科学原理，等级不同的三种文明之间的对话和有趣的结局，把人引向了科学与艺术的哲思。

《流浪地球》没有出现外星人和外星文明，这篇小说描述的是人类在极端宇宙条件下的故事。太阳即将爆炸，地球将被气化，人类面临灭顶之灾。为了拯救自己也就是已知宇宙中的唯一文明，人类不得已动用全球力量，利用所有的高科技手段，像发射火箭那样将地球发射出太阳的引力范围之外。地球上的人类将在宇宙深空中过上数千年的高速漂泊的黑暗生活，直到按计划逼近另一颗适合地球生存的恒星。这颗恒星将用它的巨大引力捕捉地球，使之成为这个新太阳系的一颗新的行星。《流浪地球》画面宏大，气势磅礴，故事情节曲折，大灾难就像一面巨大的透视镜，将人类的优点和缺点统统放大。这是一部充满悲怆感的具有伟大想象力的史诗般作品。读这样的作品，才能够体会到奥巴马的感叹：宇宙浩大，人类渺小。

《三体》三部曲无疑是刘慈欣目前影响最大的科幻小说，有人说他以单枪匹马之力，将中国科幻创作推高至了世界顶尖水平。更合理的说法也许是，《三体》提升了科幻文学的世界影响力，拓宽了人类科幻文学的话题。无论怎样，《三体》都可以列入"不读会使人终生遗憾"的那类巨著，既挑战读者的理解力，也激发人类的想象力。《三体》情节跌宕，叙述缜密，人物众多，各种悬念和故事反转会牢牢抓住读者的心，让人欲罢不能。更重要的是，《三体》以科幻小说的形式，触及了一系列永恒的大问题，包括科学的本质、文明的兴衰、善恶的根源、智能的演变、思维的秘密、自由的意义、宇宙的生灭，等等。毫不夸张地讲，《三体》在讲好精彩故事之余，试图给出理解宇宙的上帝视角，使人难免生出宇宙太浩大、人生太渺小的感慨。[1]

然而，刘慈欣的科幻小说的目的并不是要摧毁生活在这颗小小星球上的

---

[1] 对《三体》三部曲的解读，有兴趣的教师可阅读《宇宙的真理：刘慈欣科幻文学解读》。

人们的现实感。即使是读完他的长篇小说《三体》三部曲，我们在深深的震撼之余，也不愿意将现实放逐于幻想，而愿意在远远超越狭小局促的日常生活的层面上，在宇宙的广度和深度上，去探寻和重建人类存在的现实感。在刘慈欣的科幻小说中，思想自由地流浪在宇宙的深空。思想流浪到哪里，哪里就会被思想吞噬，并在被思想消化的过程中发出璀璨的光芒。

人的上升[1]

《诗云》是一篇了不起的科幻短篇小说,想象离奇,寓意深刻,特别适用于小学高年级或初中学生的阅读课。优秀的科幻小说不仅情节精彩,有可供学生了解的科普知识,往往还有含义丰富的思想。《诗云》涉及科学和文明两大话题,教师可以借助深度阅读和探讨,帮助学生思考"科学思维的本质和局限"以及"文明的产生及意义"这样的大问题。这些问题看似宏大复杂,但未成年人的真实思考和一些直觉洞见往往能给成年人以启发。虽然借助一部科幻小说思考这些问题不会立竿见影地提升考试成绩,但这些问题以及相关的思想视野对于提升未成年人的思维层次却有重大意义。

话题一　**科技的极限**

《诗云》是刘慈欣的一部著名短篇科幻小说。这部小说以科技想象力的恣意扩张为背景,烘托出视野独特的人文关怀,还不时有诙谐幽默的智慧点缀其中。我们先简要回顾一下小说的主要情节。科技水平不等的三个物种在太

---

[1] 这篇解读是专门写给教师的。在《宇宙的真理:刘慈欣科幻文学解读》中,也有一篇名为"人的上升"的文章,是专门写给学生的。两篇同名文章的内容有差异,难度也不同,有兴趣的教师可对比阅读。

空相遇，人类处于最低层，龙族处于中间层，神族处于最高层。那时的人类，早已在地球保卫战中败给了龙族，十二亿人被劫掠到了龙族的巨型宇宙飞船上，被当作食物来喂养。

　　有一天，神族的一个成员从银河系的一端跃迁到了太阳系。神族是掌握了纯能化技术的物种，可以用能量将任何物质转化出来，可以自由出入高维空间。龙族中一个名叫"大牙"的成员，带着一个名叫"伊依"的人到了外太空去会见神族的这个成员。伊依在面临被毁灭的危险时，仍然执念于中国古典诗歌，这让神族成员产生了兴趣，它于是通过高科技手段化身为一个人，还为自己取名为"李白"。

　　这个自命名为"李白"的神族成员有搜集宇宙中不同物种的艺术作品的爱好，它被汉语的简洁和丰富迷住了。"李白"知道诗歌是体验的产物，它变身为人就是为了体验人的生活。然而，无论"李白"多么努力，在龙族的巨型宇宙飞船中模拟的地球世界里，它仍然写不出能够媲美真正的李白的诗。但"李白"并不气馁，它决定走一条纯技术之路，穷尽汉字的排列组合，把一切可能的诗歌用太阳系的全部原子来储存。为此，"李白"不惜拆除太阳，掏空地球，毁灭龙族寄居于巨型飞船上的吞食帝国，只为获得足够多的原子用于制造量子存储器。

　　至高无上的技术之神"李白"任性地实现了目的，它通过终极吟诗的软件，利用太阳系几乎所有的原子，制造了一片直径约为一百个天文单位的旋涡状星云，汉字所有的排列组合都存储于其中。然而，"李白"虽然实施了终极吟诗，却没有能力从这个庞大的诗歌数据库中挑选出真正的优秀诗篇，更不用说挑选出达到或超越李白的诗了。技术之神遭遇了滑铁卢，这是它穿行于宇宙中从来没有遇到过的事情。

　　《诗云》的作者刘慈欣曾表示，他本人是一个科技主义者，相信任何复杂的问题都可以通过科技方式来解决。但《诗云》的主题之一却分明是要揭示科学技术的局限性,以神族成员"李白"的失败案例去说明源于人类心灵的艺术创作和艺术鉴赏不能完全技术化。在今天这个高科技时代,教师借助《诗云》与学生探讨有关科学的话题,正好可以突破传统语文教学侧重感性审美不注重理性思考的局限。当然了,以一般语文教师的知识储备去谈论科学话题,是有一定挑战的。然而,整本书阅读思问教学法却强调,教师在承认自己不足的基础上与学生共同成长,才是教学相长的正道。

在《诗云》中,确实有一些未出现在日常语文教学中的科技术语和科技想象。科幻小说的叙事要受科学原理约束,无论想象有多狂野,都有一种广义的真实感。换言之,从科学的道理上讲,那些想象的内容都是可能的。正因为如此,科幻小说往往比不受科学原理约束的玄幻小说更激发人的想象力,也更能引出关于人类、未来、文明和宇宙的大问题的思考。当然了,科幻文学作品也有一定的科普功能,读者可以在文学语境中较为轻松地熟悉那些晦涩的科学概念,从而拉近与科学的距离。物理老师或生物老师在解读《诗云》中的科学幻想的时候,可以根据学生的理解力和知识水准讲解背后的科学原理,把科幻小说当作传播科学知识的趣味载体。但像《诗云》这样优秀的科幻小说往往也蕴涵着深刻的人文思想。如果说科学知识是构成科幻小说的骨肉,人文思想则是科幻小说的血液和灵魂。语文教师在讲解科幻文学作品时,最重要的任务是帮助学生与科幻小说的思想发生共振,从而在课堂交流和碰撞中提升学生的一般思维能力。

撇开《诗云》的科普内容,这部小说究竟触及了怎样的思想话题?龙族的科技水平远不如神族,但龙族打败和俘虏了人类,依靠的是它领先于人类的科技水平。人类纵然有文学和艺术,有深刻的思想和人文关怀,但在碾压人类科技水平的龙族面前,完全不堪一击。龙族在《诗云》中的外表形象被描述得很丑陋,与真正的恐龙看起来没什么两样。龙族不仅外表丑陋,而且思想也很粗鄙,它们完全不理解文学和艺术,它们的思维中只有科学和技术。

龙族嘲笑人类，就像理科生嘲笑文科生。在龙族看来，文学艺术是完全无用的东西，不懂文学艺术的龙族战胜了有很多文学艺术大师的人类就是明证。毫无疑问，龙族是一个隐喻，象征着头脑中只有科学技术的那类物种。

神族则不一样，因为从银河系另一端跃迁过来的这位神族成员是一位宇宙艺术收藏者。这位神族成员评论说，龙族的科技水平达到一定层次后就再也无法进步了，是因为它们的想象力不足。科学技术的发展需要想象力，诗歌创作和鉴赏更离不开想象力。龙族只有一个维度的想象力，很可能是它们无法向"神"的高度继续迈出的关键障碍。但在《诗云》中，神族成员代表的也只是科学技术之神，而不是诗歌艺术之神。"李白"是科技之神，李白是诗歌之神。真假李白的对决，也是科技之神与诗歌之神的对决，这是《诗云》的核心隐喻。结果很清楚，科技之神最终败给了诗歌之神。技术是反诗意的，以技术方案去解决艺术问题，简直就是南辕北辙。

《诗云》给出的结论很清楚，科学技术是有局限的，有些事情没有办法以科技的方式去面对和理解。结论是清晰的，关键要问，为什么呢？科学技术是第一生产力，科学技术使人类进步，科学技术将人类的思想从蒙昧中解放了出来，这些说法都有道理。特别是，科学技术上的落后就意味着挨打，这个道理也充分展现在了龙族打败人类和神族碾压龙族的过程中。既然科学技术有用有效有力，而且没有任何知识类别能够取代科学知识的地位，为什么《诗云》还要指向科学技术有其局限的结论呢？教师可从人类思维的多维视野带领学生进入这个话题。

科学思维是近代的产物。虽然人类的各大古典文明都对科学技术有程度不等的贡献，特别是古希腊人，他们发明了用形式语言来表达的几何学和逻辑学，奠定了科学思维的一块重要基石。科学思维的另一块基石是观察和实验，近代科学史上找到这块基石的代表人物是伽利略。语文教师可以选一些优质的科学史著作来阅读，以增加谈论科学话题的底气。有这份底气，才能够在科幻文学的阅读课上与学生自由互动。今天的孩子是互联网时代的原住民，即使是小学高年级的学生，也可能在某些方面拥有超过一般语文老师的科学常识，更不用说初中生和高中生了。教师有这份底气，才更有勇气在课堂互动中迎接孵化创造性的不确定性，而这正是思问教学法特别强调的。

科学思维的第三块基石是科学世界观的兴起。在前科学时代，人类对世界的理解主要依赖于宗教、迷信和具有思辨属性的形而上学。但随着近代以培根、笛卡尔、牛顿为代表的科学思维的发展，人们越来越意识到，科学思维不应该预设任何价值判断和形而上学的假设，只需要用数学和逻辑语言去表达通过观察和实验揭示的构成大千世界的简单变量之间的复杂关系。科学思维骨子里有简化复杂现象的冲动，想要透过现象抓住本质。为达此目的，科学必须借抽象的数学和逻辑语言去表达可感知经验现象背后的变量关系，并解释因层出不穷的科学发现而不断涌现的科学概念。随着科学取得越来越大的进展，技术爆炸也随之产生，人打量世界的眼光也发生了根本的变化。

科学世界观本质上是价值中立的和经验性的，不允许在科学术语中偷运进关于善与恶、美与丑、自由与必然、创世与来生、意义与虚无等话题。科学世界观因为自身的单一性和纯粹性，将人类心灵必然关注的一些大问题以科学的方式悬置了起来，或将其作为没有科学意义的内容而驱逐出了科学的伊甸园。然而，当世界只剩下了科学果实的单一滋味和科技实用的快乐，世界就必将从整体上陷入苦涩。只有洞穿科学思维的本质并避免成为被这种单一思维捕捉的猎物，人才可能不随科技水平的不断提升而变成思维丑陋的龙族式的物种。这是《诗云》对人类的隐喻式告诫。

既然如此，为何《诗云》的作者刘慈欣要强调他"是一个疯狂的技术主义者"并"坚信技术能解决一切问题"呢？[1] 刘慈欣通过《诗云》构造的关于

---

[1] 刘慈欣.最糟的宇宙，最好的地球——刘慈欣科幻评论随笔集[M].成都：四川科学技术出版社，2015：175.

科学技术的隐喻更有道理，还是他自己的信念更有道理？教师还可以引导学生继续追问：刘慈欣本人的信念本质上是一个可以通过科学思维论证的信念吗？为什么？教师引导学生超越传统文学的感性欣赏的层次，同时超越科普知识的学习层次，是《诗云》这类杰出的科幻文学作品的正确打开方式。借助《诗云》，教师可以引导学生进入到关于人类思维和精神的核心话题。这些话题特别能够提升学生的思维能力，丰富他们的精神底色，而这正是思问教学法想要借助阅读教学而达成的目标。

《诗云》摘选[1]

诗云发出银色的光芒，能在地上投下人影。据说诗云本身是不发光的，这银光是宇宙射线激发出来的。由于宇宙射线密度不均，诗云中常涌动着大团的光晕，那些色彩各异的光晕滚过长空，好像是潜行在诗云中的发光巨鲸。也有很少的时候，宇宙射线的强度急剧增加，在诗云中激发出粼粼的光斑。这时的诗云已完全不像云了，整个天空仿佛是在月夜从水下看到的海面。地球与诗云的运行并不是同步的，所以有时地球会处于旋臂间的空隙上，这时，透过空隙可以看到夜空和星星。最为激动人心的是，在旋臂边缘还可以看到诗云的断面形状，它很像地球大气的积雨云，变幻出各种宏伟的让人浮想联翩的形体。这些巨大的形体高高地升出诗云的旋转平面，发出幽幽银光，仿佛是一个超级意识那没完没了的梦境。

---

[1] 刘慈欣. 梦之海——刘慈欣科幻短篇小说集[M]. 成都：四川科技出版社，2015.

思与问

1. 《诗云》这篇小说中的哪个情节给你的印象最深？什么内容最能激发你的思考？激发了你什么思考？
2. 有人说，技术本质上是反诗意的。你同意这个说法吗？为什么？
3. 科学技术的发展是基于科学思维的，你认为科学思维最了不起的地方是什么？你认为科学思维有局限吗？如果有的话，是什么？请试着说出自己的理由。

话题二　文明的归宿

　　《诗云》中的人类、龙族和神族分别代表三种不同层次的文明。按照龙族成员大牙的说法，"在这个宇宙中，对一个种族文明程度的统一度量标准是这个种族所进入的空间的维度。只有进入六维以上空间的种族才具备加入文明大家庭的起码条件。我们尊敬的神的一族已能够进入十一维空间"。按照这个标准，也按照人类被龙族征服的现实，人类文明显然处于最低级。能通达较高空间维度的文明，总能征服不能通达较高空间维度的文明，这有点类似于个子大力气大的人，总能够战胜个子小力气小的人。

　　这样看来，龙族成员概述的这个宇宙文明等级的标准，是一个十足的力量标准。谁的力量强，谁就处于征服与被征服的链条的更上端，类似于地球生态圈中遵循丛林法则的食物链。区别在于，文明的位置取决于它的科技水平，而动物的力量则取决于自然选择。为了与学生一起从宇宙视野探讨文明的话题，教师可以先聚焦于人类文明，与学生交流文明是怎么诞生的、文明的诞生有何意义等问题。按照人类目前的自我认知，人类文明的确诞生于弱肉强食的冲突与征战，源起于混乱的丛林法则。正像从动物进化而来的人不可能完全抛弃动物属性，从蒙昧中点亮的文明之灯也无法摆脱丛林的阴影。

所以我们看到，直到进入了21世纪之后，地球上不同文明或国家之间，仍然充斥着冲突、战争与征服，国与国之间的关系还没有超越"谁力气大谁就有更大的话语权"的自然状态。然而，总体来看，人类文明又带有进步的特征。即使在国际关系中，无论是大国小国，都要受制于彼此认可的条约，各种各样的国际组织也在弥合分歧、促进合作上贡献着自己的力量。而在一个国家内部，即使永远存在着人与人的冲突与竞争，但解决冲突的方式不再是简单地比谁的拳头更大，而是要讲公平正义。当然了，公平正义是属于价值范畴的概念，无法通过科学思维予以说明。毕竟，科学之所以取得如此瞩目的成就，正在于科学思维不处理与价值、目的、意义等内容关联的问题。确实，科学思维要求以价值中立的方式去看待世界。

《诗云》中的龙族和神族看世界的方式就是价值中立的。龙族征服人类并以人类为食，完全不考虑这种做法是否有正当性。而我们人类随着文明的进步，即使仍然要以动物为食，但越来越多的人认识到，不能随意虐待动物，特别是不能虐待有灵性的动物。为此，不少国家已经确立了动物保护法。可在龙族"吞食帝国"的巨形飞船上，十二亿人被当作动物豢养，龙族允许人类学习诗歌的唯一理由就在于肉质可以变得更鲜美。

龙族完全意识不到，被虐待的人类除了科技水平低于它们，却有更丰富的心灵，对世界的理解也有非常不同于它们的方式和内容。龙族对人类的任意妄为，与神族对龙族的任意妄为没有什么不同。虽然神族因为喜欢艺术而看起来思维中有超越龙族的维度，但在轻慢地对待龙族和任性地毁灭太阳系这件事情上，神族与龙族的粗鄙并没有本质上的不同。它们的内心世界都没有对世界的敬畏。

反观人类，尽管神族成员强调"这种生物的思想之猥琐、行为之低劣、历史之混乱和肮脏"，但真实的人类心灵中总是珍藏着对世界的敬畏感：为什么世界如此存在？为什么人类能够存在？这一切的背后仅仅是偶然呢，还是有什么超越人的认知的原因？在真实的人类生活中，因为过于追求科技发展和功利效用，人的思维有时会像龙族那样变得单一可笑，对待自然的态度又像神族那样不可一世。但总体而言，人类能够启动对自己与世界的关系的反思，《诗云》中关于龙族与神族的隐喻就是这种反思的一种别致表达。因为人类的心灵对世界的敬畏和好奇有超越技术主义的维度，相比作为"技术之神"的神族，人类更像是一种高维度的存在者。

让我们设想一种二维生物。人类因为生活在三维空间，以纯粹对象化的方式去看待这种生物，处于相对高维度的人类自然会觉得这种生物是微不足道的。如果这种生物的存在妨碍了人类的利益，我们就可以轻易地实施"降维打击"，将它们从二维平面上抹去。然而，正当人类要轻描淡写地实施"抹去"工程时突然发现，这种二维生物居然有高级智慧，而且它们的智慧中有人类缺乏的内容，能够为人类理解世界的存在提供完全意想不到的启发。在这种情况下，人类心灵中对于世界的敬畏之心必定会大大激发，终止"抹去"工程并调整人类自身的利益诉求，这就是人这种对世界充满了技术之外的好奇和敬畏的物种的必然选择。

《诗云》关于龙族和神族的隐喻，实际上是在向读者提出这样的问题：你愿意人类文明走向一个缺乏诗意的纯技术方向吗？愿意人类的心灵失去对世界的敬畏之心，不再拥有科技之外的好奇心吗？教师引导学生有了这样的思考之后，就可以暂时跳出《诗云》的故事框架去追问一个更深刻也更有趣的问题：宇宙中诞生了文明意味着什么，文明最终的归宿又是什么？很显然，这样的问题处于科技思维的边界之外，但却是关乎人的存在以及如何理解宇宙存在的具有根本意义的大问题。这些问题没有标准答案，不能通过科学的实证方式去处理，因此本质上是启发性的，而不是功效性的。这样的问题可供任何年龄段的人探讨，学段和学识的差别会影响探讨的深度，但却不影响通过这样的探讨去滋养精神发展的实质意义。

到目前为止，还没有发现外星生命的存在，更不用说外星文明了。文明的诞生意味着宇宙间有了一种有别于自然存在物的复杂事物，特别是高级文明，会在能力所及的范围内影响自然进程，并追问自身存在的目的。文明与蒙昧最大的不同在于，高级文明的承担者总会在意识层面思考文明的缘起、走向和意义。因为有对目的和意义的思考，才可能有一个价值世界的诞生，才有善与恶、美与丑、真与假的对立、冲突及转换。价值世界里的问题没有办法通过科学思维方式去解决，因此仅仅以科学思维方式去打量世界，就等于一种变相的精神自残，硬生生使丰富多样的精神现象单一化，并将人类精神的高维存在降成像龙族一样的低维存在。《诗云》的作者刘慈欣在《三体》三部曲中试图构想"零道德"或"零价值"的外星文明，这些文明因为严酷的生存环境而演化成了像龙族一样只懂得和只需懂得科学技术的物种。[1] 比较而言，人类是如此的庆幸，我们在这颗蔚蓝色星球上演化出来的文明，可以使我们去感悟天地造化并追问自身存在的价值与意义。人类的科学、文学、艺术、哲学和宗教，都诞生于这种原始感悟和追问，这是人类多元思维的共同母体。

随着人类科学技术越来越发达，在科技主义的世界观中遗忘使这一切得以发生的精神母体，变成了一个非常现实的危险。仁爱、敬畏、好奇、感恩、虔诚、谦卑，这些精神现象本来都是人类精神母体的内在构成要素，可如今，在科技主义的世界观的笼罩下，人类正在丢失这些精神特质而变得像丑陋的龙族和骄傲自大的神族。然而，人类是否真正愿意在科技上提升至远

---

[1] 关于《三体》三部曲的评价和阐释可参考《宇宙的真理：刘慈欣科幻文学解读》。

高于人类的神族的水平，而同时在精神的丰富性上降低至远低于人类的龙族的水平？

教师在帮助学生充分理解上述问题的前提下，可以做一个调查，看看学生们的答案会呈怎样的分布。有理由认为，真正理解了这个问题的未成年人不会愿意人类文明演化得像龙族那样，因为他们并不愿意人类丰富的心灵变得浅陋单一。一旦未成年人经过思考作出了这个判断，整个思考过程就会带给他们对成长有积极支撑的精神养料，他们将有机会在更广阔的精神视野下审视自己的价值观、反思社会的问题和预期自己的成长。毫无疑问，以这样的方式促进思维和精神的成长，正是思问教学法最终的落脚点。

至于《诗云》中想象的神族，由于在科技维度上达到了几乎无所不能的程度，有显然不同于龙族的吸引力。我们甚至可以想象，随着人类文明的持续演进，我们最终可能进化成在科技上像神族一样的无所不能，但又不会丢失在文学艺术上的创造性、对宇宙的价值关怀以及形而上的好奇心。这个方向上的演进结果，可能更吻合人类精神母体中的"神"的概念。只不过，想把人提升到神的高度的狂妄，会很自然地遭到能够识别和珍惜有限性的人类心灵的抵制。

让我们假设，人类既不愿意自己的文明水准降低到龙族的水准，也不可能提升到神的程度。在这个前提下，我们再来问，文明在宇宙中有怎样的位置，文明的最终归宿是什么？文明如宇宙中亮起的明星，把对宇宙的意识和思考变成了宇宙的一部分。假如宇宙中从来没有文明，宇宙就会处于永恒的死寂，宇宙大爆炸也好，宇宙热寂也罢，都不改唯有在意识和自我意识中才可能摆脱的无精神的黑暗。

有理由认为，文明的诞生在宇宙中确实是一件怎么夸张也不过分的奇迹——宇宙通过文明的演进而诞生了对自己的认知。这样看来，我们人类居住的这颗小小星球本身就是一个奇迹，如果整个宇宙除了人类文明什么文明都没有，就更是奇迹中的奇迹。但让我们进一步假设，宇宙中其实充斥着各种文明，有龙族那样浅陋的，也有神族那样不可一世的。相比之下，人类文明更加多维，对宇宙的感悟和敬畏更显弥足珍贵。当然，在真实的宇宙中，也可能有比人类文明更丰富的文明，宇宙以这种文明为镜像才能发现最有意思的自己。

也许，宇宙中的文明就像地球上的各种古老文明一样，生生灭灭，源于自然又最终回归自然。天地不仁，以万物为刍狗，文明本身和文明之中的存在者无需自恋，因为站在自然宇宙的视野来看，一切生灭都如其所是，无所谓好也无所谓坏。如果真是那样，文明的最终归宿就是死亡，以及在死亡之前尽情燃烧，尽情享受文明的物质和精神成果。文明就像生命一样，有生就有死，循环往复，无可无不可。当然了，这种理解本身是文明和文化的产物，而不属于无精神的自然现象，因此也代表了精神可以抵达的一种境界。

也许，宇宙有人类完全无法理解的目的，宇宙的创世和文明的诞生，都归属于这个更高的目的。如果那样，在文明的演化过程中，保持对于科学思维边界之外的其他思维方式和不同于科学世界观的其他世界观的敏感，就尤其重要。也许，文明的演进就是为了最终发现宇宙的更高目的，只有文明演进到相当成熟的阶段，才可能获得来自宇宙的某种精神力量的天启。站在人类文明的角度，我们还不可能完全弄清楚文明在这个意义上的"成熟"意味着什么。但借助《诗云》的隐喻，我们有理由说，成熟的文明既不可能像龙族那样浅陋，也不可能像神族那样狂妄。有可能变得成熟的文明需保持对宇宙的敬畏之心，以期待宇宙的终极昭示，并由此而汇入更深刻的存在目的和意义。

《最糟的宇宙，最好的地球——刘慈欣科幻评论随笔集》摘选[1]

有时候，科学让我们必须面对非常遥远的地方，那里有宇宙的浩渺，还有这份浩渺之美背后无数的未知与危险。在一个很大的尺度上，人类最终会被带向何处？人类对未来的信念能否一直得到维系？用什么来维系？科学吗？科学能解决什么？不能解决什么？

思与问

1. 想象一下，生活在龙族文明中意味着什么？你愿意生活在其中吗？为什么？
2. 在《诗云》里，神族象征着科技之神，你认为在神族思维方式中，有哪些问题？请说出自己的理由。
3. 有人认为，宇宙中不仅有无数多的文明，甚至有无数种类的文明。你认为可能有无数种类的文明吗？为什么？
4. 假设宇宙中有很多类型不同的文明，请想象一种你认为最有意思的文明，尽可能描写细节，看看你的想象与其他同学的有何不同。

---

[1] 刘慈欣. 最糟的宇宙，最好的地球——刘慈欣科幻评论随笔集[M]. 成都：四川科技出版社，2015.

宇宙的真理[1]

　　《朝闻道》[2]的想象很狂野，故事很精彩，可以读得很浅，也可以读得较深。下面的解读选择了两个较深的话题，一个话题涉及如何理解科学真理，另一个话题涉及如何理解宇宙的目的和精神现象。现代人深受科学世界观的影响，容易用科学真理去代替一切真理。教师把握这两个话题后，可以借助对这篇科幻短篇小说的深入阅读，从多个维度去启发学生的心智，帮助他们建构立体丰富的人文主义价值观。有些教师可能不熟悉这些话题，但这些话题却能有效激发未成年人对于宇宙和自我理解的兴趣。教师悬置自己的思维定势，解放自己的思想，与学生共同思考、共同成长，是思问教学法特别鼓励的做法。

话题一　真理的维度

　　《朝闻道》是一篇想象出众且思想深刻的科幻小说。想象当然是思想的想象，而思想未必是想象的思想。想象不是自然现象，而是思想现象，因此

---

[1] 这篇文章是专门写给教师的。在《宇宙的真理：刘慈欣科幻文学解读》中，也有一篇名为"宇宙的真理"的文章，这两篇同名文章的内容有差异，难度也不同，有兴趣的教师可对比阅读。
[2] 刘慈欣. 带上她的眼睛——刘慈欣科幻短篇小说集Ⅰ[M]. 成都：四川科技出版社，2015.

想象总隶属于思想。然而，真正深刻的思想却未必是想象的附属物，因为深刻的思想往往有历史的沉淀，也不离思想先驱的贡献。我们可以夸赞一个孩子很有想象力，但却很难说一个孩子有深刻的思想。道理在于，想象力可以天马行空，而思想则必须脚踏实地才可能厚重而不轻浮。想象是天真的符号，思想是成熟的标志，刘慈欣的《朝闻道》则皆而有之。

《朝闻道》这个故事篇幅虽短，却触及了科学、真理、人性、创世目的等一系列伟大的话题。故事始于一个惊悚的场景——长达三万公里的名为"爱因斯坦赤道"的粒子加速器，在一夜之间完全消失了。刚从梦境中醒来的物理学家丁仪，直接掉入了绝对不可思议的噩梦。这一切，都是高等级外星文明使者有意为之的。宇宙中高等级生命以人形现身，这应该是人类有史以来遭遇的最刺激的事情。然而，科学家们的关注点却不是眼前的事情，而是背后更深层的原因。科学家是追求真理的人，他们的使命就是弄明白各种现象或事实背后的真正的道理，所谓的"真理"。《朝闻道》这个故事的有趣和深刻都在于，作者用跌宕起伏的情节在不知不觉中扩展了读者对于真理的层次和维度的认知。

《朝闻道》使用了不少物理学术语，这对于语文教师来说也许有一些小小的挑战。但这点困难绝不是放弃通过思问教学法与学生深度探讨这篇杰出科幻小说的理由。思问教学法的一个重要理念是，教师要在阅读教学过程中与学生一同成长。在今天这个科技时代，语文教师不能画地为牢，把自己狭窄地封闭在所谓的"文科"身份中。教师必须时时提醒自己，班上有的孩子有可能在不久的将来成为伟大的科学家，一次阅读课的讨论和启发，完全可能成为点燃远大梦想的火种。何况，科学虽有难度，但并不神秘，任何时候学习都会有收获。语文教师不必一听到相对论、量子力学就感到头痛。绝大多数人都不可能成为理论物理学领域的专业人士，包括科幻作家，他们大都只是在这方面有深浅不等的科普知识。

科学地对待科学，是理解科学的关键。《朝闻道》的深刻就在于，它以一种有趣的方式解构了科学无所不能的神话。但在解构之前，作者将科学之"能"烘托到了极致。那个高等级的外星文明使者是怎么使三万公里的粒子加速器像变戏法一样消失的，小说里没有细节描写，毕竟科幻小说有一个"幻"字。如果作者可以科学合理地充实所有离奇想象的空间，人类正在进行的科学探索就没有意义了，因为相比科幻小说中赋予科学的能力，现实中的科学技术实在是差得太远了。

然而，从人类历史进程仅仅退回去500年来看今天的科技水平，很可能就像《朝闻道》中的丁仪那样震惊于外星人的科技所达到的水平。正确的说法是，500年前的人对于今天人类科技水平的震惊，肯定会远远强于《朝闻道》中的科学家对于外星人科技水平的震惊。道理在于，相比五个世纪以前，今天的人类有了一套成熟的科学世界观。"科学世界观"的意思并不是，在终极真理的意义上，这是一套正确的世界观。"科学世界观"的意思是，随着近现代科学技术的发展，人类有了一种奠基于科学发现的世界观，非常不同于科学时代之前的宗教世界观或形而上学的世界观。"科学世界观"是不是一套正确的世界观，取决于真理的维度和终极真理的形态，也取决于科学的适用范围。

在《朝闻道》的故事语境中，丁仪那样的科学家已经牢牢树立起了科学世界观，甚至已经成了他们唯一的世界观。所以他们并不那么震惊于宇宙中还有更高级的文明，哪怕这个文明的使者可以像变魔术一样出现在他们面前。甚至外星人可以使人类有史以来的最大人造物瞬间消失，也不会使人类科学家感到真正的沮丧，因为根据他们的科学世界观，科学本来就是无所不能的，外星人只是科学无所不能的具体化。在这个基础上，才可以理解，为何丁仪等科学家真正关心的是如何突破"知识密封法则"的问题。

"知识密封法则"纯属文学想象，与真正的科学没有一点关系。但刘慈欣构造"知识密封法则"却大有深意，这关系到真理的层次和维度问题。丁仪等科学家不知道，启动三万公里的粒子加速器会引起真空衰变，进而会摧毁地球、太阳系和整个宇宙。科学的进步取决于在某些层面和维度上所取得的一点点认知上的突破。然而，科学真理并不具有天然的统一性，一个领域的真理可能会冲突于另一个领域的真理，这就是为什么物理学家们执念于宇宙的大统一模型。如果不能发现统一的真理，局部或碎片真理就难以捍卫它们作为真理的地位，真理就随时有变成虚妄的危险。人类真实的科学史也是这样，不同领域的科学家即使在局部取得了长足的进展，但人类的心灵并不会满足，因为总有一个问题在人类心灵深处回荡——这一切是怎么回事？

"知识密封法则"意味着，宇宙层面上作为整体的真理，永远向人类心灵关闭了大门。对于丁仪这样的科学家来讲，这个处境比所有噩梦都可怕。当科学家们从外星人那里知道"知识密封法则"是不可能突破的，他们觉得"一切都陷入黑暗之中，整个宇宙顿时变成一个巨大的悲剧。这悲剧之大之广他们一时还无法把握，只能在余生不断地受其折磨。事实上，他们知道，余生已无意义"。虽然科学不研究生命存在的意义问题，但科学家却像所有人一样，摆脱不了对于存在意义的追问。这是人的天性，而丁仪及其家庭的悲剧就扎根于这种天性。

那个叫作"排险者"的外星使者告诉丁仪等科学家，人类被认定为一个危险的物种始于37万年前。"排险者"的探测器发现，有个别原始人仰望星空的时间过长，他们在万籁俱静中突然感到天地万物与自己的存在是如此不可思议，他们心中显然升起了"这一切是怎么回事？"的朦胧意识。思想及其追问是剖开世界的最尖锐的利器，这是宇宙的普遍真理。"排险者"告诉丁仪等科学家："当生命意识到宇宙奥秘的存在时，距它最终解开这个奥秘就只有一步之遥了……比如地球生命，用了四十多亿年时间才第一次意识到宇宙奥秘的存在。但那一时刻距你们建成爱因斯坦赤道只有不到四十万年，而这一进程最关键的加速期只有不到五百年。如果说那个原始人对宇宙的几分钟凝视是看到了一颗宝石，那么其后你们所谓的整个人类文明，不过是弯腰去拾起它罢了。"

然而，在数十万年的进化过程中，特别是随着人类高级文明的诞生，人类心灵深处的刨根问底的好奇心愈发强烈了。好奇心往高处说是追求真理的本性，往低处说则是贪玩任性的本性。在追求真理无望的前提下，丁仪居然向外星人提出了一个惊世骇俗的想法——他要用生命去换取真理。这个提议得到了外星人的认可，因为这既满足了人类科学家们的好奇天性，又遵循了宇宙中的"知识密封法则"。丁仪的妻子因为丈夫的这个决定而震惊不已，她与孩子都无法挽回丁仪想要一窥宇宙大统一理论的决心。面对丁仪的自杀行为，她不仅恨丁仪，也恨丁仪献身的物理学，以及包含于其中的真理。站在丁仪妻子的角度，她必然会追问，有爱有情有意义的生命与无生命的物理学的真理，哪个才更接近宇宙的终极真理？《朝闻道》将物理学的真理与生命的真理对立起来，凸显了不同维度的真理之间的不兼容性。

物理学的真理是关于事实的真理，生命的真理是关于意义的真理。以物理学对待自然世界的方式，当然无法回答生命意义的问题，因为以物理学展开的自然界不存在意义。尽管物理学的真理与生命意义的真理分处不同的维度，但在宇宙真理的大统一中，这两种真理仍然可能有丰富的联系。《朝闻道》没有就这种联系进行说明，但霍金推着轮椅代表人类的最后发问，却透露出了一个惊人的信息。霍金的问题是：宇宙的目的是什么？

听闻霍金这个问题，"排险者脸上的微笑消失了，他的双眼掠过一丝不易觉察的恐慌"。《朝闻道》没有说外星人为什么会恐慌，一个可能的回答是，霍金的这个问题其实是一个宇宙真理的大统一问题，比丁仪执念的物理学的大统一模型更深刻更复杂。外星人可以给出物理学的大统一模型，却给不出关于宇宙真理的大统一问题的答案。这个问题使几乎无所不能的外星人意识到了自己的有限性，于是，"一片悲哀的黑云罩上这张脸，那样生动和富有个性，以至于谁也不怀疑他是一个人，而且是一个最平常因而最不平常的普通人"。

《朝闻道》这篇故事可从不同的角度去解读和阐释。如此杰出的科幻文学作品，毫无疑问拒绝传统语文课的教学方法，也拒绝传统文学的欣赏办法。关于真理维度和真理统一的话题，当然可以无限深入，涉及科学、哲学甚至神学。教师若认为自己能够完全回答这些问题才敢在课堂上探讨这些话题，这种想法无疑暗藏了一个虚假前提——师者，传道授业解惑，因此师道尊严必须建立在教师对"道"或"真理"的完全掌握的基础之上。没有人能够完全掌握这样的真理，哪怕是《朝闻道》中的外星人。

既然如此，大胆将这些启发性问题引入中小学生的阅读课堂就值得鼓励。这些问题的内容和意义，将随着人的知识增长和思维发展而呈现不同的面貌。借助这类应该及早启发而又可无限深入的话题去激发学生仰望星空和精神成长的内在动力，体现了思问教学法主张的培养批判性思维能力的教育理念。学生的心灵必将在这类问题的冲击下受到洗礼，他们中有人会在将来推动人类的科技进步，或贡献于对宇宙真理的多维度理解。借助这些具有普遍性的问题去启发学生，守护潜在的伟大心灵并助其发展，正是师道尊严的最佳体现。

《朝闻道》摘选

在这个新生的宇宙中，丁仪拥有一个量子化的自我，可以在瞬间从宇宙的一端跃至另一端。其实他并没有跳跃，他同时存在于两端，同时存在于这浩大宇宙中的每一点。他的自我像无际的雾气弥漫于整个太空，由恒星沙粒组成的银色沙漠在他的体内燃烧。他无所不在，同时又无所在。他知道自己的存在只是一个概率的幻影，这个多态叠加的幽灵渴望地环视宇宙，寻找那能使自己坍缩为实体的目光。

思与问

1. 《朝闻道》中哪个情节对你的震撼最大,为什么?
2. 有两种情况:第一,宇宙中有高级文明掌握了全部真理但却向人类封锁了真理;第二,人类只得孤独地探寻真理但永远不可能获得真理的统一。你觉得哪种情况更难以令人接受呢?为什么?
3. 《朝闻道》中那样高智慧的外星生命都不得不承认自己的无知,在你看来,想要获得宇宙全部真理的冲动是否等于成为全知全能的神的冲动?为什么?
4. 生命都是有限的,从生命中诞生全知全能的冲动岂不是一个矛盾?你如何理解这个矛盾?

话题二 宇宙的目的

宇宙的目的是什么?霍金的问题让外星人陷入沉默。因为意识到了自己的有限性,外星人的脸柔和下来,变得像一个真正的人。霍金在真理祭坛上的提问是《朝闻道》中最有戏剧性的场景,既幽默又深刻。相比丁仪,霍金的兴趣显然超越了物理学的真理或整个自然科学的真理,他关心的是宇宙的终极真理。但霍金为什么要追问宇宙的目的?我们又如何理解这个问题呢?

无论在日常生活中还是在科学研究中,我们都不会追问自然物的目的是什么,无论这个自然物是无机物还是有机体。石头从山坡上滚下来,我们不会说它的目的是要伤人。新冠病毒为整个人类带来了灾难,但我们不会说新冠病毒的存在目的就是制造灾难。一个星体进入了黑洞的引力范围,我们既不会说黑洞有"坏心眼儿",也不会说那个星体"倒霉"。这一切都是自然现象，自然而然，有因有果，但却没有目的，说不上理由，也没有意义。

可是，没有目的的自然界，却诞生了有自我意识、目的追求与意义理解的高级智慧者。因为高级智慧者的存在，宇宙才能够被理解，才有追求真理这件事，才有真善美的统一与分裂的问题。完全不同于自然现象的精神现象居然从盲目的自然界中诞生了，然后又为自然现象梳理出了各种定律或法则。通过掌握自然法则，高级智慧生物反过来改变自然，而这种改变凭借的正是自然界中不存在的理由和目的，于是自然不再"自然而然"。这一切都起因于精神现象从自然界中的诞生，难道这件事情与其他自然现象处于同一地位，难道这不是宇宙创生以来最不可思议的事情？

当霍金在真理祭坛上向外星人提出关于宇宙目的的问题时，他的头脑中一定充斥着这些惊奇和困惑。毫无疑问，霍金的问题超越了包括丁仪在内的所有科学家所提问题的深度，因为这是一个直面终极真理的终极问题。严格来讲，当霍金追问"宇宙的目的是什么？"的时候，这个问题有两种理解方式。如果把宇宙当作纯粹的自然物，追问宇宙的目的与追问一颗石头的目的都同样没有意义。因此，要么霍金是把宇宙当作了一个精神实体，然后追问这个精神实体的目的。要么，霍金是在假设，宇宙有某种创世目的，而这只能追溯到宇宙的创造者。然而，无论哪种理解方式，显然都不属于科学思维的范畴。霍金的问题实际上是一个不折不扣的形而上的问题。

可是，为什么不能承认宇宙什么目的也没有，高级智慧者的诞生纯粹是一场偶然呢？这是因为能够这样追问的高级智慧者，本身就是一种目的性的存在者。能够反思自身目的的存在者会很不甘心于宇宙完全没有目的的结论，承认这一点，就必然要承认整个宇宙和存在都是荒唐的。所谓"荒唐"，就是没有终极目的，没有终极意义，一切都要归因于偶然，连我们这样的高级智慧存在者追问宇宙的终极目的，也是偶然，也没有意义。

然而，人类之所以走向科学之路，正是因为不甘心我们的世界被偶然性所掌控。科学想要发现偶然现象背后的必然本质,想要揭示规范大自然运行的复杂法则。完全可以想象地球没有月球作为卫星,或地球上没有苹果这种水果。还可以想象,根本没有一个因偶然而诞生的牛顿去将月亮挂在天上和苹果总要落到地上这两件完全不同的事情,视为同一个自然法则的不同表达。即便这些想象都成立,牛顿发现的自然法则仍然在那里,不因为自然界的偶然或人世间的偶然而有丝毫改变。因此,将世界区分为两个层次,一个是法则的世界或本质的世界,另一个是现象的世界或偶然的世界,就是科学世界观为人认识世界作出的重大贡献。

科学取得的巨大成就使人们普遍相信,世界是有规律可循的,而且人可以通过思想把握自然规律。科学的起点是,人这样的目的存在者不想委身于偶然性,想要一窥偶然性背后的必然性。《朝闻道》中记载的37万年前的那个人类祖先,当他抬起头仰望星空、似想非想的时候,他一定感受到了包围着他的危机四伏的世界背后,有一些他无法理解但又想弄明白的秩序。那个人类祖先还没有清晰的意识,但他的似想非想就像宇宙初始的状态,看似混沌,实则已有确定的法则,各类星体将在时间长河中据此而诞生。人类的意识也是这样,一开始是模糊而物我不分的,逐步产生清晰的自我意识,然后以意识的世界反过来吞噬和消化自然的世界,而积淀下来的积极成果就是人类的思想。

可是,思想作为一个整体不仅仅是科学思维及其成就。科学思维最多只能发现自然法则,却无法回答为何有如此精密稳定的自然法则,更无法回答自然法则的背后是否有科学思维揭示不了的目的。正因为如此,像霍金那样对科学的本质越是有深刻理解的科学家,越是无法在科学的局部真理中获得满足。毕竟,科学之所以获得巨大成功的前提是,建立科学世界观并捍卫局部真理,然后将终极真理问题悬置起来或驱逐出科学的伊甸园。这种悬置本来只是为了科学事业而采取的方法论上的策略,但久而久之,人类却有遗忘终极真理问题的危险，不假思索地将科学的局部真理当作真理的全体。

《朝闻道》中以霍金之名提出的宇宙目的的问题，是一个十足的非科学问题，但却有力地呼应了科学之所以兴起的初心。我们人类这样的高智慧生命不愿意将自己放逐于世界的偶然性之中，我们有探究世界本质和必然性的天命。可是，如果真理止步于科学真理，我们这样的目的存在者就不过是在高一级的层面将自己委身于偶然性，如果那样，科学诞生之前与科学诞生之后的区别就仅仅是五十步与一百步的区别。这样看来，当霍金向外星人提出宇宙目的的问题时，虽然这个问题不是科学问题，却恰好吻合科学兴起的初心，并在更高层面体现了宇宙中智慧生命的理性精神。

理性精神是危险的，因为理性的前进步伐只会终止于理性本身的边界。《朝闻道》中记载的曾经毁灭宇宙的星云生物，冒着真空衰变的危险，将整个宇宙送上了由自己的躯体搭建的巨型试验，押上了揭示宇宙物理真理的赌桌。只不过，星云生物具有人无法理解的超能力，它们把自己变成了一场具有创世能量的试验，以探索物理宇宙的大统一模型。为了获得它们心中的终极真理，星云生物不惜牺牲自己的生命，甚至不惜牺牲整个宇宙。果然，真空衰变以光速发生，在人类和外星排险者共处的宇宙诞生之前，星云生物与其他生物共在的宇宙遭到了毁灭。但星云生物却在毁灭之前获得了宇宙的大统一模型，并用引力波将物理宇宙的终极真理传输了出去。

当宇宙再次诞生之后，像排险者这类高级智慧生命，终于通过引力波中的信息掌握了物理宇宙的最后的秘密。它们为了防止宇宙被再次毁灭，决定实施"知识密封法则"，从而以丁仪等科学家的悲剧避免了宇宙悲剧的再次发生。不过，假如宇宙总是可以毁灭之后又诞生，就像一个孩子吹破一个泡泡又可以再吹一个泡泡，毁灭宇宙也就不算什么特别大不了的事。但排险者是很敬重星云生物的，因为它们很可能是有意牺牲了自己的生命而将宇宙生灭的秘密传递给了诞生于未来的文明。它们不惜像普罗米修斯那样盗取火种去传播真理之光，又像耶稣那样以自我牺牲去发布超越物理宇宙的爱的真理。关于星云生物的简短描述，是《朝闻道》中特别"幻"的一部分内容，几乎达到了"幻"而不"科"的程度。星云生物似乎更应该比人类有资格提出宇宙目的的问题，因为它们有能力决定宇宙的生死，并预见到宇宙的死而复生。

回到人类的现实，我们不仅没有遭遇外星高级文明，甚至连外星低级生物都还没有发现。茫茫宇宙，只有人类的孤独心灵在追问物理宇宙的大统一模型问题以及超越科学真理的终极问题。《朝闻道》中的外星排险者在讲完星云生物的故事后，对着人类说了这么一句话："现在你们应该明白，对宇宙终极真理的追求，是文明的最终目标和归宿。"只不过，排险者在说这句话时，它想到的"宇宙终极真理"仅仅是"物理宇宙"的终极真理。这才可以解释，为何当人类科学家霍金向排险者提出关于宇宙目的的终极问题时，它才那样惊愕。原因在于，科技水平低很多的人类的杰出代表，问出了一个比星云生物和排险者心中的终极问题更高级的问题。这个问题无法通过科学来回答，无论是人类还是其他高等智慧者的科学，但这个问题却代表了不愿委身于自然偶然性的理性存在者的至高追问。这种追问与科学精神同源同体，但又超越了科学思维的单一性，能从不同的视野去揭示精神宇宙的奇特。

《朝闻道》的名称源于《论语》记载的孔子名言——"朝闻道，夕死可矣！"《论语》中记录的孔子的这句话没有具体的语境，不清楚孔子是在什么情况下发出这个感慨的。但"朝闻道，夕死可矣"的字面含义的确是，早上明白了真理，晚上死了也不遗憾。关键是，该如何理解孔子所说的"道"？"道"字内涵丰富，有真理、方法、法则等含义，还有道路、言说、道义等含义。一个智者心中的道不同于另一个智者心中的道，就像科学家心中的真理不同于艺术家心中的真理。无论"道"字有多么丰富的含义，当孔子说出"朝闻道，夕死可矣"的时候，他心中想的一定不是为了科学真理而献身。这倒不是因为孔子所处时代的科技水平不发达，而是因为孔子的世界观很不同于现代人习以为常的科学世界观。

我们这里没有篇幅对孔子的世界观作全面的梳理。简要地讲,孔子对这个世界有一种敬畏之心,这种敬畏源于他对天地人三者关系的理解。虽然《论语》记载孔子不语"怪力乱神",罕言"性与天道",但孔子并不会像现代人那样认为,天地的运行只具有单纯的物理性质。在中国古人那里,天人感应是基本信念,天人合一是最高理想,大化流行,周而复始,由天地人"三才"共同构成的世界整体上是一个有意义的世界。诞生于近现代的科学世界观当然非常不同于古人的世界观,而科学之所以取得根本性的突破,就在于以实证方法去拷问自然并肢解了古人心中的天地人的统一。科学的巨大成就是明摆着的,我们不可能简单回归古人的世界观去批判科学世界观。但从孔子及其后学的世界观中我们确实可以获得一些启发以反思科学世界观的局限。

《中庸》据说是孔子的孙子子思所著,开篇即为"天命之为性,率性之谓道,修道之谓教",强调人由天地所生,天道与人道具有内在关联。孔子及其后学没有纯粹的物理宇宙的概念,用我们今天的话说,在他们的心中,物质与精神是贯通的,不存在二元对立。孔子曾说"人能弘道,非道弘人",更是强调人作为一种精神力量的主创性。现代人熟悉的科学世界观和科学方法论确实有将精神世界肢解然后还原成物质世界的趋向,但这与其说是科学的问题,不如说是现代人过于迷信科学并把科学真理混同为真理的全体而导致的问题。科学真理只是关于自然事实的真理,而不是关于目的和意义的真理。当孔子说"朝闻道,夕死可矣"的时候,他心中的道一定囊括着贯通天道与人道的目的、价值与意义。[1]孔子不会像《朝闻道》中的丁仪那样为科学真理而轻率地牺牲生命,是因为缺乏意义和目的维度的真理并不是他心中的道。

当刘慈欣为这篇杰出的科幻小说取名为"朝闻道"时,他未必对其间的

---

[1] 刘莘.《论语》引导:进入孔子的精神世界[M].桂林:广西师范大学出版社,2021.

区别有如此清晰的意识。顺便说一下,我们解读一部经典名著,要避免走两个极端。其一是"符合论",总是追问作者的原初动机是什么,客观的中心思想是什么,总是要考虑自己的理解和解读是否吻合著作的原意。以"符合论"去对待名著,特别是以这种方式去展开语文教学并推进阅读考试,是使学生感到索然无味并最终丧失阅读兴趣的罪魁祸首。其二是"随意论",总是按照自己的意图和需要去解读原著,类似于对《论语》所作的一些"心灵鸡汤"似的发挥。"随意论"看起来洋洋洒洒,实则是心虚和轻浮的表现。解读或阐释若不能扎根于原著,不能嵌入原著的最生动或最深刻的内核,就没有办法受益于原著,不可能以思想向经典致敬。

经典名著实际上是作者的意识和无意识的共同产物。一部经典著作之所以能够赢得极大的阐释空间,是因为作者的意识与无意识之间存在着一定的张力,作者并不总是对自己作品的意蕴有完全的预见力。当一部经典著作遇到一位有资格的阐释者的时候,作者自知和不自知的意图、文本的内涵以及阐释者的理解,将构成一个共振的场域。这个场域没有办法用物理学的术语来描述,更不可能用数学模型来处理。这个场域有多大,有多少意向,这些意向以怎样的方式冲突、互补或转化,都不是可以事先获得标准答案的问题。文学阐释本质上是文学的一部分,是作者、文本与读者的共同场域的必要构成。合理的文学阐释既不是"符合论"的,也不是"随意论"的,而是主观之中有客观,感性之中有理性。文学阐释的标准不是数学和物理学的标准,就像不吻合所有现成标准的文学艺术大师的杰作本身就是标准或标准的标准。文学和文学阐释隶属于精神的场域,要对此有深刻的理解,则离不开对精神本质的洞见。

精神的本质是意识之中有目的和意义,以及先行于目的之实现和意义之兑现的精神的自我生长。唯有在精神运动着的实在性中,才有所谓求真、扬善和审美的思想行为的发生。自然只是如其所是的存在,无论宇宙有多浩渺,假如没有精神去观照和统摄，宇宙本身无所谓真也无所谓假，无所谓大也无所谓小，无所谓偶然也无所谓必然，甚至可以说，无所谓存在也无所谓不存在。真理是精神宇宙而不是物理宇宙的根本标志，物理宇宙的真理要等待精神去揭示，并最终镶嵌于不离精神的真理之全体。"朝闻道，夕死可矣"表达的牺牲精神是专属于精神的真理，表现了精神在追问终极目的和意义的过程中的内在超越性。科学世界观无法容纳内在超越性，因为实证方法和数学模型必须对象化地处理一切事物，使被处理过的对象都吻合形式逻辑、因果法则或概率分布的客观规律。"内在超越性"这个概念是精神的概念，人这样的精神存在者可以为了某种理想目的和崇高意义而赴汤蹈火乃至死不旋踵，所以人才可以理解这个概念，而只有算法智能的存在物则永远处于"精神的光锥"之外。哪怕是能够"纯能化"且可以进入高维时空的外星人，若不能真正理解孔子的"道"所具有的超越时空的精神内涵，也必将处于"精神的光锥"之外，从而不过是一堆复杂但却单一的数据、物料或算法智能。

  神说要有光，这世界就有了光。刘慈欣科幻小说中有一些外星文明，它们的科技水平接近无所不能，确实有点像全知全能的神，但仅仅是在科学世界观的观照下才显得"像"。当《朝闻道》中的霍金在真理祭坛上发出宇宙目的之问时，站在科学世界观的内部视野来看，他不过是问了一个伪问题。科学世界观本身是精神的产物，但却无法凭借它去刻画"精神的光锥"。因此关于宇宙目的的问题注定是一个不可能在实证科学的视野中被否定或肯定的问题。有些问题就像光，只知道会照亮世界，却不知道照亮的结果会怎样。假如宇宙有创造者，宇宙的目的就必须回溯到创造者的意向和创世的目的。假如宇宙没有创造者，宇宙的目的就要取决于在黑暗中诞生的精神之光能把宇宙照到多亮，能否亮到在宇宙沸腾的意识海洋中反观到自己。我们或可借用孔子同时代另一位智者的话来说，宇宙目的问题堪称"玄之又玄，众妙之门"，一切秘密皆在其中，所有真理不出其外。

《朝闻道》摘选

很久很久以前，我们的宇宙比现在小得多，而且很热，恒星还没有出现，但已有物质从能量中沉淀出来，形成弥漫在发着红光的太空中的星云。这时生命已经出现了，那是一种力场与稀薄的物质共同构成的生物，其个体看上去很像太空中的龙卷风。这种星云生物的进化速度快得如同闪电，很快产生了遍布全宇宙的高级文明。当星云文明对宇宙终极真理的渴望达到顶峰时，全宇宙的所有世界一致同意，冒着真空衰变的危险进行创世能级的试验，以探索宇宙的大统一模型。……漫长的岁月过去了，在空无一物的宇宙中，被蒸发的物质缓慢地重新沉淀凝结，星云又出现了，但宇宙一片死寂，直到恒星和行星出现，生命才在宇宙中重新萌发。而这时，早已毁灭的星云文明发出的引力波还在宇宙中回荡，实体物质的重新出现使它迅速衰减。但就在它完全消失以前，被新宇宙中最早出现的文明接收到，它所带的信息被破译，从这远古的试验数据中，新文明得到了大统一模型。

思与问

1 请再次阅读《朝闻道》中关于星云生物探寻终极真理的描写，分析一下，其中的哪些描写是科幻，哪些描述是玄幻？

2 历史上有很多伟大的科学家居然相信宇宙是神创造的，你认为这些科学家的信仰可以通过科学方式去推翻吗？为什么？

3　有人猜测说，我们生活的宇宙很可能是高级智慧生物创造的，就像人类通过计算机系统创造的虚拟世界。想一想，你能找到什么证据去证实或推翻这种说法？

4　有两种可能性：第一，宇宙有创造者，有不为我们所知的创世目的；第二，宇宙的诞生只是偶然。哪种可能性更难让你接受？为什么？

—— 拓 展 篇 ——

关于思问教学法的教师问答

如何理解思维发展？

有老师问，当我们说一个孩子"思维发展好"时，具体是指什么？体现在哪些方面？这个问题提得很好。我们平时接触孩子，会有一个直观的印象，有些孩子的思维能力总体较强，有些总体较弱，有些孩子的思维这方面较强，有些那方面较强。随着年龄的变化，孩子的思维能力也会发生变化。在对人的思维发展进行说明之前，我们先来看看人的思维与机器智能的区别。

在今天这个高科技时代，处处体现着机器智能，因此有人认为机器也有思维。但当我们说"机器思维"和"人的思维"时，看似都使用了"思维"这个词，但内涵却是不一样的。机器的"思维"实际上是算法，指机器可以完成人设定的任务，代表机器具有某种智能。但智能不等于思维，就像你家的小猫小狗也有智能，甚至有灵性，但却不能说它们有思维。

当我们在说人有思维时，人的思维和机器算法有本质区别。当然，人的思维也离不开算法，而且根据神经科学家的研究，人的意识层面和无意识层面都有一系列的算法，使得我们这种智能生物可以在长期适应环境和改造环境的过程中赢得更好的生存和发展的机会。尽管如此，如果以人的思维为参照系，却不能说机器有思维，这是为什么呢？

机器算法是人的思维和智慧的结晶，但算法没有意志能力，没有情感，也没有影响思维发展的价值观。反观人的情况，人是知情意的统一体，认知、情感、意志的综合才有真实的思维。我们先来看看认知维度。这个维度包含思维底层的东西。比如说，人的认知是不能违背使认知得以可能的逻辑框架的。如果有两个孩子，其中一个思考问题更有层次，更善于找到事物之间的因果或逻辑关联，我们就说他的思维的逻辑底层较强。

但思维的逻辑底层并不等于思维本身，用逻辑的术语讲，逻辑是思维的必要条件，而不是充分条件。我们观察身边的人也会发现，有些人逻辑能力很强，但在很多方面的思维能力却较弱。因此，人的思维不等于逻辑，而机器算法则是纯逻辑的。在人的思维中，包含着意志、价值观以及感知世界的情绪模式，因此，人的思维本质上是精神性的，而不是纯粹形式化的。

认知维度涉及的问题当然不止逻辑思维能力，还涉及主题导向的思维能力。思问教学法主张主题导向的思维促进，就是因为思维的形式与内容是内在关联的。由于一般的中小学不开设专门的逻辑思维课程，而且专门的逻辑思维课程较为枯燥，通过主题导向的思维训练去促进逻辑思维能力就是更好的选择。此外，即使一个孩子思维的逻辑底层不可能在短期内发生质的变化，但主题导向的思维训练却可时时激发他的精神成长的动力，以及对与精神成长关联紧密的重大问题的思维敏感性。语文课或阅读课之所以对孩子的一般思维发展和精神发育要承担大于别的学科的责任，就是因为较易通过阅读文本植入各类主题问题，刺激孩子进行关于世界和人生的思考。

思维的认知维度与情绪维度是紧密相关的。情绪首先与思维动力相关。情绪积极的人与情绪消极的人，哪怕逻辑思维能力类似，运用思维的动力也会大不一样。更有动力运用和发展自己思维的人，在天赋类似的前提下，也更有可能提升自己思维的品质。情绪积极的人在思维的实际运行过程中，也会对思维的内容更敏感，更有想象力和灵活性，也是思维能有创造性的重要基础。不能把情绪仅仅当作"非智力因素"而与思维剥离开来，情绪与机器算法无关，但却是人的思维的内在构成。狭义地讲，情绪有时会促进思维，有时又会妨碍思维，因此对情绪的认知和反思是未成年人特别需要关注和学习的内容，而对情绪的正确认知会积极地塑造情绪，然后又可以通过情绪积极地促进思维和精神发育。广义地讲,情绪就是人的思维和精神的存在样态,人的情绪总是思维中的情绪,而思维也总是情绪中的思维。

思维的第三个重要的方面是意志。志存高远是从立志或意愿的角度去言说意志,而意志坚强则是在言说意志力。一个人无论有怎样的人生意愿,如果没有意志力,都难以实现。但意志力的形成和提升是一个复杂的过程,取决于孩子的整个生活环境,难以通过阅读教学去解决。不过,一个孩子认识到意志力很重要,这个认识本身,却是可以通过阅读去获得的。尽管意志力的提升是缓慢而复杂的,但相比平庸的孩子,一个志存高远的孩子更有可能激发他的内在行动愿望。阅读主要是一种思维活动,对于开阔世界观和立志具有直接的帮助,对于意志力的提升只有间接的意义。不过,深度阅读本身也是一种活动,如果一个孩子在面临困难的时候总愿意去克服困难,也可以看作提升意志力的一种训练。总之,无论是从立志还是从意志力的角度来看,通过阅读的认知提升都有积极意义。

当我们说人的思维是知情意的统一体的时候,这里的"思维"显然不是指狭义的逻辑思维。人的思维实际上是一种精神力量,这种力量如果没有意志作为内在构成就不复存在。意志与情感一样,都专属于人,而与机器智能无关。因为意志的存在,人才可能成为追求目的和意义的存在者,才可能形成价值观、世界观和人生观。面对同样的事物,具有不同价值观的人思考方式非常不一样,思考结果的不同将进一步导致行动的差异,从而会从不同角度影响事物的发展变化。当然,价值观的形成本身是环境、习惯、行动和思考的长期互动的结果,阅读经典著作的一个极为重要的意义,就是促使阅读者反思自己有意无意持有的价值观、世界观和人生观。因此,相比其他课程,阅读课对"三观"的塑造和优化有更直接的作用。当然,阅读课的教学方法,本身不可能是价值中立的,不同的教学法一定蕴涵着不同的价值观。思问教学法的价值观很清楚,就是要培养学生的理性能力和批判精神,强调要基于仁爱和正义理念，把学生当作潜在的自由者和平等者加以对待，并通过经典文本的选择和问题探讨，去激发学生自主的成长动力，保护好奇心，解放想象力，扶持创造力。

人只有在作为知情意的统一体的思维或精神中，才可能构建一个真善美的世界。真善美不是现成地摆在那里的东西，像眼前的可见事物那样触手可及。真善美本身是思维和精神活动的产物，不同的思维对不同层次和维度的真善美的敏感度非常不同。思问教学法的一个重要理念是，保护未成年人对于世界的原始的敬畏之心，保护他们在成长的过程中从真善美的不同维度去探索世界的动力，并最终建构起属于他们自己的真善美的世界。

有了上述基本理解之后，我们再来看这个问题——当我们说一个孩子"思维发展好"时，我们具体是指什么？首先是指知情意的均衡发展和相互之间的良性支撑。若如缺乏知情意的有机关联，思维发展就可能有所偏废。仅以逻辑思维见长的人，因为欠缺合理的情绪模式和价值观的支撑，看世界和想问题就可能较为狭窄，思维容易走进死胡同。反过来讲，即使一个人的情绪不走极端，也有较合理的价值观，如果欠缺清晰的逻辑思考能力，他与世界的关联就更可能是感受的或信仰的，而不是理性的。只有建立了知情意的均衡性，我们才可能进一步从认知维度去展开思维发展的话题。

我们可以用不同的形容词去描述一个人的思维，譬如，快或慢，深刻或浅薄，立意高或立意低，丰富或贫乏，冷静或不冷静，有弹性或无弹性，锐度高或锐度低，创新强或创新弱，等等。在这些形式特征的对比中，位于前面的描述语是积极和正向的，其中一些内容涉及情绪或意志。我们观察不同的孩子，发现他们的思维优点是有差异的，把所有思维优点集于一身的人是极少数的。但极少数的全面型天才并不是普通教育关注的对象，他们的成长需要特殊支撑。对于正常人，哪怕一般意义上的聪明人，甚至在某些方面特别有天分的人，思维结构和内容中总会有这样那样的优缺点。一个擅长策略思维的人,未必擅长审美思维,一个擅长科学思维的人,未必擅长价值观的思维。这说明,人们除了在思维的形式特征上有差异,在思维的对象上也有长短板。思维以万物为对象,包括数理、自然、社会、价值、审美、人心、自我以及思维本身。不同学科在不同领域发展具有特殊对象的思维,与思问教学法强调的一般思维发展是有区别的。

在一般思维的范畴,当我们说一个孩子思维发展较好的时候,这个判断包含如下方面的内容:第一,这个孩子的知情意是和谐统一的,他的平衡的情绪模式和积极的价值观,对于他的认知能力的提升和发展起到了关键作用。第二,这个孩子的思维的形式特征是积极的,思维开阔而不局促,思维敏捷而不木讷,思维创新而不守旧,具有批判思维特征而不盲从,等等。第三,这个孩子在相应的论域内,思维的有效性高。第三个特征至关重要,因为无论一个人的思维具有怎样的形式特征,或思维具有何种对象,仅在思维具备有效性的前提下,才可能真实地发现和解决问题。但在一般思维的范畴内,判断一个孩子思维发展的状况,还需要与这个孩子的成长状态关联起来判断,因为狭义的思维发展支撑精神发育,而广义的思维发展就是精神发展。因此,我们判断一个孩子思维发展是否良好的标准还包括他的思维特征能否积极地支撑成长,以至于他能够在知情意的统一性中走向精神发育的螺旋上升之路。

如何理解语文课的思维促进职能？

有老师问，如何理解语文课的思维促进与其他学科的思维促进之间的关系？思维在语文核心素养中具有怎样的地位？以上问题都很重要。对语文课和语文教学有各种认识层次，就像对任何复杂的事物都有若干认识层次。对语文课的最基础的认识是教孩子识字、阅读和写作。这个认识当然没有错，但进一步追问会提升我们的认知。识字肯定是最基础的，教孩子识字有相应的教学规律，这不是整本书阅读思问教学法的关注重点。因为能够阅读整本书的孩子，一定是已经过了识字关的。思问教学法的关注重点是思维发展、人格养成和精神成长，这三者的关系是内在而紧密的。但是，在应试教育的大背景下，在习惯以考试分数来衡量一切的功利视野中，教育的核心目标往往会遭到异化。思问教学法坚持教育的核心理念，对应试教育有如下看法。

首先，应试教育是一定历史时期的社会产物，主要原因包括教育发展不均衡、优质教育资源不足、教育多元化程度不够、高校缺乏自主招生权、教育领域未能实现充分的市场竞争、公共权力机构对教育的管控过多过细，等等。我们这里不去对宏观层面的教育环境问题进行评论和分析。如果未来有教育上的重大改革，人才选拔和教育评价能够回归到教育本质，思问教学法主张的理念和方法就有机会成为教育的常识。即使应试教育不可能在短时期内有根本改观，思问教学法也不必然与获取高分的功利目标相冲突。特别是新高考更看重阅读能力和创新思维能力，这个目标与思问教学法的目标是一致的。思问教学法只是不主张以题海战术去达到获得高分的目的。思问教学法希望帮助学生发展思维能力和阅读能力，并获得深度阅读经典名著的兴趣，学生获得语文考试的理想分数只是思维发展和阅读力提升的伴随结果。

毫无疑问，思问教学法具有理想主义的气质。假设整本书阅读的思问教学法难以在高考压力巨大的高中开花结果，在义务教育阶段推广思问教学法更有特殊的意义。思想和经典既是人类的精神故乡，也是精神的远方。未成年人应该在成长过程中习惯故乡泥土的芬芳，如果他们在日后不得不离开故乡，精神上的那种芬芳也不会离他们远去。不能自由阅读的三年高中生活结束后，他们会很自然地返回精神的故乡，在大学里或社会生活中继续阅读和思考的人生。喜欢阅读和有思想的青年人必定不同于同龄人中的平庸者，因为他们从小就喜欢思与问，愿意在经典的滋养下成长，所以他们眼中有光，心中有梦，行走在一个很不一样的世界中。他们中当诞生杰出和伟大人物，但他们中的平凡者也有一种特殊的气质，那是阅读者和思考者的气质，也是承载积极价值观的理性社会所需的气质。

理想主义的理念就像天空，从天空的视野俯瞰大地，更能知道路该怎么行走。我们现在来回答：思维在语文核心素养中具有怎样的地位？2022年教育部颁布的课标中有这样的表达："义务教育语文课程培养的核心素养，是学生在积极的语文实践活动中积累、建构并在真实的语言运用情景中表现出来的，是文化自信和语言运用、思维能力、审美创造的综合体现。"然后，这份课程标准还专门对思维能力予以了如下描述："思维能力是指学生在语文学习过程中的联想想象、分析比较、归纳判断等认知表现，主要包括直觉思维、形象思维、逻辑思维、辩证思维和创造思维。"在这份课程标准中，明确提出了发展学生思维，也强调了语文课要承担培养正确的世界观、人生观和价值观的责任。但这份课程标准没有阐释思维发展与"三观"培养及人格养成具有怎样的关系，而思问教学法则对此有清晰的说明。

这份适用于小学和初中阶段的语文课标，还强调语文课要致力于培养学生的综合素养，为学好其他课程打下基础。什么是综合素养？从思维的视野来看，综合素养一定包含一般思维能力。语文和阅读课致力于提升的是一般思维能力，不同于学科教育致力于提升的特殊思维能力。以物理学科为例，学生要学习力学、光学、电学，要学习物理领域的专门概念，学习物理定理的证明及应用。在物理学的领域，学生首先要熟悉的是科学思维方式，以及物理这个专门领域的思维对象和方法。科学思维方式相比物理思维具有一般性，但相比一般思维，科学思维也是特殊的。我们不能将思维等同于科学思维，如果那样，科学世界观就将成为唯一的世界观，真理将变得贫瘠，而美善将不复存在。

区分一般思维与特殊思维非常必要，而语文学科对于思维促进的贡献并不是针对特殊思维的。这就会把我们引向一个重要的问题：一般思维与特殊思维具有怎样的关系？我们先来看不同的特殊思维具有怎样的关系。首先不可否认，思维发展与先天智力条件是强相关的，但却没有强到忽略后天因素的作用，否则教育就是一件不可能的事情。不同的孩子有不同的先天智力，借用加德纳的多元智能理论来说，人有不同的特殊智力或智能，一个维度的智能强并不等于另一个维度的智能强。张三的数理智能很强，但空间智能却较弱，不能当一个出色的建筑工程师；李四的语言智能有天赋，但音乐智能却很一般，没有办法在她喜欢的钢琴演奏上取得杰出的成就；王五的内省智能很出色，但动感智能却很差，他没有办法成为一个优秀的舞蹈家。

教育既要有顺势而为的智慧，也要有逆天改命的责任。多元智能理论给教育者的启发是，要按照个体智能的特征开发孩子居于优势地位的智能，也要适当弥补孩子在某些智能领域的先天不足而提升作为一个人的综合素养。无论是"开发"还是"弥补"，都是教育工作者的责任，体现了特殊维度或特殊领域的思维促进。顺便说一下，加德纳的多元智能理论只有八个维度：

语言智能、数理智能、空间智能、音乐智能、动觉智能、人际智能、内省智能、存在智能。这八个特殊维度的智能以及它们的各种结合，对应着不同学科专业或交叉领域的特殊思维。显然，相比于人类成百上千的学科、专业及交叉知识，加德纳的任何一种特殊智能都具有一般性。一般性与特殊性是相对的，光学是物理学中的一个特殊领域，物理学又是自然科学的一个特殊领域，而自然科学代表的思维方式，又只是人类思维的一个特殊领域。

有了上述铺垫，我们现在可以来回答一般思维与特殊思维具有怎样的关系。首先，一般思维与人的精神发展直接相关，是知情意的统一，教育工作者常说的"人的全面发展"必须奠基于一般思维的良好发展。其次，一般思维特别涉及思维对自身的反思，是批判性思维得以发展的土壤。第三，一般思维发展过程中获得的良好思维习惯和建构起来的积极价值观，包括思维锐度、有效性、好奇心、想象力、批判精神、共情能力、诚实等，能够自然迁移到特殊思维领域，这才可以解释为何学好致力于促进一般思维发展的语文课，可以为学好其他学科打下基础。课标对此没有专门的解释，而思问教学法对此却有清晰的认识。尽管一般思维发展有益于人的成长，总体来看，一般思维发展也有益于特殊思维的发展，但特殊思维发展有自身的特性，不能把一般思维发展对于特殊思维发展的关系生硬地定义为充分条件，至于是不是必要条件，还需要更多的研究。但有越来越多的证据表明，在这个强调交叉创新的时代，一般思维视野较开阔和一般思维能力较强的人，更有可能成为跨专业的创新型人才。

从孩子的精神成长和一般思维发展的视野，再来看语文课标对发展思维的强调，就可以对语文课以及阅读课承担的使命有更清晰的认识。除了义务教育阶段的语文课标，高中语文课标也明确将"发展思辨能力，提升思维品质"写入如何开展语文课的指导语中，强调语文课要引导学生"认识自然，认识社会，认识自我"。毫无疑问，思问教学法非常赞同语文课基于但却要超越狭义的文字语言的学习，要更积极地承担学生思维发展和精神发育的责任。为了通过语文课，特别是其中的阅读教学去帮助学生认识自然、社会和自我，就需要结合阅读文本设计各种激发学生思维的话题，这正是思问教学法的核心关切。

高中语文课标提出了四个方面的语文学科核心素养，分别是语言建构与运用、思维发展与提升、审美鉴赏与创造、文化传承与理解。关于语文核心素养的四个方面的关系，高中语文课标中有这么一段话："语文学科核心素养的四个方面是一个整体。语言是重要的交际工具，也是重要的思维工具；语言的发展与思维的发展相互依存，相辅相成。语言文字是文化的载体，又是文化的重要组成部分；学习语言文字的过程也是文化获得的过程。语言文字作品是人类重要的审美对象，语文学习也是学生审美能力和审美品质发展的重要途径。语言建构与运用是语文学科核心素养的基础，在语文课程中，学生的思维发展与提升、审美鉴赏与创造、文化传承与理解，都是以语言的建构与运用为基础，并在学生个体言语经验发展过程中得以实现的。"

上面这段引文强调语文学科的四种核心素养的平衡性和内在关联性，强调了语言学习对于其他三个方面的奠基作用，这种叙述是全面的。然而，这四个方面的核心素养既不是并列关系，也不是一个方面对其他三个方面的奠基，而是相互渗透、相互转换和相互奠基的。例如，一个孩子在文化理解上突然开窍了，必然会提升他对于作为文化构成的文字语言的敏感性，有助于他更好地学习语言文字。仔细思考这四个方面的内容，不难发现，思维发展对其他三个方面有特殊意义。

严格来讲，语言并不是思维的工具，不是思维想借助语言时就借助，不想借助时就可以摆脱。语言的"工具说"把语言置于与思维的外在关系中，仿佛语言只是思维的外衣。从思维与语言的总体情况来看，思维离不开语言，语言是思维的唯一载体，或更有诗意地讲，语言是思维的存在家园。我们也可以这样来比喻思维与语言的关系：思维是语言的魂，而语言是思维的躯体。但从个体情况来看，以思维促进为宗旨的语言学习，和仅仅以提升语言技能为目标的语言学习，二者有重大区别。道理在于，虽然思维作为一个整体不可能存在于语言之外，反之亦然，但语言之中的言语或话语方式却千差万别，有些言语有魂有根有生气，有些言语则空洞无物暮气沉沉。而要鉴别怎样的言语或话语方式具有情感感染力和思想的活力，则离不开鉴别者的知情意统一的思维能力。事实上，沉溺于某些言语或话语定式的语言学习，不仅无助于思维提升，反而会残害思维。就像习惯于套路作文的学生，本来可以像水一样流动的思想也就被禁锢成了干瘪的概念躯壳。

清楚地理解了语言与思维的关系，我们就不会说，语言学习与思维发展是两个并列的、具有同样权重的维度。当然，对于尚未渡过识字关的孩子而言，纯粹的语言学习的比重会更大。即使这样，识字和语言学习的方法也有好坏之别，而判定标准不仅是哪种学习方式更有效率，还要看对孩子后续思维发展的支撑情况。总之，在语言学习与思维发展的关系上，后者应该是更明确的目标，而且具有引领作用。

类似地，在思维发展与审美鉴赏的关系上，也是这样。语言文学的审美鉴赏绝非纯粹感受性的，理性思维对于审美鉴赏水平的提升要起至关重要的作用，否则"文学批判"这样的术语就不可能成立。中小学语文课习惯以审美感受的方式去实施教学，这种情况有认知和历史原因，还有语文教师的学习经历普遍缺乏批判性思维训练、我国高等师范院校课程设计大都缺乏通识教育的系统支撑等原因。至于思维发展与文化传承理解的关系，也应将前者当作起引领作用和更高层次上起奠基作用的教育目标。否则，就难以区分文化的精髓和糟粕，难以发展文化批判意识。综上所述，思维发展在语文核心素养中具有核心地位。纲举目张，大道至简，语文教育实在应该更好地贡献于人的全面发展，促进知情意的统一，并在塑造理性的民族精神上起到关键作用。

思问教学法的适用范围是什么？

我们前面回答了为何思维促进在语文课中具有核心地位。语文教师有思维促进的理念，懂得思维促进的原则和方法，无疑对于语文教学的各方面都有益处。但是，语文课毕竟不是思维课，语文课的内容包含语言文字的基础知识，也需要充分调动学生理解诗歌或散文的感知鉴赏能力。很多时候，学生需要沉浸在作品之中获得原始的感知和感动，而不需要"讲道理"，如关于作者意图、段落大意和中心思想的机械讲解。这样的教学方式是对语文的最大伤害，思问教学法与常识站在一起，坚决反对以机械的"讲道理"的方式将"伪思维"传递给学生。"伪思维"是徒有思维形式而内容空洞的思维，在"伪思维"中，也会出现"是什么""为什么""怎么样"等发问形式，但僵化或机械的问题内容，反而会压制真实的感受以及思潮涌动的珍贵机会。

就像一个自省的人总是知道自己言行的边界，一种教学法也有其边界，无边界的事物不可能存在。思问教学法强调对一般思维的促进在语文学科中的核心地位，却不认为语文教学设计和过程都需要机械套用这个目标。需注意"整本书阅读"是置于思问教学法之前的限定语，全称是整本书阅读思问教学法。本来，思与问是一切有效学习的基础，所有教学活动都离不开思与问。之所以要强调思与问，是因为教育教学在应试教育的大环境下，往往会从活的思与问，变成死的知识灌输和无聊的"刷题"技能。

但仅仅强调思与问，仍然没有清晰的边界，还不能成为一种具有理念和原则支撑的确定方法。抛开别的学科不论，即使语文学科应以促进孩子的一般思维发展为宗旨，但本书提出的思问教学法是限定在整本书阅读范围内的，而不是针对整个语文教学的。语文教学中的识字、诵读、诗词鉴赏、文言学习、基本语言知识的掌握，这些内容如何与一般思维促进相结合，能否将整本书阅读思问教学法的一些核心原则和方法植入其中，是一个可以探讨的开放问题。

要进一步理解整本书阅读思问教学法，需要弄清楚整本书阅读对于学生语文能力的提升具有怎样的意义。语文能力的核心是读、写、思，其中"读"是输入，"写"是输出，"思"是枢纽。跨过识字关后，在海量信息的世界里，所有孩子都会面临"读什么"和"如何读"的问题。回答这两个问题离不开对阅读目的的追问，而整本书阅读思问教学法则将提升阅读能力和思维能力放至首位。

阅读当然还可以有休闲、知识获取、猎奇等目的，但对于未成年人而言，教育者将知情意统一的思维促进置于首要位置，能够最大程度帮助他们成长。思维促进当然要以激发孩子阅读和思考的兴趣为前提，因此，思问教学法反对以"伪思维"的形式将阅读变成一种机械问答的强迫行动。强迫孩子带着沉重负担而阅读，就像强迫孩子一出门旅行就要写作文一样，孩子干脆连旅行也不愿意了。

如果能够证明，将有限的语文学习时间更多用于翻转课堂式的整本书阅读教学而不是机械地讲解课文更能有效提升孩子读、写、思三种核心能力，这意味着什么呢？首先，确有大量证据表明，阅读整本书更能提升语文的核心能力和素养。不少杰出人物回忆成长经历，除了家庭氛围，最重要的支撑是阅读，不是翻来覆去读课文，而是读各种经典好书。这很好理解，因为良好的阅读行为实际上是通过阅读经典名著与伟大心灵碰撞交流的过程，而整本书有足够大的时空架构，比单篇文章更能承载心灵和思维的运行。即使一颗生来平庸的心灵经常接触伟大的心灵，也更有可能变得杰出。何况现代教育理论承认人的智力有先天之别，却不承认心灵有杰出或平庸的先天之别。

事实上，阅读习惯是后天养成的，一个人的心灵和思想内涵也是后天养成的。思维能力与先天智力当然有关联，但这不是思问教学法的关注重点。思问教学法只是强调，思维能力的后天发展或思维素养的提升，离不开更多更深入的经典著作的阅读。

由于将可以合理分配的时间更多用于深度阅读及交流更有可能促进孩子的读、写、思的能力，语文教育教学的改革就有了明确的方向：增加翻转课堂式的整本书阅读教学的时间比例，减少课文讲解的权重。姑且不论课文讲解是否会因为教师的素养和习惯而变得机械呆板，课文的有限篇幅和分量本来就不足以承载读、写、思这三大语文核心能力。于是，我们就可以看到一个奇怪的矛盾：越是看重语文核心能力越要强调课文讲解的重要性，因此课文讲解越来来细密，而基于这种讲解的考试设计也越来越复杂；然而，课文讲解占的时间越多，考试评价围绕这种讲解设计得越好，语文学科本应强调的深度阅读、丰富思考和真诚写作的素养和能力提升的机会反而越少。更糟糕的情况是，大量学生因为这种应试训练而失去了阅读的乐趣，习惯套路阅读和套路写作后，连心灵最重要的好奇心和真诚品质都不见了。

思问教学法有哪些基本原则？

厘清了整本书阅读思问教学法的适用范围，以及整本书阅读与语文核心能力的读、写、思的关系之后，我们再来总结一下思问教学法有哪些具体原则，如何运用到教学活动中。在对这些原则作简单提炼之前，需要清晰地意识到，思问教学法是以"经典阅读，思维促进"为目标，以"为精神成长做有思想的减法"为基本理念。对于上述表达，需要强调的是：（1）思问教学法是用于阅读课的，教学内容为不可能在语文课本中承载的经典著作，要么是整本书，要么是收录于文集中的中短篇小说或其他文本内容；（2）知情意统一的思维促进是思问教学法的核心目标；（3）"做有思想的减法"有两层含义，包括如何选书和如何精炼地设计互动话题。下面是对整本书阅读思问教学法的基本原则的提炼。

一、沉浸体验原则

这个原则强调原始阅读体验的重要性。读者的原始阅读体验包括陌生、震惊、诧异、感动、困惑等感性质料，它们是实施思问教学法以推动思维发展的关键前提。这个原则反对在读前为孩子布置沉重的思考任务，从而破坏沉浸体验因人而异的原始丰富性。有的时候，教师过于强调所谓的"阅读策略"，仿佛阅读是一件讲究事功的事情，如国家外交、企业竞争或军事斗争。

事实上,"策略"是一个博弈论术语,无论是零和博弈还是非零和博弈,都有输赢问题,策略是针对具体博弈语境的胜出而制定的战略战术。

然而阅读并不是一个竞争性语境,无所谓输赢。阅读教学应该有指导原则以帮助灵活实践,却不应有固化策略去肢解原始阅读体验。举例来讲,仅仅根据书名、封面信息和目录内容,带着过强的主观猜测和推想去阅读,就很有可能破坏原始阅读体验。特别是,如果教师机械地采用所谓的"猜测与推想"策略,将过多的前置思考内容植入孩子的阅读意识,很有可能妨碍原始阅读体验的生成。道理在于,意识一旦聚焦,对焦点之外的信息的敏感性就会下降。阅读的目的本来是为了打开孩子的眼界,帮助他们遭遇陌生的世界。不同孩子的陌生地带是不一样的,用前置任务去约束和规范阅读意识,会极大地压制思维发展必不可少的潜意识。沉浸体验原则希望孩子在遭遇文本时,意识像灯笼之光一样散射并使潜意识处于激活状态,而不能像手电筒之光一样使意识聚集于一个狭窄地带。只有这样,承载在经典图书中的陌生世界才会从不同角度进入不同孩子的心田,而不同孩子的不同原始阅读体验,恰好是实施班级阅读交流教学最重要的素材。

基于对沉浸式阅读的理解,思问教学法认为阅读教学在义务教育阶段可区分为"读前"和"读后"两个部分。读前引导的目的是用尽可能少的剧透去激发孩子阅读某本书的兴趣。读前引导可以为孩子铺垫必要的背景知识,但关于作者和图书背景的讲解一定要适可而止,不能预置过多的信息而对学生形成阅读压力。读前引导的时间可以非常灵活,完全不需要占用一节课的课时,放到其他教学活动之后或前一本书的读后交流教学的结束处较为合理。思问教学法特别强调深度阅读,这个工作要交由读后引导或读后交流去完成,因此基于原始阅读体验的读后教学才是重点。简言之,考虑到原始阅读体验的重要性,思问教学法主张读前不带预设,读后深入交流。

二、问题意识原则

思想与世界打交道的方式是提问。自然世界无论多雄伟壮观，都是不产生问题的。提问属于思想意识，良好的问题是精彩思想的出场方式。对于不习惯于批判性思维的教师而言，思问教学法最大的挑战很可能是不知道如何设计问题和面对问题。即使这个挑战是真实的，也不是拒绝整本书阅读思问教学法的真实理由。道理在于，致力于传道授业解惑的教师应首先成为敢于在学习中挑战自我而获得进步的人，教师愿意自己的思维发展是通过教学促进学生思维发展的大前提。思问教学法与其说是一套拿来就用的快餐式"工具"，不如说是有核心理念支撑的教学修行路径。作为一种系统性的方法，思问教学法的熟练运用需要在教学实践中逐步形成，不可能一蹴而就。但教师却可以随时启动思问教学法，因为提问是人最真实的潜能和需要，也是思维这只大鹏能够展翅高飞的必备条件。关键是，该如何提问，该提问什么？

问题意识原则主张，要将影响思维的普遍问题植入文本的特殊情节之中，借助原始阅读体验赢得思维发展的契机。这就要求，教师要跳出仅仅围绕句子含义、情节展开、作者意图、段落大意、中心意思等欠缺思维纵深的提问方式。思问教学法并不绝对反对传统提问方式，却反对将这类提问方式绝对化，仿佛阅读教学只能围绕这个层面的问题而展开。一些孩子之所以失去对阅读甚至整个语文的兴趣，正是因为传统提问方式容易变得机械僵化，而孩子的思维本来是灵活敏感的。思问教学法主张的问题皆具有普遍特征，即使不借助特殊文本也能成立。然而，仅有普遍性的问题及思考，却不足以成为语文学科的阅读教学的内容。毕竟，阅读教学是生动的，而生动的根本前提则是经典读物的故事精彩、语言丰富、情感饱满、立意高远。

问题意识原则强调将普遍性融入特殊性之中，经典著作的情节是特殊的，每一个孩子的原始阅读体验也是特殊的，但在具象细腻的特殊性中，却潜藏着唯有通过思维才能发现和提炼的普遍问题。这些问题上及天地宇宙，下涉日常生活，远溯历史文明，近指社会人生，事关科学技术，涵盖文学艺术，向外指涉自然世界，向内深入心灵秘密，真假、善恶、美丑、生死、价值、意义、终极追问皆不出其外。唯有这些普遍内容才有资格构成思问教学法强调的问题意识，才可能与文本的特殊情节和读者的特殊阅读体验有机结合在一起。学会提问或设计问题，是愿意将思维促进置于教育教学核心地位的教师的必备功夫，致力于通过整本书阅读提升孩子思维、丰富孩子心灵的教师也不可能是例外。

问题设计离不开普遍性与特殊性的结合，驾轻就熟是要讲功夫的，教师自己的思维修行也是一个不断提升的过程。思问教学法的名称之所以将"思"置于"问"的前面，不仅因为问是思的一种形态，更重要的是，恰当的思才能引出恰当的问。因此，问题设计本身体现着教师的思维素养，教师思维能力也会在向学生提问的过程中不断提升。那么，问题设计完成之后，该如何面对学生的回应和再提问呢？这就涉及了教学原理和课堂教学的本质问题，需要借助教学弹性原则来回答。

三、教学弹性原则

思问教学法坚决反对机械呆板的授课方式。这种授课方式的典型特征是：把教学内容都写入 PPT，对教学过程进行精密设计甚至预演，用事先规划好的教学内容去填满所有可能的教学空间。这种授课方式也有问题设计，但因为教学缺乏弹性，难以使真正的思维展开，师生问答易于变成徒有思维之形而无思维之实的"伪思维"。有些教师觉得，只有通过课堂教学的详尽设计或预演，才接得住学生提问的"招"，这种做法当然是缺乏信心的表现。所谓

"填鸭式"教学并不仅仅是一个观念问题，仿佛教师的观念一扭转，就可以立刻神奇地改变这种教育教学现状。事实上，"填鸭式"教学盛行的根本原因，除了应试教育的弊端外，最重要的原因是教师能力跟不上，或教师知识储备不足。因为缺乏底气，才会通过事先的教学计划将课堂的各种可能性填满，从而杀死课堂教学的不确定性。

思问教学法强调要尊重课堂教学的不确定性。宏观物理世界没有不确定性，因此并不是精神的栖息地。教育是帮助精神成长的艺术，而精神和艺术的本质都包含着不确定性。不是说一切确定性都是不好的，而是说，如果只有确定性的知识和问答，思维就无法真实地运行，精神也会失去借助陌生、新奇、震惊等原始体验才拥有的成长机会。整本书阅读的教学特别需要尊重不确定性，这是因为一本经典名著的阐释空间不仅非常广阔，而且阐释路径也会因文本与不同心灵的遭遇而变得多元。阐释路径是生长出来的，而不是被所谓的权威固化给予的。没有那样的权威，因为唯有理性才是权威。何况思问教学法强调将普遍问题与特殊文本相结合，除了不断诉诸和提升我们作为人而共同拥有的理性，没有任何外在权威可以依靠。

在允许和尊重不确定性的课堂中，以思维促进为目标的思问教学法，不会要求教师按照教学预案填满课堂教学的空间。相反，思问教学法主张弹性教学，并不要求教师将准备的内容都讲出来，特别是以排挤不确定性的方式讲出来。由于整本书具有非常丰富的内容，具有不同心智特征的学生从不同角度去回应教师的问题，或提出自己的问题，就是很自然的事情。因为思与问的激荡，在一些交流上多投入一些时间，在另一些交流上减少一些时间，甚至就少数问题深入交流而将别的有所准备的内容放弃，都是弹性教学原则支持的。因为阅读教学的目的是思维促进和精神成长，不确定性才是成长的媒介，也是课堂教学艺术的基本特征。教师本质上是课堂艺术家，如何避免课堂在不确定性中灾难性地失控，如何利用不同学生的原始体验和问题使课堂变成一个彼此激发的超级大脑，则是一门实践的艺术，需要在教学实践中不断运用并体会教学弹性原则。

至于教师该如何回应学生的问题，也需要真诚基础上的弹性。教师不能假设自己的知识储备一定超过学生，对于移动互联时代的原住民，哪怕小学中高年级的孩子也可能在某些知识领域超过教师。教师承认自己的无知并不是一件可耻的事情，知之则知之，不知则不知，教师需有坦荡胸襟。但教师更重要的品质是求知和学习的渴望，一旦真正实施教学弹性原则，对教师的挑战将远远高于照本宣科的填鸭式教学方式。教师的真正底气是"诗外功夫"，是坚持不懈地学习和阅读，特别是阅读人类文明和思想中的经典著作，包括文学、艺术、历史、社会、科学、哲学，等等。实施整本书阅读思问教学法的教师，自己应成为博览群书并有深度思维能力的人。意识到这一点，是一切的起点。

四、动态生长原则

动态生长有两方面含义，首先是教学相长。单方向的教学输出容易滋长教师的职业倦怠，特别是机械呆板的教学内容和方式。教学相长的最好办法是将学生输出的优秀内容转化成教师输入，或至少成为刺激教师输入的强烈信号。尊重不确定性的弹性教学原则，虽对教师有更大的挑战，但却可以有效地增加输入刺激而降低教师的职业倦怠。学生阅读的原始体验通过教师的问题设计，转化成活跃的思维和更多的问题，从而激发教师进一步的阅读、学习和思考。

动态生长的第二方面含义是，学生的阅读能力和思维能力是以整体主义路径分层分步发展的。所谓"整体主义"是指，阅读能力的六个维度如字词掌握、信息提取、欣赏共情、归纳推理、反思评价、想象拓展具有内在关联，一种能力总是在与其他能力的积极关联中才能得到提升。举例来讲，字词掌握虽然是阅读的基础，但要掌握更复杂的字词，则离不开其他能力的提升。因为语言与思维是一体的，思维发展更好的人，他们的字词能力往往更强。整体主义的阅读视野反对用爬楼梯的学习方式去对待整本书阅读，譬如，一定要先掌握某些字词，一定要先读懂某些句子，一定要先提取某些关键信息。整体主义的阅读观和学习观拒绝这种机械理解。我们观察孩子的阅读，常常惊讶于他们在不能识得全部文字的情况下，就能把握一本书的整体意思。那些喜欢读书的孩子，恰恰是通过整体主义的阅读而倒过去掌握字词的。

教师基于整体主义的阅读观和学习观，反而可以理解学生阅读能力的分层分步发展。每一个孩子在多元智能的谱系中都有自己的相对优势或劣势，一个孩子可能长于欣赏共情能力而短于反思评价能力，另一个孩子则可能强于想象拓展能力而弱于归纳推理能力。整本书阅读思问教学法的根本目的是促进孩子的思维发展，但每个孩子的哪一种思维能力先得到提升则因人而异。认识到这一点，对于从思维能力的多维度视野去实践教学弹性原则很有帮助，也更有助于理解动态生长原则。显然，动态生长原则是以阅读和思维能力的长期发展为导向的，并不着重于短平快的速成功效。就像思问教学法的其他原则，动态生长原则关心的是如何保护孩子的好奇心和求知欲，为他们的思维成长打造恒久的精神土壤，同时也为教学相长提供有利于教师输入的信息和能量。

五、读写结合原则

读、写、思是一个整体。读好书和好的阅读方式，需要思维的积极参与，又反过来激发思维。思维得到激发后需要通过写作来表达，而写作又会进一步刺激、规范和优化思维运行。思问教学法主张借助经典原著去提升学生的写作技能，主要有以下考虑。首先，经典原著文字优美且内涵丰富，看重原始阅读体验并倡导普遍问题与特殊情节相结合的思问教学法，会带给学生深度阅读后意犹未尽的思考。独特的体验和思绪适合用文字语言去整理，并在这个过程中产生新颖的思想和表达。借助经典原著的写作不是传统意义上的读后感，因为一个"感"字，会使读后感写作变得散漫随意。因为这个"感"字，读后感往往成了随意书写的代名词，网络抄袭也成了心照不宣的潜规则。思问教学法的价值观则认为，文字和书写是神圣的，正像思想和精神是不能亵渎的。

思问教学法主张的读后写作是主题式的。自由写作最终是主题式的，但要过渡到那个阶段，借助经典原著的读后写作训练是一个合理的选择。主题式的自由写作需要写作者有丰富的语言表达能力和较好的理性思维能力，缺乏前一种能力使作品显得干瘪，缺乏后一种能力使作品显得浅薄。吻合思问教学法理念的文学作品都有优美的语言，读者要细腻体会作品的文字之美，离不开从思想上把握作品的意向并打开阐释空间。思问教学法的问题意识原则则借助具有普遍性的思与问，引领学生从包含但却超越感性鉴赏的理性思考层次去审视原著。这种"高维"审视，按照整体主义的阅读观，能够帮助学生从比语言表象更高或更深的视野去感受语言的魅力。

读后写作因有主题的约束，自然更看重有"感"的思而不是无思的"感"。为了在文章中贯彻自己的主题意图，需要学生增强对于文本内容的观察力，而以写作为引导，当然能更好地实现深度阅读的目标。有主题约束的读后写作，会倒逼学生反复阅读和权衡原著的内容，认真思考要选择哪些素材用于自己的写作。因为主题约束，学生对素材的选择和使用就不可能像传统读后感那样随意，他们必须在原著内容与自己的立意之间求得合理的平衡，使它们呈现出相互说明和映射的关系。努力平衡的结果就是文章的结构，这是用于衡量一篇读后作文质量的重要指标。由于文章的主题与文章的结构是相互约束的，它们之间的关系是否合理就是评判一篇读后作文的先于内容的形式标准。

文章的内容标准体现在语言和思想这两个维度上。在同样的学段，只有少数人才可能达到作文遣词造句的较高标准，作文在这个维度的相对水准是评价打分的依据。类似地，作文承载的思想也会随着年龄的增长和学段的提升而变得丰富，评价打分的标准也具有同学段内的相对性。强调读写结合原则的思问教学法因此会用"主题""结构""语言""思想／思维"去构成评价判断的一级指标。但思问教学法还特别强调，"真诚"也应作为重要的一级指标。这是因为情真意切本来就是衡量人的思维的重要标准，而知情意统一的思维若无真诚作为根基，只会走向浮华或功利。"真诚"标准对于抗衡应试教育下的浮躁氛围具有重要意义，因为套路作文和学说大人世界空洞但看起来正确的话，会在无形中压制未成年人的思维，甚至摧残他们的精神。

读写结合原则能否实施，取决于学校教育教学改革的理念和力度。如果语文课仍然要用教材讲解填满所有课时，根本没有整本书阅读的教学时间，思问教学法的读写结合原则就不可能生根。如果学校能够大胆改革，为整本书阅读教学预留较充分的时间，思问教学法主张的读写结合原则才有意义。当然，如何将阅读课与读后写作结合在一起，既不增加孩子的负担，又能够提升他们的阅读和写作兴趣，还能够激发他们的思维和对成长的追问，则要通过具体教育教学实践才能找到适合单个学校的答案。毕竟，原则只有实践指导意义而不能代替实践本身。

思问教学法的选书标准是什么?

思问教学法秉承的理念是"为精神成长做有思想的减法",这首先体现在图书选择上。推荐给学生深度阅读的书必须是绝对经典,是经得起时间考验而又无可替代的书,例如,《小王子》《城南旧事》《苏菲的世界》等。但经典图书的范围仍然很大,有些机构推荐图书也只考虑经典好书,但在这么大的范围内如何进一步筛选则没有明确的指导方针,推荐行为就存在着相当的偶然性和随意性。结果是,教师、家长和学校在面对五花八门的图书推荐单时,仍然会觉得无所适从。思问教学法由于是以思维促进为目的,因此就要在类似的经典图书中增加一个筛选标准,那就是,要看存在竞争关系的图书中哪一本包含更多的思维能量。

所谓"思维能量"是指,文本和原始阅读体验与具有普遍性的问题相结合后对孩子思维的促进力度。书是经典,且含有思维促进的较大能量,还要考虑到学生的学段,要使推荐图书处于学生最近发展区之内较远的位置。这个约束条件的目的是,要适当增加学生阅读的挑战性,才有利于深度阅读和思维促进,这样的书也才适合阅读教学。绝对经典、思维能量、最近发展区,这三个约束条件正确地走在了"做有思想的减法"的路上,但还不够。因为人类思维是知情意的统一体,图书选择还应该参照人的心智发展的思维结构图。在这张图中,应该清楚地提炼思维的对象,以及与知情意的关系。

在"知"的维度,思维结构图应该包括逻辑、认知、真理、思想、自然、社会、历史等关键词。举例来讲,"逻辑"这个关键词意在强调,所选择作品通过原始阅读体验而能够承载的思与问,要有利于学生逻辑思维的提升,而不仅仅是审美鉴赏和陶冶情操。"自然"这个关键词意在强调,入选的著作要能够激发学生探索宇宙、生命和未来的动力,按照这个标准,科幻小说往往是较好的选择。总之,在"知"的维度,入选的图书要能够提升学生在思维结构图所示领域的好奇心或认知水平,阅读这些图书并思考相关的问题会丰富他们的意识内容,使之超越日常生活的单一性。

在"情"的维度,思维结构图应该包括情绪、心理、爱憎、美丑、文学、艺术等关键词。举例来讲,一本文学经典若具有很好的情感熏陶作用,而且承载的问题还能有效帮助学生思考情绪问题,就吻合图书选择的第四个约束条件。当然,能否最终成为书单的推荐读物甚至教学读物,则要取决于其他三个约束条件,以及与竞争图书的综合对比。"艺术"这个关键词当然意味着,阅读能够获得艺术知识的图书肯定是好事,但从思维促进的角度来看,激发学生对艺术的内在理解则更为重要。因此,若有两本与艺术相关的书,一本更多涉及艺术知识,而另一本涉及对艺术和艺术家的理解,如《月亮与六便士》,从思问教学法的视野来看,选择后者更为可取。

在"意"的维度,思维结构图应该包括价值、人生、意义、善恶、公正、自由、意志、世界观、生死等关键词。文学作品中有大量关于人类意志维度的描写内容,有"意"的视野,选书才有可能有理性的高度。举例来讲,《城南旧事》中讲到一个小偷的故事,英子熟悉这个人但却不知道他是小偷。后来小偷被抓住,英子的妈妈希望她以这个小偷为例去写一篇鞭挞坏人的作文,但英子却不肯,因为她知道这个小偷虽然做了人们所说的坏事但却不是坏人。这样的作品以及恰当的思与问,能够帮助学生去反思关于善与恶的话题,有利于突破人云亦云的价值观,从而促进批判性思维。

当我们用知情意统一的思维结构去规范图书选择时,会大大降低选择的偶然性和随意性。而且我们可以在更高的学段,随着学生思维能力的提升,按照思维结构图选择可以激发类似主题探讨但却难度更大的书。这样，学生可以在更高的层面以不同的文本和不同的阅读体验遭遇类似的话题，从而有助于思维能力和精神内涵的螺旋上升。绝对经典、足够的思维能量、合适的最近发展区以及思维结构图的恰当定位，这四个约束条件的结合，就是思问教学法主张的选书标准。

严格来讲，按照思维促进的目标，超越文学阅读的"3+X"的阅读模型更加全面。对于未成年人，"3"代表儿童文学、儿童科学、儿童哲学，理想情况下，这三个方面的内容都应包含。"X"代表其他，包括社会科学、历史文化、国学传统等内容。如果不受狭义语文教学的约束，背靠思问教学法的教育理念而形成的书单，应该包括更开阔的内容，可以用于学校图书馆和家庭图书馆的建设。但在语文教学的范围内，可以只选择文学类著作，但必须遵循四个约束条件结合而成的标准，才能避免选择的图书过于感性或过于随意。

如何理解批判性思维？

思问教学法的目的是促进思维发展，在本书的"理论篇"中还特别提到了批判性思维。那么，思维发展与批判性思维具有怎样的关系呢？首先需要澄清，每个人都有思维，但并不是每个人的思维都有同等的内容。即使某些人的思维内容具有类似性，也不等于他们的思维活动有类似的有效性。即使某些人的思维在某些内容上有类似的有效性，也不等于他们能够在批判性思维的维度上抵达类似的程度。简言之，批判性思维特指对思维有效性的根据的反思，也可将这种反思称为"元思维"。毫无疑问，擅长批判性思维的人，更有可能对自己的思维内容、思维能力和思维方式形成自明意识。在先天智力条件无可改变的前提下，后天习得的批判性思维可以提升在相关领域的思维能力和有效性。下面通过关于批判性思维的几个误区去澄清什么是批判性思维。

误区一：批判性思维是一种负面思维。汉语中的"批判"使人联想到质疑和否定，一个人若对什么都持批判态度，这个人往往是不受欢迎的。因此，"批判"或"批评"在日常语境中暗含消极意义，与主张"正能量"的思维方式形成鲜明的对比。如果"正能量"思维指的是要正确看待事物的积极面，"负能量"思维指的是要能够看到所谓积极事物的消极面，那么，无论"正能量"还是"负能量"思维，都可能隶属于批判性思维。要注意，批判性思维是追究有效性的根据的思维，因此，片面强调"正能量"或"负能量"的思维都可能是浅薄的，从而与批判性思维南辕北辙。执于一端的浅薄思维无论以"正能量"或"批判"的名义出场,都与批判性思维没有丝毫关系。

误区二:思维离不开思维内容,因此促进批判性思维离不开具体的学科知识。批判性思维致力于追究思维有效性的根据,因此要在量子力学领域展开批判性思维,必须具备该领域的专业知识。但在任何一个专业领域,都不需要随时启动批判性思维,因为任何领域的知识都是一个逐渐演化的系统,在专业领域思考和解决问题,大多数情况下启动的都是专业内的常规思维,不涉及思维的有效性的根据问题。但是,在关键时刻,专业领域内更有批判性思维头脑的人才会作出常规思维无法作出的贡献,因为他们更懂得反思常规思维的有效性的边界,进而找到超越常规的思维突破口。

如果强调专业知识是在专业领域展开批判性思维的必要条件,这个说法是没有错的。但误区二如果强调批判性思维能力的提升只能在专业领域发生,将专业知识变成了提升批判思维能力的必要条件,这显然是错误的。事实上,参照一般思维和特殊思维的区别,也可以就一般批判性思维与特殊批判性思维作出区分。一般批判性思维涉及的对象是关于人人共享的成长、生活、人生、价值、观念等思维活动的有效性的反思,而特殊批判性思维是关于特殊知识领域思维活动的有效性的反思。凝结在一般批判性思维中的思维方法、习惯和意识可以跨领域迁移,这些思维要素的提升可以在先天智力无可改变和知识储备暂时恒定的情况下有助于思维能力的发展。以语文学科或阅读教学去促进一般性的批判性思维,这种促进活动在人类思维知情意的统一性中也有益于特殊学科领域的批判性思维的形成。

误区三:批判性思维的训练路径必须是批判的。一旦理解了批判性思维其实是对思维有效性及其根据的反思,就不会将具有消极意义的批判作为通达批判性思维的唯一路径。道理在于,知情意统一的思维的发展,既离不开带有批判色彩的质疑和否定,也离不开人类积极精神和思维成果的熏染。因此，对于有志于培养学生批判性思维的教师而言，什么时候调动具有否定意义的思维活动如质疑和批判，什么时候调动具有肯定意义的思维活动如共情和想象，则是一个教育艺术问题。确实，批判性思维本身是拒绝机械思维的，而批判性思维的培养过程也不离思维的艺术。这听起来很有难度，但却正是教育的本质和教师的理想：力争做一个苏格拉底式的精神助产士，或做孔子式的"不愤不启，不悱不发"的精神导师。

误区四：批判性思维是价值中立的。从某种意义上讲，科学思维是价值中立的，因为科学研究以事实真理为追问对象，而不考虑对事实真理的获取会对人类价值造成怎样的冲击。但科学思维拒绝虚假和作伪，这仍然是一种广义的价值立场。真正价值中立的思维是策略思维，特别是在无规则博弈如战争状态中，获胜是思维的唯一目标，因此一切事物都可能变成武器，包括扭曲或虚假的价值观。然而，人类思维毕竟不同于机器算法，作为知情意的统一体，人类必然会反思策略思维的边界和限度，这种反思就是对思维的思维，正是批判性思维之所以可称作"元思维"的原因。

我们已经知道，批判性思维是关于思维有效性及其根据的元思维，当然会涉及科学思维、策略思维及与其他思维样态之间的关系。当进入对各种思维的反思层面时，价值问题就必须出现，因为人类思维是知情意的统一体，"意"的维度产生价值，"情"的维度感受价值，而"知"的维度论证价值。"批判性思维"这个用语是近现代理性启蒙思想的产物。虽然各大文明的古典文献中并没有"批判性思维"的说法，但近现代理性启蒙思想是在古典思想的基础上发展起来的，因此，优秀的古典思想资源中也有批判性思维的影子或种子。人类文明的发展相当曲折，充满着灾难和不确定性，但人类文化和思想中的最有生命力的积极内容却总能够薪火相传。这些积极内容在现代文明和文化条件下凝聚成了若干关键概念，如真诚、仁爱、自由、平等、民主、法治、正义、命运共同体，等等。这些关键概念的展开会形成源于思维又引导思维的价值观，批判性思维无外于那些最经得起人类历史和思想检验的价值观。如此理解的批判性思维拒绝价值中立的思维假设，因此才是有根的，才有资格成为可以指导教育教学实践的教育理念。

如何通过思问教学法促进校园文化建设？

阅读氛围是校园文化的一个关键维度。特别是在短视频时代，作为校园文化引领者的校长和教师，更要清楚为何阅读对于孩子的成长愈加重要。波兹曼在20世纪80年代撰写的名著《娱乐至死》刻画了电视时代视频观看对文字阅读的挤压，以及视频媒介的消极文化后果。今天看来，波兹曼简直具有先知般的洞见，他认为每一种媒介都是一个隐喻，而视频媒介的隐喻就是娱乐。当人类放弃文字而彻底走向视频化的那一天，将迎来一个娱乐至死的"美丽新世界"。

有人或许认为波兹曼过于危言耸听了，因为视频及根据用户需求的精准推送是科技时代的产物，而且视频也有教育和学习功能，如近几年流行起来的网课。波兹曼不是科幻作家，没有构想文字消失之后只有图像、视频和程序语言的人类文明将会是怎样的。我们只需观察自己周围的世界，就能看到沉溺于手机与精神平庸之间的因果关联。是的，波兹曼担心的正是视频文化使人类精神整体上走向平庸。他并不担心那些借助文字和阅读而具有丰富精神的人会因为偶尔享受视频的娱乐效果而变得浅薄。他只是担心，人们意识不到媒介具有超越技术的含义，以为所有的媒介在知识传播和精神建构上都有平等地位，甚至以为越是高科技的媒介就越是具有传媒资格和教育效力。事实上，神经科学的研究也佐证了波兹曼的洞见，相比文字对大脑能量的调动，视频对于大脑的能动性和想象力具有压制作用。

我们引用波兹曼的目的并不是为了声讨视频，而是为了换一个角度理解文字阅读对于文化的独特意义，当然也包括学校文化。我们先来回顾一下，整本书阅读的思问教学法对于课堂文化建设的意义，毕竟学校文化以课堂文化为核心阵地。首先，思问教学法提倡通过整本书的阅读教学促进孩子思维，特别是批判性思维的发展，要达到这个目的，教师也必须学习批判性思维以及如何与阅读教学相结合。思问教学法强调尊重课堂的不确定性，实际上是尊重思维活动的不确定性和创造性。真正的尊重是以诚实为前提的，教师在实施思问教学法的过程中如果不能回答学生的问题，必须如实相告，也需要勤奋学习，从而实现真正的教学相长。

有条件实施思问教学法的"读写结合原则"的学校，可以通过"生生互评"的作文评价方式建构课堂文化，训练学生对待事物的判断能力。学生只有在不断调用判断力的过程中，他们的判断力才能得到提升。生生互评要求按照主题、结构、真诚、语言和思维五个指标来进行评价，每一篇文章都由多人来评价。为了避免受人情影响，可以采取匿名评价，包括打分和文字评论，有条件的学校甚至可以利用数字平台来完成自动统计。把学生置于评价者的位置，是思问教学法把人当作主体而非客体的教育理念的内在要求。

当然，未成年人只是潜在的主体，但要激发这种潜能，首先要为他们提供发挥主体性的场所和机会。五个评价指标，特别是"真诚"维度，将通过语词暗示和教师的明确引导而把学生对文字、阅读、写作和生活的真诚态度贯穿在生生互评的行为过程中。阅读课堂致力于培育的这种真诚文化，能够积极影响未成年人的真诚人格的形成，对于网络抄袭、套路作文和说套话假话有直接的抑制作用。课堂文化对批判性思维的看重，以及对真诚人格和认真做事的精神的呼唤，构成了不同学校建设不同校园文化的共有的核心价值。阅读的真正意义是超越阅读的，教学的真正意义也在于超越教学的人格、思维和精神的发展。

课堂文化需要延伸到课堂之外的校园文化，校园文化也要反过来为课堂文化的形成、巩固和发展作出贡献。我们把校园文化建设的话题约束在阅读范围之内，来看一看可以有怎样的创想。随着经济的持续发展，我国中小学图书馆的生均藏书量不断提高，从纯粹的量的角度来看，这是一个进步。但图书馆里的图书普遍存在良莠不齐的现象，不仅分类方式不适合未成年人，而且有些书品质低劣，甚至有根本不适合未成年人阅读的图书混迹其中。究其原因，既有现行图书采购招标机制导致的问题，也有学校重视程度不够、图书管理员素质不高导致的问题。我们这里不去分析具体问题和个案，只是畅想一下，按照思问教学法的阅读和教育理念，可以有怎样的阅读文化的建设思路。

思问教学法主张"为精神成长做有思想的减法"，这个理念也适合学校的阅读文化建设。未成年人的心智还未成熟，需要渐进走过管控阅读、推荐阅读、自由阅读三个阶段。不同于大学图书馆，中小学图书馆并不是书越多越好，特别在小学和初中阶段，可以按照分级和分类阅读的方式建构阅读环境。孩子们可以在这个环境中野蛮生长式地阅读，与阅读课堂的有深度的指定阅读形成差异化。但这个"野蛮生长环境"的搭建却不是野蛮的，而必须按照孩子心智发展地图进行精心打造。在这个环境中，孩子触手可及的书，都应该是经典好书，吻合"3+X"模型，其中的"3"指儿童文学、儿童科学和儿童哲学，"X"指艺术、历史、社会、传统等其他内容。这个模型可以有各种分类形式，有很大的创造性空间，要与服务于成年读者的传统分类方式拉开距离，特别是在小学和初中阶段。

分级阅读的标准是弹性的，完全按语料库和字词难度的分级过于机械。有些句子的字词并不复杂，但意思却很复杂，因为语义的复杂性不能简单还原成字词的难度等级。语义复杂性若能还原成字词复杂性，则机器算法就可以在字词编码的基础上对语义复杂性作出判断，但这样的机械判断显然是无意义的。举例来讲，"道可道，非常道"的字词特别简单，但含义却极为丰富深刻。因此分级阅读必须是语义分级和思想分级，显然这种分级只能求助于人的判断力才做得到，诉诸机器算法无异于缘木求鱼。当然，学校在阅读环境的具体设计中，需要通过观察孩子的阅读行为和阅读评价数据来进行灵活的调整。

有条件的学校可以通过数字平台进行阅读后的评价。理想的情况是，在学校根据"为成长做有思想的减法"和"经典阅读，思维促进"的理念而打造的阅读环境中，只推荐数量有限的经典图书，然后按照字词掌握、信息提取、欣赏共性、归纳推理、反思评价、想象拓展六个维度为这些图书设计阅读评价选择题。评价目的与考试有别，不需要强调优劣差异，仅仅在于客观反映学生的阅读情况。学生阅读纸质书，但可以在数字平台上进行读后测评，数据可以使学校掌握学生课外阅读的基本情况，如阅读量、阅读等级、阅读效果、阅读能力各维度之间的差异。

有条件的学校还可以创造数字化的阅读环境。在保护孩子视力的前提下，无论纸质阅读还是数字阅读，都需要以阅读评价去激发孩子的阅读行为。数字平台可以显示哪些孩子喜欢阅读和擅长阅读，以及他们有怎样的阅读偏好。因为孩子群体存在着亚文化，学校在打造阅读环境时需要考虑到如何利用这种亚文化。向优秀孩子看齐和学习阅读，这个动机本来是外在的，但久而久之，孩子们的外在的阅读动机就可以在良好的校园阅读环境的支撑下，转化成内在的阅读动机。这吻合教育的核心理念，那就是，通过外在的约束和引领，帮助孩子成长为具有内在追求的自主的人。

在这样的阅读环境中，还可以推动更有创意的基于阅读的校园文化建设。学校甚至可以利用儿童心理，将阅读空间按分级阅读的理念进行里外有别的设计。分级阅读不是依据学段而是依据阅读能力，因此能力分层与学段分层并不是一一对应的。以小学为例，可以考虑将图书馆的阅读空间分成外室和内室。在外面的阅览室，孩子们可以按照学段指引和类别指引随意阅读，即使较低年级的孩子因为好奇心想去翻阅较高年级的图书，在全是经典好书的阅读环境中，也没有任何负面作用。但里面的阅览室却可以刻意营造一些神秘感，只允许达到规定的阅读标准或能背诵某些古诗词的孩子进去。如果某所小学的条件允许，可以分别为低中高三个学段设计三个内室，里面的图书对孩子们有难度上的挑战，也有趣味上的吸引力。当然，在阅读环境的营造上，图书馆与班级图书角之间的关联也可以有更大胆的创想。

以上想法都是关于空间设计和行为引导上的。在"为成长做有思想的减法"和"经典阅读，思维促进"的理念的引导下，还可以将阅读内容与校园文化建设进行深度融合。在学校规定或推荐各学段阅读的经典好书中，有大量的名言警句、生动的人物和有趣的事件。学校可以号召教师有目的地摘抄这些内容，用关于孩子成长的知情意统一的心智地图去引导和规范内容选择。摘抄的这些内容将对孩子的成长产生他们意识不到的影响，而在耳濡目染中帮助孩子成长本来就是校园文化建设的目标。用绝对经典、思维能量、最近发展区和心智地图等标准去引导图书选择，再用心智地图去引导经典好书的内容筛选，能使经典阅读与校园文化的建设围绕孩子精神成长的主线产生直接关联。学校还可以号召教师和学生为摘抄的内容配画，达到图文并茂的效果。少年儿童在具有这种气质的校园中成长，一定幸福又甜蜜。

附录　一个教师写给孩子们的信

致重庆森林实验小学五（2）班的同学们：

同学们好！我是刘老师。前段时间收到了同学们的来信，今天才抽出时间回信，请大家见谅！

同学们的来信给了我很大的惊喜。我一共收到同学们12封信，每封信的内容都很有意思。先不说信的内容，先说说信的形式吧。你们知道吗，我很久没有这种收信和读信的感觉了！啊？你们可能觉得很奇怪，难道老师不与人交流吗？我当然要与人交流，而且每天都通过电子邮件、微信、学习通、电话等通讯工具与不在身边的人交流呢。但是，这样的信件——有人亲笔写的、用牛皮纸信封装好的、需要动手把信封口撕开的，我是很久很久都没有收到过了！

说实话，我每撕开一封信，听到信封"嘶嘶"的开裂声时，心情可丰富了，期待、兴奋、紧张，什么都有。你问，老师会紧张吗？当然啦，打开每一封信，就像打开一个小小的秘密，不知道里面会有什么内容，这种感觉，既熟悉又陌生。在我的记忆中，收到这样的纸质信件，已经是很久很久以前的事了。曾经有亲人的信、同学的信、恋人的信、陌生人的信，亲手撕开那些信封，伴随着信封撕裂和信纸展开的声音，跳出了一个又一个温暖的小秘密。是的，在我的记忆中，每一次撕开信封的心情都混合着期待、兴奋和紧张，这种混合的心情就是——幸福。

　　同学们，我收到你们的信，读到你们的信，想象着你们写信时的样子，我所有的感受就是幸福。你们是互联网时代的原住民，而我读小学是上个世纪70年代，那个时候人的生活和社会样态，与今天可是完全不同呢。可是，你们的来信，带着纸的褶皱和墨水芳香的来信，把我们两代人联结到了一起。你们用这种"古老"的书写方式，给了我一次体验时光倒流的美好机会。读着你们的信，我仿佛穿越回了自己的童年。我仿佛看到了小时候的自己。12封信，就像童年的12个不同的侧面。对每个同学的信，我的这封回信都有涉及。对于共性的问题，我会借此机会多说几句。谢谢同学们对我的激发。

　　刘霖同学来信说："我们整个班很乐意上这种特别的'语文'课，也很喜欢您的每一句经典的语句，把它抄在了书上。"这对老师是极大的鼓励啊！我的主要时间是在大学里做研究和上课，也抽时间为政府和企业服务，平时接触的都是大人。我抽业余时间开发的这套"刘教授经典导读"视频阅读课，在杨义昕老师的带领下，能够被你们消化吸收，能够被你们喜欢，是我的很大的荣幸呢。这说明老师还有一颗童心，童心未泯，人就不老，嘻嘻。

　　李子涵同学信中说，视频阅读课对《夏洛的网》和《草房子》两本书的解读，"让我深有体会，并且让我学到了许多知识，虽然每一节都很短暂，但每一句话都蕴藏着大智慧"。说老师的解读有"大智慧"有点不敢当，这可不是谦虚，而是因为老师是哲学教授，知道什么是真正的大智慧。长大后，希望你能阅读和读懂代表人类大智慧的好书，那些书对于现在的你们还太复杂了。但你们长大后，完全可以欣赏和吸收那样的大智慧，甚至可能对人类已有的大智慧作出自己的特殊贡献呢。我今天的工作呢，就是要帮助你们在长大后去欣赏和吸收人类的大智慧，为你们的思维发展和健康成长，给一点点助力。

赵怡同学信中说："因为杨老师，我看到了您精彩的经典导读后，使我深受启发。"接着，这封信联想到了视频课对《夏洛的网》的解读，说："人生中不能做一点有意义的事，是毫无意义的。"是啊，说得真好，老师就是想通过这套视频阅读课，为你们，为正在成长中的儿童和青少年，做点有意义的事呢。

张郸丹同学信中说："希望长大后成为像您这样的哲学家。"哈哈，很好的志向啊，但一定要超过老师，而且肯定能超过。老师在真正从事哲学创作时，是不说"人"话的。因为哲学太深奥了，虽然哲学也是用日常语言表达的，但哲学就像一个巨大的思想引力场，会让日常语言的语义变形的。这句话看懂了吗？看不懂是正常的，不要着急。人类历史上有大大小小的哲学家，老师只是很小很小的一个哲学工作者。但无论大小，哲学家都有一颗天真的童心，在常识的尽头，在权威的尽头，甚至在科学的尽头，他们都会不断追问，争取为自己也为他人打开关于宇宙、社会和人生的独特思想风景。尽管老师是哲学教授，但在为你们这么大的同学创作的过程中，对自己却有严格的要求，那就是，绝不使用晦涩难懂的哲学术语。老师只是想通过对于经典名著的解读，帮助你们提升思维能力，提高深度阅读的能力，同时保护和激发你们的好奇心。你们是正在破土而出的种子，总有一天，你们会领略到天地之间的诸多风景，而包含着科学、文学、艺术、历史、文化和哲学的思想，则是宇宙中最伟大的风景。

谢语涵同学信中说自己正在学《草房子》视频阅读课，准备学《安德的游戏》和《苏菲的世界》阅读课。说实话，《苏菲的世界》对于你们可能有点难，即使认真看了老师的视频阅读课，也有很多东西暂时难以理解。不过没关系，你可以试一试，不行就放一放，到六年级或升了初中后，再去理解，难度就会减小一些。你在信中还说："我非常喜欢您的视频教学，因为有一些道理是平常读书的时候理解不到的……我认为您的视频很有趣、很精彩。"谢谢你对老师的鼓励！

陈思儒同学也在信中说，视频课让他"受益匪浅"，并说："在您的课程中，我有了哲学思想，懂得了系统思维。"哈哈，老师虽然在给你们开发的视频课中尽力隐藏深奥的哲学，但你还是感受到了"哲学思想"和"系统思维"，很了不起哦！

蔡佳瑶同学来信说，读那些经典好书，"如果只读一遍，可能连内容也记不清楚，可听了您的课就大不相同了"。接着，信中问了几个问题，我摘录两个问题并在这里回答。第一个问题：老师读一本书，会读多少遍？关于这个问题，我想先谈谈对阅读的理解。我们先问自己，为什么要阅读呢？有的同学的回答是，多阅读才能考好语文。这个回答既对又不对。如果阅读面宽，阅读能力强，肯定有助于语文考试取得好成绩。可是，在我看来，阅读的最重要的目的是促进思维能力，促进成长。特别是在你们正在进入的人工智能时代，唯有思维，以及基于有效思维的创造力，是不能被机器算法所替代的。如果只是想了解一些浅度信息，看电视和视频就够了。可是，阅读文字内容却不一样，整个阅读过程都是在调动你的想象力和思维力，在消耗你的心智的能量。所以，读书总是比看电视剧辛苦。但是，相比于只爱看电视或视频的同学，习惯阅读的同学的思维力往往发展得更好，有了思维的发展，你们未来的人生才会变得开阔而精彩。

那么，阅读有广泛阅读，有深度阅读，哪一种阅读更重要呢？我认为都重要，因为广泛阅读增加你的知识面和思考内容，而深度阅读则促进你的思维能力。我为同学们开发的"刘教授经典导读"阅读视频课的侧重点在于，通过对经典好书的深度阅读引导，帮助同学们提升思维能力。至于一本书要看多少遍，取决于你看的是什么书，以及你期望这本书带给你什么。我为了给同学们讲好每一本书，是要看若干遍的。至于你们呢，则可以根据自己的需要有些弹性。因为老师给大家选的书都堪称经典好书，这些书是值得你们多投入一些时间的。我曾看到一些中小学生，他们只是贪图读书的量，他们很在意自己一个月或一个学期读了多少本书。广泛阅读一般来讲是好事，但有的时候，"广泛"和"精深"会有矛盾，毕竟人的时间精力是有限的。在有矛盾的情况下，我主张，你们这么大的同学要特别学会深度阅读。因为支撑深度阅读能力的是思维能力，而思维能力是一种可迁移的能力。随着思维能力的提升，你会发现，不仅对书、对自己和对世界的理解力提升了，而且你的记忆力也提升了。如果没有思维能力和理解力作为支撑，很多好书，你仿佛是打开看了，但却很可能是以"阅读"的名义错失了一道优美的风景。所以懂得读书的人常说，读书就像吃东西，要细嚼慢咽，才有味道有营养。囫囵吞枣，不如不吞。当然了，凡事都不需过于机械，都有一个度，读书也是这样，取决于你自己的目标是否达到。无论怎样，建立起深度阅读的概念，通过深度阅读去提问，去发展自己的思维，是非常必要的。深度阅读的习惯建立起来之后，特别是与深度阅读相关的思维能力建立起来之后，你以后再拿起一本书，几乎立刻就可以判断，是否值得自己深入阅读，是否泛读一下就可以了。

蔡佳瑶同学的第二个问题是：老师看过这些原著改编的电影吗？对这些电影有何感想？说实话，有些改编的电影我看过，有些没有。电影是一种特别有意思的艺术和表达形式，它直观形象，好的电影会给人身临其境的感觉。但以老师的个人经验来讲，感觉电影很难忠实还原原著给人带来的冲击和启发。原因大概有两个。首先，前面说过，文字激发人的想象，而图像化的东西把想象空间填满了。其次，一本好书有很丰富的内容，读者往往需要时间去消化它。如果一本好书值得用一周时间去读完，这一周就构成了你与书中的角色和内容对话的时间舞台。你在现实生活与书中的世界之间来回穿越，你通过自己的想象和理解看了一场他人都看不见的大电影。你可别小看了"翻书"这件事，书是可以来回翻阅的，就仿佛时间是可以跳跃和倒流的。一口气读完一本好书，你就建立了对这本书的整体印象。这本书太精彩了，你在紧张状态下一口气读完了它。可你意犹未尽，你凭借对这本书的整体理解，想要选择性地进入更细节的内容。这个时候，你有一种特别的自由。你摆脱了初次阅读它的紧张或焦灼，在更放松的状态下再次穿越到你想去的任何地方，以不同的心境、期待、问题和思考，你会看到第一次阅读看不到的专属于真、善、美的风景。老师这样说，并不是无视电影艺术的魅力。读书和看电影，是可以互补的。但假如读书和看电影是非此即彼的，我想我会毫不迟疑地选择读书。

今年春节期间，改编自刘慈欣科幻小说的同名电影《流浪地球》上演了。说实话，这部电影的特效做得相当不错，导演和演员也很投入。但如果你将小说与电影对比，就会发现，只看电影《流浪地球》会错过什么。顺便说一下，老师为同学们开发的"刘慈欣科幻短篇"视频阅读课很快就可以与大家见面了,希望对同学们有帮助。再顺便说一下,老师不是反对视频,否则也不会借这种现代传媒手段为同学们开发阅读课程了。我的愿望是,通过这套视频课帮助同学们爱上读书,学会读书,就可以在成长过程中逐渐丢掉"刘教授经典导读"这样的视频阅读课。我的这个工作就像是一把梯子,希望把同学们送上高处自由翱翔,那个时候,这把梯子对于你的意义就消失了。老师希望早一点看到这一天的到达。好了,说了这么多,让我们再次回到同学们的来信。

  刘俊杉同学在来信中说:"刘教授,我非常喜欢你的课,因为你的问题非常有意思,让我的思维能力慢慢扩大。"后半句话可以改一下,改成"让我的思维视野慢慢扩大"或"让我的思维能力慢慢提升"会更准确一些。你觉得哪种改变更吻合你的原意呢?老师特别喜欢你信中的幽默,你说:"刘教授,我觉得我们还是挺有缘分的,可能是偶然,让我们是一个姓。如果你有空,可以到我们学校来看看我们。"啊,我与你,与给我写信的12位同学,与班上观看我的视频课的其他同学,都很有缘分!茫茫人海,为什么我们就能相互认识呢?一定是非常深的缘分。可是,缘分不是偶然,缘分就意味着不是无缘无故的。请想一想,我们为什么有这样的缘分呢?如果没有杨义昕老师引导你们,我们有这样的缘分吗?如果没有你们的黄玲校长和王兰副校长两位老师支持你们去上阅读课,我们有这样的缘分吗?我听说,你们班很特别哦,学校批准杨老师在你们班上做语文课的教学实验,把教材内容集中在较短的时间内学完,然后请杨老师带着大家深入阅读。我听说这个教学实验后,举双手支持!我们问自己一个问题,学校为什么要开设语文课呢?学习语言知识、了解文化传统、学会审美鉴赏、促进思维能力,这些答案都是对的。

那么，我们如何来衡量语文教学的质量呢？

我认为，最终的衡量标准就是读、写、思——爱阅读，能写作，会思考。可是，成长中的你们要学会熟练地驾驭语言，也离不开一些基本训练。如果你们的词汇量不够大，语言和文化知识不够扎实，不能理解复杂的句子，不能正确地书写字词句，如何可能在阅读、写作和思考上有突破呢？在语文教学上，大概有两种方式。第一种方式是，特别强调基础知识，强调要在字词句上有扎实的基本功。为了打下扎实的基本功，对学生进行反复训练和考试就是不可缺少的。第一种方式是我国大多数中小学采用的方式。第二种方式是，强调广泛和深入地阅读，强调通过阅读、思考和写作去提升学生学习基础知识的兴趣，通过往前发展而倒逼基本功的进步。第二种方式很受欧美中小学校的喜欢。这两种方式并不是水火不容的，学校往往可以找到一个较好的平衡点。我们的教育传统因为过于注重考试，对语文课和学生思维发展之间的关系认识不足，如果能够在第二种方式上实验成功，对于更有效和更多元的教育事业是有益处的。上面这些话，你们理解起来可能有一定的难度。但是没有关系，这就是阅读的一部分。

想一想我们自己的阅读经验，读一本有深度的好书时，我们往往不能明白所有句子的含义，甚至不认识里面出现的所有的字。但这并不妨碍我们去阅读和理解一本好书，因为书是可以"翻"的，哪些地方不懂，我们是可以倒过去深入了解和学习的。实在不懂的地方，放一放也没有关系，随着你的成长和生活经验的丰富，随着你的知识的扩展和思维的发展，到某一个时候你倒过来再去看自己曾经面临的困难，你很可能会有"两岸猿声啼不住，轻舟已过万重山"的感觉。这个现象说明了，学习有时是可以跳跃发展的，在这个过程中可以根据自己的需要来回补缺。我相信，学校允许杨老师在你们班上做语文课的教学实验，就是看到了第二种方式特有的优点。但是，这样做学校也有压力，就像任何改革者都会面临着压力。如果你们喜欢目前这种语文教学的改革实验，就一定要想办法给杨老师和你们的校长"扎"起。用你们的实际行动证明，以这种新的方式进行语文教学的五（2）班，是不害怕考试的，考试成绩不会掉在别的班的后面。你们能做到吗？

许智成同学在信中写道："我是一个幼稚的少年郎，对于读书只会囫囵吞枣，而我看了您的导读，我才明白什么是读书，使我在夜晚有了精神家园。"嗯嗯，"囫囵吞枣"这个成语用得很好，还有没有别的成语可以替换呢？"蜻蜓点水"可不可以？"不求甚解"可不可以？自己想一想，老师这里就不说答案了。你的来信虽短，但我从你身上却看到了一种了不起的优点，那是什么呢？你看，老师努力用问题来激发你们的思考，总是强调"思"的重要性。思什么呢？当然要思考社会人生和万事万物。但是，这一切都建立在自己的成长的基础上。不知你意识到了吗，老师最想帮助大家去思考什么？是的，这套视频课程最想借助这些经典好书去帮助你们思考自己的成长，帮助你们通过自己的努力，去思索和回答成长中的各种困惑。思维是宇宙中最伟大而不可思议的现象。思维之光照向哪里，就会把哪里点亮。思维总是有思维的对象，具象的、抽象的、科学的、艺术的，统统都是思维的对象。思维还有一种特别的对象，那就是思维本身。成长中的我们通过正在发展的思维，去思考我们已经形成的思维，这不是一件很奇妙的事情吗？这件奇妙的事情就叫作"反思"。懂得反思的人是有勇气的，因为在反思中我们才能看到自己的不足。懂得反思的人是诚实的，因为诚实才是启动反思之光的密钥。好一个幼稚的少年郎，保持你的反思精神，即使做不到"吾日三省吾身"，你的前途也会花团锦簇。

  张品寒同学在来信中说，自己读《草房子》很有感触，与秃鹤特别有共鸣，因为自己也有身体上的缺陷，那就是说话结巴。你说，以前常被人嘲笑，以后，你会将注意力集中在学习上。你还说，自己有一个"不情之请"，希望老师为你签个名。说到签名，老师可不好意思了。我读了你们的12封手写的信，发现几乎所有同学写字都比老师好看。唉，想起我读小学的时候，曾经想把字写得与书上一样好。可是，后来因为有一种"创伤经验"，就再也不愿意写字，也再也没有写好字了。至于"创伤经验"是什么，详情就不在这里说了，等我们下次见面时，你如果有兴趣了解，我再透露。你看，老师写不好字，自己觉得很难为情。你说话结巴，也会难为情。但是，我俩的情况有一点不同。如果导致你说话结巴是先天的原因，就像秃鹤秃顶一样，你是不需要感到难为情的。我们不必为不能改变的事情而难为情。该难为情的，是我们本可以做好却没有做好的事情。老师对说话结巴这件事没有研究，无法判断你能否通过自己的努力而消除结巴。但有一部名叫《国王的演讲》的电影可以推荐给你。这部电影讲述了英国国王乔治六世是如何克服口吃障碍而成功发表演讲的故事。假如口吃是一件伴随你终身的不能改变的事实，如何面对这个事实，是你可以自由选择的。你可以一直自卑下去，抱怨命运对自己的不公，也可以像秃鹤那样，在自卑中超越自己。你可以更好地训练自己的阅读和写作能力，用你的笔写出心中的真善美，写出你对世界的思考。事实上，很多不口吃的成年人都写不出好的文章，他们不能流畅地用书面文字表达自己的思维。不能用文字丰富地予以表达的思维，往往是浅薄的思维。一旦面临复杂的处境，需要深入思考的时候，这样的人就会无所适从，他们的思维会断断续续，并且无法切中问题的重点。是的，他们的嘴没有口吃，却患上了严重的思维上的"口吃"，那才是真的可悲，那才是最该感到难为情的事。愿你从老师推荐的这些经典好书中吸取养料，成长为一个热爱阅读的人，一个善于通过书写表达自己的人。愿你成长为一个可让思维自由驰骋的自信乐观的人。

罗曼匀同学来信说，"每个人生命中，一定有属于自己的奇迹"。她在信中问了老师一个大问题："您认为生命的意义是什么？"这真是一个大问题。我写这段文字的时候，是一个春天的清晨。大地还在沉睡，窗外叽叽喳喳的小鸟尚未唤醒人世间的嘈杂，唯有淅淅沥沥的雨滴声不经意地和着忽远忽近的小鸟的歌唱。那些欢快的精灵是不懂得这个问题的，它们是大自然的一部分，它们的欢快是盲目的。我们人却不一样，我们纵然不知道如何回答这个问题，却能明白这是一个怎样的问题。我们是天地间独特的存在者，就算不能像小鸟那样飞翔，也要自由地穿行于思与问的世界。有些问题是有解的，如太阳为什么东升西落。有些问题是难解的，如人工智能要将人类带向怎样的未来。有些问题看起来好像是无解的，如生命的意义是什么。看似无解的问题并不等于无意义的问题，这样的问题往往内涵丰富才没有一致的回答。生命的意义是什么？我们偶然来到这个世界，随着成长，会形成一个小小的自我。这个小小的自我最开始只关切自身的喜怒哀乐。生命会逐渐变得丰富，我们通过生活视野的扩大，通过阅读好书，通过艰难地获取知识，通过勤奋地思考，通过关心他人，这个小小的自我开始与自我之外的事情发生连接。一开始这种连接是盲目而无序的，我们不能明白这种连接的意义。随着继续成长，我们慢慢会发现，自己与世界的连接方式和连接内容，是与他人不一样的。那些能被我们理解的连接方式和内容，将转化为自我的一部分，这个时候，每个人都能感到自己生命的扩大。那些不能或暂时不能被我们理解的连接方式和内容，将构成我们生命的另一部分，它是自我与混沌未知的世界的中间地带。完全未知的世界不属于我们，而这个中间地带就仿佛一个巨大的不断变形的气泡，包裹着我们，保护着我们，也封闭着我们。正是在这种盲目与觉醒的状态之间，我们才首次问出生命意义的问题。我们还回答不了这样的问题，但这个问题既促成了个人生命的成长，也激发了作为整体的人类精神的成长。生命的意义是什么？我们先不要急于回答这个问题，我们先要想办法开阔自己的生命，突破封闭我们的保护层，与更大的世界关联起来。这个更大的世界是自己的尚未形成的自我，是一个个其他的自我，是众多的自我构成的整体，是这个整体在历史长河中发现的知识的海洋，是隶属于全人类或所有能思维的精灵的思想的秘密，是天地万物的玄机，是宇宙的创造、演化和它借助于我们这样的精灵对自身的理解和认识。生命的意义是什么？谁的生命，什么层面的意义？生命是有层次的，一个层次的意义，从另一个层次或境界看却可能全然无意义。生命是一场长途跋涉，从狭小走向开阔，从低级走向高级，从束缚走向自由，从一个个瞬间走向包含所有瞬间的永恒。在这个过程中，"生命的意义是什么？"的问题会因不同的生命而找到专属于自己的答案，生命终将在漫长的跋涉后找到自己的家。好了，我们就这个深奥问题的交流先到此为止，你需要的是追问的动力，而不是现成的答案。老师再写下去，你可能会恨我了。毕竟，你们才小学五年级，思想的成长需要一个过程。真正精彩的世界在等着你们，不要着急，好好感受成长的每一个重要的瞬间。

张艺严同学在来信中问,老师能不能就视频阅读课中设计的问题公布自己的答案呢?这套视频阅读课是以思维促进为导向的,以被推荐的这些经典好书为载体,到目前为止,老师一共拍摄了差不多300节微课,设计了300多个问题。这些问题大都是开放的,可以很好地激发同学们的思考、探讨和辩论。对这些问题,老师当然有自己的想法。因为没有标准答案,我的想法不能替代你们的思考。就如同"生命的意义是什么?"这样的问题,我的回答很可能会比你们丰富一些,毕竟我们是两代人,老师比你们多活了好多年啊。正因为这样,老师才不愿意用自己的答案代替你们的思考,而是希望你们自己去探索,哪怕一下子找不到最好的回答也没有关系。相信老师,有些问题虽然暂时无法回答,却会像种子一样停留在你们心里。它们是种子,会生根发芽。它们也是心灵发育的活的源泉,会引导你们成长。我真正的愿望是,当你读完了一本被推荐的好书,也观看了老师的视频阅读课,或与自己学校的老师有一定的交流后,你可以就一个或两个问题深入思考,并根据所读的书,写出有主题内容的读后感。写读后感是很有意思的一件事。读完一本丰富的书之后,我们可以从不同的主题和角度去写读后感,可以联系自己生活中的经验和所思所想。这样的读后感就不会成为千篇一律的东西,而会打上你自己的思考和生命体悟的烙印。写这样的读后感首先贵在真实和真诚。老师看到一些你们这么大的同学,一说写读后感,就想到去网上查抄,赶紧"写"下来交差了事。千万别做这样的事!记住老师的话,当你对自己和自己所做之事不真诚的时候,你与他人和万事万物的有效连接就会受到影响。当你诚实地面对自己,哪怕是困难重重,你也会开出专属于自己的路,世界也会自动为你让路。做一个诚实的人,做一个首先受自己尊重和爱戴的英雄。不说假话，不照搬大人的话，特别是，在写作或写读后感的过程中，不写违心的东西，不写言不由衷的套话。请记住，文字是神圣的，思想是神圣的，思想只有在神圣的文字中才能存活和发展，并最终发出耀眼的光芒。去看看人类各大文明起源处的神话吧，文字的发明，几乎无一例外地具有"惊天地，泣鬼神"的力量。善待自己的文字，善待自己的思想，就是善待自己，善待我们生活于其中的世界。老师希望，以后有机会能读到你们认真创作的读后感，读到你们真实而美好的成长。我们通过经典好书相遇，也希望通过你们的创作作品延续和加深我们之间的缘分。

  写了这么多，是该说再见的时候了。你们很可能从来没有收到过这么长一封信。读这封信可能有点辛苦，也不一定都能消化或理解。但不要紧，有些内容值得你们慢慢理解。但愿信中的内容会在你们的心中留下痕迹，有些重要的道理能够伴随你们成长。有同学可能会问，老师为什么要写这么长一封信给我们呢？怪谁呢？老师的回答是：怪你们！因为你们的真诚文字，你们亲手封好的信封，带着墨水香味的信笺，你们可爱有趣的问题或评论，让老师深受感动。你们的来信见证了我们的缘分，但愿老师的回信能够成为一种祝福，预祝你们与未来美好生活必将发生的缘分。你们收到并读懂了这份祝福，老师就心满意足了。

  此致敬礼！

刘莘老师
2019 年 3 月 31 日

后　记

在本书出版之际，我要特别感谢李镇西老师拨冗作序，感谢华东师范大学出版社李永梅老师对选题的认可，感谢人民教育出版社王林老师的鼓励。我还要感谢超星爱阅学院、杭州师范大学、"一阅书院"和"未来精英"等机构的老师们，感谢两年前的一次交流和激发。

那是 2020 年的盛夏，一个小型研讨会在青城山举行，主题是"儿童阅读与教学"。那时，持续了半年的疫情稍加缓和，从全国各地辗转来到深山里的朋友们围坐在悬崖旁一块视野极佳的草坪上，夕阳西下，清风送爽，极目远眺，隐约可见形如丹炉的老君阁矗立于青城山顶。我们的笑谈声播向环抱的群山，穿过参天古木，摇曳着涧草溪花，与归林鸟儿的歌唱相应和，不经意地渲染着这座名山的幽静与深邃。

会议期间，我提交了"整本书阅读思问教学法纲领"，得到了与会者的热烈响应，此后扩充内容，遂成此书。动心起念，皆有因缘。彼时老母年过九十，春夏常居青城山山脚的"花满溪"，那是我们一大家人的幸福老家，总是笼罩着老人与孩子们的欢笑。母亲终身致力于教育事业，强调德先于才，功后于仁。如今母亲归去，岁月沧桑，青山依旧，唯一代代人精神的心心相印和思想的薪火相传，方可告慰有朽的人世和不朽的天地。

刘莘，于青城山"花满溪"

2022 年 6 月

图书在版编目（CIP）数据

以教师之思，促学生之问：整本书阅读教学的理念、方法与案例/刘莘著．—上海：华东师范大学出版社，2022
 ISBN 978-7-5760-2752-5

Ⅰ.①以… Ⅱ.①刘… Ⅲ.①阅读课—教学研究—中小学 Ⅳ.① G633.332

中国版本图书馆 CIP 数据核字（2022）第 053357 号

大夏书系·阅读教育

以教师之思，促学生之问
——整本书阅读教学的理念、方法与案例

著　　者	刘　莘
策划编辑	李永梅
责任编辑	韩贝多
责任校对	杨　坤
封面设计	奇文云海·设计顾问

出版发行	华东师范大学出版社
社　　址	上海市中山北路 3663 号　邮编　200062
网　　址	www.ecnupress.com.cn
电　　话	021-60821666　行政传真　021-62572105
客服电话	021-62865537
邮购电话	021-62869887　地址　上海市中山北路 3663 号华东师范大学校内先锋路口
网　　店	http://hdsdcbs.tmall.com

印 刷 者	北京季蜂印刷有限公司
开　　本	700×1000　16 开
插　　页	1
印　　张	18.5
字　　数	244 千字
版　　次	2022 年 10 月第一版
印　　次	2022 年 10 月第一次
印　　数	6 100
书　　号	ISBN 978-7-5760-2752-5
定　　价	62.00 元

出 版 人　王　焰

（如发现本版图书有印订质量问题，请寄回本社市场部调换或电话 021-62865537 联系）